Sans-peur le c

G. de La Landelle

Alpha Editions

This edition published in 2023

ISBN : 9789357964197

Design and Setting By
Alpha Editions
www.alphaedis.com
Email - info@alphaedis.com

Contents

SANS-PEUR LE CORSAIRE

OUVRAGES DE M. G. DE LA LANDELLE.

LE DERNIER DES FLIBUSTIERS. 1 vol. in-8, franco... 4 fr. 50

Inspiré par des sentiments patriotiques, exécuté par un auteur expérimenté qui sait avec une science parfaite mêler le plaisant au sévère, d'un intérêt puissant constamment soutenu, *le Dernier des Flibustiers* est rigoureusement historique par le fond comme par les détails, par les récits d'aventures comme par les peintures de mœurs. Il résume et met en scènes la biographie extraordinaire d'un héros polonais rendu célèbre par ses faits d'armes, sa captivité au Kamtchatka, son audacieuse évasion, ses explorations maritimes et surtout par ses travaux de colonisateur.

Sous ce dernier rapport, l'ouvrage emprunte aux événements contemporains l'attrait de l'actualité; car le principal théâtre des événements est Madagascar, dont Réniowski fut sur le point de donner à la France l'entière possession. Aussi bien l'auteur a cru devoir compléter *le Dernier des Flibustiers* par une notice succincte, mais très complète, consacrée à l'histoire de la grande île africaine, depuis les temps les plus reculés jusqu'à l'époque actuelle.

DANS LES AIRS. Histoire élémentaire de l'aéronautique. Un vol. In-12, 2 fr.

Surexciter la curiosité en passant la revue historique de tout ce qui a été inventé ou essayé par les hommes pour s'élever ou se mouvoir *dans les airs*,— donner à ce recueil de propositions ingénieuses, de découvertes inattendues, d'étranges expériences et de tentatives des natures les plus diverses, un très vif intérêt à l'aide d'une foule de récits souvent dramatiques, toujours instructifs,—ou, en d'autres termes, emprunter à l'histoire même l'exposition complète des éléments de la science aéronautique,—tel est l'objet que s'est proposé un vulgarisateur d'une incontestable compétence, M. G. de la Landelle, dont les études spéciales sur la question remontent à 1861. D'innombrables recherches donnent à son ouvrage une base sérieuse. Son esprit enjoué en corrige adroitement les passages les plus ardus et c'est le sourire aux lèvres qu'on y recueille telles leçons, telles démonstrations qui ne seraient pas mieux formulées à grand renfort d'x algébriques. Le lecteur captivé s'étonne, par exemple, d'être diverti par l'étude préliminaire des poids et mesures des animaux volants, dialogue récréatif qui sert d'entrée en matière.

L'examen des précédents historiques depuis le moine écossais Roger Bacon, *le docteur admirable* du XIIIe siècle, jusqu'aux Pères Honoré Fabri, François Lanu et autres savants précurseurs des découvertes modernes, démontrent clairement que jamais l'Église n'a entravé les œuvres de la science lorsqu'elle reste dans le domaine des lois naturelles. Les *titres de gloire* des Mongolfier, depuis le temps des croisades et l'importation du papier en Europe, jusqu'à nos jours, ont été énumérés par l'auteur avec une prédilection dont on lui sait d'autant plus gré que cette intéressante revue est remplie de traits anecdotiques charmants. L'histoire du cerf-volant, celle du parachute, les nombreux travaux de l'école moderne de l'aviation, l'esquisse des aventures dramatiques du *Géant*, l'examen des divers systèmes en présence, les biographies plus ou moins accidentées d'un certain nombre d'inventeurs ou de chercheurs aventureux, les ascensions scientifiques et l'effroyable catastrophe du *Zénith*, les services rendus à la France par l'aérostation durant le siége de Paris, fournissent les principaux sujets d'un ouvrage que nous offrons au public avec la conviction qu'il y trouvera l'agréable et l'utile mélangés dans des proportions parfaites. Ajouterons-nous que les nombreux documents qu'il renferme le recommandent en outre aux spécialistes, car en somme la forme ne saurait emporter le fond.

En dépit des pédants dont l'ennui est le cheval de bataille, le fond, en effet, ne saurait perdre à être traité sous une allure littéraire par un homme d'esprit, conteur expert, et qui comme tel, n'en a été que mieux à même de donner de l'entrain à ses relations d'essais, d'aventures, de doctrines opposées et de solutions multiples.

AVENTURES ET EMBUSCADES. Histoire d'une colonisation au Brésil. Un vol. In-12 2 fr.

Le titre de cet ouvrage indique son genre mouvementé et la nature d'intérêt qu'il provoque. Son sous-titre en dit l'objet d'une manière générale, mais ne peut, en aucune sorte, faire pressentir le but élevé que s'est proposé l'auteur. En peignant avec une consciencieuse exactitude les mœurs des naturels du Brésil, et en relatant les travaux d'un colonisateur tout à la fois prudent et hardi alliant la sagesse avec la valeur, il s'est surtout attaché à faire ressortir l'influence bienfaisante du christianisme sur les populations des contrées vierges de l'Amérique du Sud. Dans ce dessein, il met en présence des hordes sauvages dont il représente les rivalités implacables, une poignée d'émigrants, les uns libres et chrétiens, Portugais, fuyant les persécutions du redoutable Pombal, après le mémorable tremblement de terre de Lisbonne, les autres esclaves, nègres récemment arrivés d'Afrique, allant de concert à la recherche d'une patrie nouvelle. La donnée de l'ouvrage est historique comme l'on voit, l'étude ethnologique est constante, les conclusions d'ordre supérieur sont les fusions des races et leur régénération pacifique par la propagation de la foi.

I

L'AMAZONE ET LE LION.

Sur la crête de la falaise à pic, l'éclair,—au milieu des brisants battus par les lames du large, le tonnerre, «de tonnerre à la voile» disaient les matelots.

Là-haut, au ras des précipices, la grâce, une jeune amazone se détachant en silhouette sur le ciel bleu d'Espagne;—en bas, dans le chaos, le courage, un hardi capitaine, le lion des ouragans, se confondant, lui, son léger navire et ses toiles ouvertes à la brise, avec les rochers noirs et leur écume irisée.

Dans le ciel, l'azur serein,—au ras des flots, des milliers d'arcs-en-ciel mouvants.

Pas un nuage. Le soleil flamboyait; et ses rayons se subdivisant à l'infini dans les jets de l'onde, le lion, qui semblait courir droit au naufrage, voguait à travers toutes les couleurs chatoyantes du prisme; tandis que l'amazone, sur son coursier emporté le mors aux dents, s'en allait fulgurante, rasant les bords escarpés de droite et de gauche, vers la pointe extrême de la falaise.

Deux catastrophes imminentes! Des éblouissements radieux! Splendide, mais horrible!

Quelles imprudences! Quelle témérité! Délire et démence!

Des groupes sinistres ricanaient au bas du morne:

—Belles épaves tout à l'heure!

—Il est bien joli le brig corsaire français, et nous savons tous qu'il y a dans sa coque de riches affaires à cueillir.

—Par-dessus le marché, on tirera de jolis profits de la chute de la senorita et de son petit cheval du Pérou, tout caparaçonné d'ornements d'argent et d'or, à la mode des Incas.

—A-t-elle son beau collier de perles?

—A-t-elle sa ceinture royale?

—Elle va si vite qu'on n'en voit rien; mais on peut être sûr que bijoux de grand prix ne lui manquent pas.

—Le brig de Sans-Peur le Corsaire est bondé de trésors.

—Et cette nuit, il vient encore de piller des Anglais.

—Est-ce bien sûr?

—On a entendu le canon, voilà!

—La bague enrichie de diamants de dona Isabelle vaut bien au moins deux sacs de doublons?

—Oh! la belle journée qui commence!

Délire et démence peut-être; double course vertigineuse!

Mais d'une part de nobles et de grands desseins, comme de l'autre d'abjectes convoitises.

Dans l'iris de l'écume saline, un héros sublime de sang-froid, et sur cette falaise abrupte une céleste créature digne d'être protégée par les anges de la Pureté, de la Piété filiale, de la Reconnaissance, de tous les sentiments généreux.

Belle, svelte, gracieuse,—belle d'une beauté inconnue même dans les Espagnes,—svelte comme le palmier indien,—plus gracieuse que l'oiseau du paradis,—dona Isabelle avait pour mobile l'amour de sa lointaine patrie, le souvenir pieux de son noble aïeul. La fille des Incas espérait, frémissante; elle avait tremblé pour celui en qui elle retrouverait un libérateur. Certes! elle obéit à un mouvement irréfléchi, lorsque après ses ferventes prières, réveillée en sursaut par le canon, elle s'élança de son prie-Dieu sur son coursier péruvien;—certes, ce fut avec une sorte de délire qu'elle prit l'abrupt chemin de la falaise, et qu'elle osa stimuler la vitesse de sa fougueuse monture, au point d'être ensuite incapable de la maîtriser;—mais rien dans cette âme pieuse qui ne fût louable. Son exaltation était la religion des ancêtres. Elle se souvenait du vieux cacique Andrès de Saïri, son aïeul, et l'image de l'héroïque Catalina, sa mère, lui était apparue disant:—«Oui! ma fille, c'est lui, c'est bien lui, c'est le Lion de la mer! vivant encore! Va donc! cours à sa rencontre!...»

Un brig corsaire, ou pour mieux dire un aigle des flots, fier, effilé, audacieux, menaçant,—fier comme le glorieux pavillon français qui fouette la brise au-dessus de sa poupe,—effilé comme le roi des airs dont il affecte la forme, dont il a le vol rapide,—plus audacieux qu'un démon,—plus menaçant que le lion dont il porte le nom sur son tableau d'arrière et l'image sculptée à son extrême avant, exécutait la plus hardie des manœuvres que l'on puisse concevoir. Toutes voiles hautes, il brave la tempête qui siffle dans ses agrès, la mer qui rugit sous son éperon, les écueils qui se dressent écumants dans ses eaux.

—O mon Dieu! murmura l'amazone en voyant le navire gouverner droit sur un chenal que les vieux pilotes de la côte de Galice déclaraient impraticable. Il va se briser! Il va périr!...

—Elle! Isabelle! lancée de la sorte au-dessus du précipice!... Son cheval l'emporte! Elle est perdue!... disait à demi-voix le capitaine du brig *le Lion*.

Et celui que les plus hardis marins de l'Océan avaient, d'une commune voix, surnommé SANS-PEUR, Léon de Roqueforte, qui revenait du large, vainqueur d'une corvette anglaise, le modèle des corsaires de la république française proclamée depuis cinq mois, le héros de la nuit, le brave entre les plus braves,—épouvanté par la témérité de la jeune fille,—pâlit en commandant d'une voix terrible de jeter l'ancre et de carguer toutes les voiles à la fois.

Isabelle poussa un cri de terreur; la foule accourue sur le rivage y répondit par des clameurs bien diverses.

On entendit des rires moqueurs et des applaudissements barbares, des accents de pitié, d'admiration, d'enthousiasme, et des vœux impies pour un naufrage «infaillible.»

L'équipage du *Lion* obéissait aveuglément. Le brig mouillait au milieu d'un tourbillon entre les brisants et la côte. Ses voiles avaient été carguées avec une merveilleuse promptitude, et l'ancre ayant mordu sur une roche, il pivotait en reculant vers la falaise dont sa poupe passa si près que son pavillon la frôla et s'y colla un instant.

Alors,—en cet instant même,—de l'extrémité de la vergue basse qu'on nomme *le gui*, un homme s'élança, par un bond désespéré, sur une des aspérités de la côte à pic, il criait:

—Coupe le câble! Hisse le foc! Allez mouiller sous le château de Garba!...

Puis, d'un élan furieux, il gravit le roc, et se dressant devant le cheval de l'amazone, il en saisit la bride avec sa main ensanglantée.

Le cheval cabré ne s'arrêta point, mais fit un écart.

La bride s'était rompue.

Un corps lourd tombait dans l'abîme.

Mais Isabelle, adroitement enlevée de sa selle, était dans les bras du capitaine Léon, qui bientôt s'inclinant devant elle dit avec joie:

—Dieu soit béni, mademoiselle, je suis arrivé à temps.

—Pour me sauver, seigneur capitaine, vous avez tout exposé, votre navire, votre vie... Ah! combien j'ai tremblé pour vous!

—Merci de cette noble parole, dona Isabelle. Et vous me voyez trop heureux, maintenant, car j'ai pu agir avant de parler... Mais, ajouta le capitaine en souriant, vous êtes cause que je ne mérite plus mon surnom: *J'ai eu peur.*

II

DÉSAPPOINTEMENTS.

Les ordres du capitaine corsaire furent admirablement exécutés. Léon de Roqueforte pouvait compter sur ses valeureux compagnons.

Avant même qu'il se fût jeté au devant de l'étalon fougueux, la hache de maître Taillevent frappait le câble, le foc était orienté de nouveau, et, trompant l'attente des naufrageurs, *le Lion* secouait sa crinière d'écume en gouvernant vers le mouillage qu'il avait abandonné la veille au coucher du soleil.

—Quel homme! quel homme! mille noms d'un tremblement à la voile! s'écria l'alerte maître d'équipage quand la manœuvre fut achevée. Il sauta pis qu'un baril de poudre, foi de matelot! Tout le connaît, le feu, l'eau, la brise carabinée, tout, jusqu'à la terre, jusqu'aux chevaux...

—Pardonnerez, maître,—osa répondre Camuset le novice, qui, malgré les usages républicains, ne se serait pas permis de tutoyer son ancien et supérieur;—pardonnerez! Le cheval n'a guère eu goût à la connaissance, m'est avis, vu qu'il s'est affolé en grand comme un paquet de bêtisailles, parlant par respect...

A défaut de mieux, les pillards du rivage écorchaient le malheureux cheval, et maître Taillevent disait à ses camarades:

—Voilà des coquins qui espéraient meilleure chance!... Un faux coup de barre, garçons, notre vaillant *Lion* était traité pis que cette pauvre bête...

—Et le capitaine ne serait pas à la promenade avec la princesse de là-haut.

—Camuset! Camuset! tu vas te faire amurer, dit le maître en serrant son poing vigoureux.

Le novice recula prudemment.

—Est-ce que j'ai mal parlé? murmura-t-il.

—Celui qui se mêle des affaires du capitaine parle toujours mal. Ainsi, pas un mot de plus, ou gare dessous! Va-t'en au poste des blessés, failli mousse, tu sais bien qu'il y a là de la besogne pour toi.

Camuset *fila son nœud*, pour parler en style du gaillard d'avant; mais les corsaires groupés autour de leur maître d'équipage continuèrent la causerie, tandis que les riverains désappointés voyaient le brig naviguer à son aise dans la crique située en dedans des récifs.

Les riverains, pourtant, n'étaient pas les plus désappointés.

Du balcon de son antique[NT1-1] château, le jeune seigneur don Ramon de Gerba venait, à l'aide d'une lunette d'approche, de suivre tous les mouvements du brig et de l'amazone, son imprudente sœur.

—Mort de mon âme! grommela-t-il en bon espagnol, un excellent cheval tué, le brig sauvé encore une fois, ma sœur l'*Indienne* en tête-à-tête avec cet aventurier français, et une occasion rare perdue!...

La qualification d'*Indienne* donnée avec amertume à dona Isabelle par son aîné pourrait démontrer jusqu'à quel point étaient fraternels les regrets de don Ramon pour la rare occasion qu'il perdait. Certes, il n'aurait pas eu grand souci de l'excellent cheval, si Sans-Peur le Corsaire n'avait pu arriver à temps.

—Mais aussi, pourquoi le marquis de Garba y Palos, son père, le laissant tout enfant en Espagne, avait-il épousé, au Pérou, une femme de race trop illustre et trop ardemment éprise de l'amour de ses infortunés compatriotes?

Cette femme était la mère d'Isabelle, la célèbre Catalina de Saïri.

En 1780, lors de la dernière insurrection des Péruviens indigènes, elle avait péri massacrée par les soldats espagnols. Isabelle, âgée alors de sept ans, conservait le cruel souvenir d'une journée d'horreur qui lui rendait odieux les oppresseurs de sa nation.

Depuis près d'une année, la jeune fille avait fermé les yeux du marquis son père, mort au château de Garba;—elle n'aspirait maintenant qu'à retourner au Pérou et à s'éloigner d'un frère qui la regardait au moins comme une étrangère, sinon comme une ennemie.

Don Ramon rentra dans son appartement avec humeur et se rapprocha du *brasero* rempli de charbons ardents, car la brise était froide. Puis, roulant entre les doigts un *papelito* catalan, il songea aux biens considérables que le marquis son père avait laissés au Pérou.—Sans Isabelle, qui en était la seule héritière, il les aurait fait vendre et serait devenu le plus riche seigneur des côtes de Galice.

On reconnaîtra que Sans-Peur le Corsaire avait assez mal mérité de don Ramon de Garba y Palos en sauvant la vie à sa sœur. Sans-Peur le Corsaire, il est vrai, tenait fort peu aux bonnes grâces de Sa Seigneurie don Ramon de Garba y Palos.

III

RECONNAISSANCE.

Par un mouvement soudain qui n'était ni de la timidité, ni de la retenue, ni de la fierté, dona Isabelle, l'amazone péruvienne, s'était reculée. Immobile, silencieuse, plus troublée peut-être qu'à l'instant où elle s'était vue suspendue sur l'abîme, elle contemplait comme une vision d'outre-tombe le héros qui lui disait:

—Mademoiselle, ce n'est point un hasard qui m'a fait choisir cette crique pour lieu d'abri. J'étais au Pérou, il y a deux ans... il y a deux ans, quand vous en partiez...

La voix maternelle retentissait dans le cœur de l'intrépide jeune fille:—«C'est lui! c'est bien lui! c'est le Lion de la mer, vivant encore!...»

—Je vous revis alors, avec une joie et une douleur sans égales; votre noble père était rendu à la liberté, vous étiez à son bras, radieuse, profondément émue et fière des clameurs enthousiastes qui saluaient votre délivrance, mais une barrière infranchissable nous séparait...

—Oh! oui, c'est lui! c'est bien le Lion de la mer, vivant encore! murmurait dona Isabelle, qu'une réminiscence vague, mais constante, n'avait cessé de préoccuper depuis l'instant où elle s'était rencontrée, huit ou dix jours auparavant, avec le capitaine du brig *le Lion*.

Le corsaire, mouillé sous les murs du château, n'en était pas assez loin pour que, de sa fenêtre, dona Isabelle ne vît parfaitement Léon chaque fois qu'il était sur le pont de son bord.

Dès le premier jour, il s'inclina respectueusement à sa vue.

Elle se recula étonnée de la fixité de son regard et du geste éloquent qu'il fit comme pour remercier le Ciel de ce qu'elle lui apparaissait.

Le soir, une guitare péruvienne modula les airs qui avaient bercé son enfance.

Le lendemain, le capitaine français, de crainte de l'intimider, ne se montra point; mais il n'eut point de peine à voir avec quelle attention elle regarda plusieurs pavillons aux emblèmes, connus d'elle seule, que déroulèrent et replièrent successivement quelques hommes du bord.

Elle avait ressenti coup sur coup d'indéfinissables impressions.

Les airs du pays natal retentissaient dans le silence de la nuit, et en fermant les yeux, elle vit en ses plus lointains souvenirs d'enfance cet étranger à grands cheveux blonds, aux traits aquilins, au teint blanc et ardemment coloré, au sourire doux et fier, ce corsaire français qui l'avait saluée en levant les mains au ciel.

Les jours suivants, elle ne se permit même plus d'entr'ouvrir ses rideaux; mais attirée par un charme secret et puissant, elle ne cessait d'observer à la dérobée. Et toujours se reproduisait en elle la même impression, la même réminiscence mystérieuse qui se transformant en vision se traduisit en ces paroles de Catalina, sa mère:—«Oui! ma fille, c'est bien lui! c'est le Lion de la mer, vivant encore!...»

Et le canon retentissait, et tandis qu'agenouillée sur son prie-Dieu, elle demandait au Ciel comme un miracle que son rêve fût une réalité, et que celui pour le salut éternel de qui elle priait depuis sa tendre enfance fût à la fois Sans-Peur le Corsaire et le Lion de la mer,—tandis qu'elle délirait palpitante, son petit cheval péruvien hennit en frappant des pieds.

—Je voudrais garder le silence, mademoiselle, disait Léon, et pourtant il faut que je parle. Pour vous épargner une douleur, je donnerais ma vie, et cependant, il faut que j'éveille en vous d'affreux souvenirs.

Isabelle poussa un cri,—cri d'horreur, de reconnaissance et de joie:

—Ah!... mon Dieu!... C'est vous qui vengiez ma mère, c'est vous qui m'arrachiez aux assassins et me rendiez à mon malheureux aïeul... Vous êtes *le Lion de la mer?*

—Les Péruviens indigènes m'appelaient ainsi! dit l'aventureux capitaine.

—On nous fit croire que vous aviez péri; nous avons pleuré votre généreuse mémoire.

Isabelle s'était agenouillée; de pieuses larmes baignaient ses yeux. Elle invoquait sa mère Catalina, l'Indienne; elle remerciait Dieu de la mettre providentiellement en présence de celui qui l'avait, tout enfant, sauvée du massacre.

Léon s'unit de cœur aux saintes pensées de la jeune fille. De quelques instants, il ne rompit le silence.

Les gens du pays remarquaient, au sommet de la falaise, les mouvements du corsaire et ceux de la noble demoiselle. La curiosité en poussa quelques-uns à gravir le sentier par lequel descendaient enfin le corsaire français et la jeune fille appuyée à son bras.

IV

LE LION DE LA MER.

Léon de Roqueforte disait:

—J'avais dix-sept ans,—c'était pendant la guerre d'Amérique, et je servais dans la marine de roi Louis XVI, de douloureuse mémoire, en qualité d'enseigne de vaisseau.

Au nom du roi Louis XVI, décapité le mois précédent, sur la place de la Révolution, le corsaire de la république se découvrit le front avec un respect religieux.

Un groupe de curieux s'approchaient:

—Le démon de la mer!...

—Un tueur de rois!...

—Un bourreau de France!...

—Un damné maudit!...

—Il n'est pas laid, malgré ça!...

—De ma vie je n'ai vu plus beau cavalier, dit une femme.

—Satan est plus beau encore quand il ose reprendre sa forme d'ange du ciel!...

Sans-Peur devina plutôt qu'il n'entendit ces propos, et s'adressant à celui des Galiciens qui paraissait le plus vigoureux:

—Homme, lui dit-il en espagnol et d'un ton hautain, la demoiselle de Garba y Palos est à pied, et tu oses nous regarder en face!

—Mais, seigneur capitaine, que voulez-vous, je ne suis pas un cheval!...

—Je vois bien, drôle, que tu n'es qu'un mulet manqué, repartit le corsaire en riant. Cours à la *pasada* des *Rois mages*, et reviens avec trois chevaux, tu nous accompagneras!... Marche!

En même temps, il lui jeta deux pièces d'or. Il distribua en outre quelque argent au reste du groupe, pour aller chanter le cantique de Notre-Dame-du-Salut à l'endroit même où Isabelle avait été sauvée.

Ensuite, il continua son récit:

—Notre corvette, commandée par le vicomte de Roqueforte, mon oncle, venait d'explorer les Iles de l'Océanie; elle avait visité à plusieurs reprises les Marquises, Taïti, Tonga, la Nouvelle-Zélande et les côtes de la Nouvelle-Hollande, où le roi se proposait de fonder une colonie; nous nous dirigions sur le Callao pour expédier de là nos dépêches en Europe, avant de continuer nos explorations. Tout à coup, deux frégates anglaises nous appuient la chasse. Elles avaient à en venger une troisième que nous avions mise hors de combat dans la mer des Moluques, six mois auparavant. On nous cherchait, comme je l'ai su depuis. Une corvette contre deux frégates n'est pas de force à lutter, nous prîmes chasse. Par malheur pour mes braves camarades,—par bonheur pour moi, j'ose le dire aujourd'hui,—le combat ne put être évité. Notre corvette fut coulée après six heures d'une défense héroïque; la plupart de nos gens périrent et le reste fut fait prisonniers de guerre à l'exception de deux hommes, un matelot et un enseigne. Le matelot s'appelle Taillevent; il est aujourd'hui maître d'équipage du corsaire *le Lion*, et l'enseigne, vous le devinez, dona Isabelle, c'est moi!... J'avais été chargé par mon oncle et commandant, blessé à mort, des dépêches destinées au roi et au ministre de la marine; je les portais à la ceinture dans une petite boîte de plomb. Lorsque les canots anglais vinrent nous recueillir, je me laissai couler au dernier moment. Je me retrouvai bientôt seul avec Taillevent sur les débris de notre navire:

«—Ah! monsieur de Roqueforte! quelle chance! me dit-il, nous sommes deux.

«—Camarade, répondis-je, il y a mieux que moi de sauvé. Les dépêches pour le roi sont à ma ceinture. Si je péris et que tu en réchappes, je t'en charge.

«—Soyez calme, *mon capitaine*,» répliqua-t-il en me donnant pour la première fois un titre que je n'ai jamais voulu perdre.

J'étais capitaine d'un tronçon de mât, et tout mon équipage se composait de Taillevent.—La côte de Pérou était à trois lieues; un courant fort rapide nous poussait du sud au nord parallèlement à elle. Je n'avais pas mangé depuis près de dix heures, et je sentais que mes forces s'épuisaient. Taillevent s'en aperçut:

«—Je n'ai que vingt et un ans, me dit-il, mais ce n'est pas pour la première fois, capitaine, que je coule avec mon navire. Ce matin, voyant les deux frégates nous gagner, j'ai eu souvenance de mon plus grand mal de l'autre fois, à savoir de souffrir la faim et la soif deux jours et deux nuits d'une bordée.

«—Ah! ah! m'écriai-je, tu aurais des vivres sur toi?

«—Une ration de fromage, à votre service, capitaine, et mieux que ça, une topette de sec dans cette corne d'amorce.»

Nous partageâmes fraternellement le fromage et l'eau-de-vie, après avoir mis en réserve la moitié de notre petite provision pour le lendemain matin.—Le soleil se couchait.

Au beau milieu de la nuit, notre tronçon de mât heurta violemment un corps dur; nous nous retrouvâmes à la nage.

«—Diable de roche! disait Taillevent.

«—Rattrapons notre espar avant tout!» criai-je.

Mais l'obscurité profonde nous empêchait de le revoir, il était emporté dans le remous du récif *el verdugo* (le bourreau) trop tranchant et trop accore pour que nous pussions y grimper.

«—Je ne trouve rien! faisons la planche! le courant nous emportera vers l'espar!...

«—Peut-être!...»

Peut-être, car repoussé par le choc, notre mât avait aussi bien pu glisser dans le contre-courant. Tout à coup, une vive fusillade illumine la mer; nous apercevons de tous côtés des balses péruviennes qui fuyaient, chassées par une grande péniche espagnole.

Isabelle de Garba, née au Pérou, n'avait pas besoin qu'on lui expliquât qu'on y appelle *balsa*, en français balse, une sorte de radeau d'un genre fort singulier.

Deux outres formées de peaux de veaux marins fortement cousues ensemble, gonflées comme d'énormes vessies, et terminées en pointe comme des souliers à la poulaine, servent de base à un plancher triangulaire de bois très léger. L'ensemble est assez large pour que, d'ordinaire, trois passagers et un rameur y trouvent place. L'Indien qui conduit imprime le mouvement au moyen d'une pagaie à deux pelles. On voit, en outre, des balses de grandes dimensions, qui ont plus de soixante pieds de long sur dix-huit ou vingt de large; elles naviguent fort bien le long des côtes.

Grandes ou petites, les balses poursuivies étaient chargées d'une foule d'indigènes de la faction de José Gabriel *Cuntur Kanki*, littéralement le condor par excellence, le grand maître des cavaliers, chef de la grande insurrection contre la domination de l'Espagne et les habitants de race espagnole[1].

[1] Historique.

Prenant le nom et le titre de son aïeul Tupac Amaru, le dernier des Incas, le héros péruvien avait obtenu d'éclatants succès et régnait déjà sur plusieurs provinces. Mais ses partisans du littoral, mis en déroute, se trouvaient réduits à n'avoir d'autre refuge que leurs frêles radeaux.

Les balles des soldats de la péniche perçaient les outres de veau marin, les balses coulaient.

Léon et Taillevent n'hésitèrent point à s'accrocher aux débris de l'une des plus grandes.—Elle flottait encore.—Ils y montent, se trouvent confondus avec les Indiens au désespoir, armés pour la plupart, et qui, faisant de nécessité vertu, s'apprêtent à se défendre contre la péniche.

Une foule de petites balses se groupaient autour du radeau.

La lune se leva. Les Péruviens virent deux inconnus au milieu d'eux:

—Je suis le *Lion de la mer*! s'écrie Léon en langue espagnole; courage! cette péniche est à nous, suivez-moi!

Les indigènes croient à un secours du Ciel.

Le jeune étranger a les cheveux blonds et le teint d'une blancheur rare parmi les Espagnols; il vient de surgir par miracle du sein des flots. Il donne des ordres, il promet la victoire.

Est-ce un ange, est-ce un lion transformé en guerrier, est-ce l'un des génies protecteurs de la race opprimée? Quoi qu'il soit, c'est un vengeur. Il commande, on obéit.

Léon et Taillevent, qui le seconde, sont déjà sur une balse de grandeur moyenne où pagaient plusieurs rameurs habiles. Ils ont saisi des armes, ils se montrent pleins d'une invincible ardeur.

De sauvages cris de triomphe ont retenti. Une confiance superstitieuse succède parmi les naturels à leur terreur panique; les balses qui se dispersaient se rallient. Par les ordres de Léon, elles abordent de tous les côtés à la fois la péniche, prise d'assaut en quelques instants.

Le Lion de la mer en est proclamé capitaine.

———

—Ce fut ainsi, mademoiselle, poursuivit Sans-Peur le Corsaire, que je combattis pour la première fois en faveur de vos infortunés compatriotes, dont la cause, d'ailleurs, avait déjà toutes mes sympathies. La force des choses m'y poussa. Je n'étais point libre de rester neutre. Et du reste, la politique ombrageuse des Espagnols, qui nous fermaient leurs ports, me les rendait odieux. J'avais à craindre, en abordant sur leurs terres, d'être tout au moins traité en suspect, honteusement fouillé et dépouillé de mes dépêches pour le roi de France. J'agissais donc de manière à sauvegarder ma mission en me jetant à corps perdu dans les rangs d'une insurrection qui me protégeait. J'en fus immédiatement l'un des chefs principaux.

—Les exploits du Lion de la mer sont gravés dans ma mémoire, dit Isabelle d'une voix émue.

—José Gabriel, ou, comme nous l'appelions, l'inca Tupac Amaru, m'accueillit noblement. Votre aïeul, le brave Andrès, son neveu, devint mon mentor et mon compagnon d'armes. Je connus alors la marquise Catalina, votre mère;

vous étiez enfant, j'étais à peine sorti de l'adolescence, et bien des fois j'admirai vos grâces naissantes en prenant plaisir à partager vos jeux.

—J'aurais dû vous reconnaître plus tôt, dit Isabelle, mais mon aïeul Andrès vous crut mort; je me souviens qu'il fit réciter des prières publiques par tous ses malheureux sujets pour le repos de l'âme du Lion de la mer.

—Votre aïeul, mon vieil ami, sait maintenant que je vis; il compte sur moi pour lui ramener la fille de sa fille. Mon brig corsaire est à vos ordres. Vous en serez la reine. L'Océan nous est ouvert; mais hâtons-nous; avant peu, sans doute, la guerre s'allumera entre l'Espagne et la République française.

—Fuir l'Espagne, revoir ma patrie et mon noble aïeul sont mes vœux les plus ardents, répondit la jeune fille avec impétuosité.

—Bien! dit Léon d'une voix contenue. Mais, en un mot, maintenant, décidez du bonheur de ma vie.

Ils étaient en ce moment au bas de la falaise, non loin de *posada* des *Rois mages*, où leurs chevaux devaient les attendre.

La jeune fille leva les yeux vers le ciel; puis, comme si elle le prenait à témoin de ses paroles:

—Hier soir, quand don Ramon, mon frère, fut averti qu'un navire de guerre anglais croisait à l'ouvert de la passe et que *le Lion* mettait sous voiles, je priai du fond de l'âme pour Sans-Peur le corsaire français. J'ai passé la nuit à demander au ciel le succès de vos armes. Dès l'instant où vous m'étiez apparu, un écho mystérieux avait retenti au fond de mon cœur; ma mémoire infidèle se taisait, mon âme avait parlé. Et l'esprit de ma sainte mère m'est apparue en me disant: «—C'est lui!» Ce matin, au point du jour, quand le canon a grondé au large, je me suis élancée sur le plus impétueux de nos chevaux pour aller à l'extrémité de la falaise voir quel était le vainqueur... Ah! si le brig de Léon de Roqueforte avait succombé, aurais-je eu la force de retourner vers le château de mon frère?...

—Je suis trop heureux! s'écriait Léon avec transport.

—Et moi, je bénis le ciel, dont les bienfaits dépassent mes espérances. Ma vie, que vous avez sauvée deux fois, devait vous appartenir.

Léon de Roqueforte plia le genou et baisa respectueusement la main de l'amazone.

—Soyez mon époux et mon seigneur! dit-elle ensuite.

—Eh bien! au château de Garba! s'écria le capitaine corsaire. Il est au-dessous de vous et de moi, madame, d'user de ruse à cette heure. Tout au grand jour du soleil! Il ne faut pas que la fille des Incas et du marquis de Garba y Palos passe un seul instant pour avoir été enlevée par un aventurier sans aveu. Non! mille fois non! Je veux que la bénédiction nuptiale nous soit donnée dans le château de vos ancêtres paternels. Votre honneur de jeune fille l'exige, et il le faut encore pour celui des Roqueforte, dont le sang ne le cède à celui d'aucune maison royale des deux mondes!... Ah! ah! continua Sans-Peur en riant, pour un corsaire de la République, je suis passablement aristocrate. Quand vous saurez toute mon histoire, vous la trouverez tissue de contradictions apparentes plus étranges encore... Tout cela, pourtant, se tient, se lie et ne fait qu'un. Dans ma patrie, aujourd'hui, les propos que je tiens méritent la mort; je n'en suis pas plus mauvais patriote pour cela; les Anglais le savent!... Mais l'heure presse!... A cheval! J'ai vaincu au large ce matin, j'ai hâte de remporter ce soir une victoire plus douce.

—Léon, dit la jeune fille, vous semblez ne tenir aucun compte des volontés de don Ramon de Garba, mon frère.

—Je connais d'avance ses sentiments, mais s'il est de fer, je suis de feu, moi!... s'il a ses miquelets et ses vassaux, j'ai mon équipage!... s'il me suscite des obstacles, je les pulvériserai.

Sur ces mots, changeant de ton, comme il lui arrivait sans cesse:

—Quelque pressé qu'on soit, dona Isabelle, il faut déjeuner, surtout lorsqu'on ne sait quand on dînera. J'ai passé la moitié de la nuit à surveiller les mouvements de l'ennemi; au point du jour, j'ai livré combat, et le feu lui même s'éteint faute d'aliments.

Ce jeu de mots fit sourire l'amazone, qui ne refusa point de partager la collation matinale.

Le repas fut court et frugal. Dès qu'il fut achevé, Sans-Peur offrit l'appui de son épaule à la jeune fille, qui sauta légèrement à cheval; lui-même fut aussitôt en selle. Le Galicien de la falaise, écuyer improvisé, se tenait prêt à les suivre.

V

BRANLE-BAS DE COMBAT.

La crique de Garba n'est défendue par aucun fort.—Soit négligence de la part du gouvernement espagnol, soit confiance dans les bancs de récifs qui en rendent l'entrée presque inabordable, soit enfin parce qu'il n'existe aux alentours aucune place de quelque importance, elle est ouverte à tout navire audacieux qui, comme *le Lion*, ose se risquer parmi les brisants.

Sans-Peur était trop habile marin pour qu'une savante prudence ne tempérât point sa témérité. Il jouait sa vie avec un sang-froid merveilleux; il n'exposait pas niaisement son navire aux probabilités du naufrage. Aussi, n'avait-il rien moins fallu qu'un triple intérêt d'amitié reconnaissante, d'ambition et d'union conjugale, pour que le capitaine du *Lion* choisît un tel abri, pendant la saison d'hiver, quand les coups de vent des Açores mettent à chaque instant en fureur les eaux dangereuses de ces parages.

Il avait fallu plus encore pour que l'effrayante manœuvre de la matinée eût été combinée et exécutée par un tel marin.

Mais surpasser en audace Isabelle l'amazone, et cela pour lui sauver la vie, c'était assurer d'un coup le triple but qu'il se proposait,—non depuis quelques jours, mais depuis de longues années, et surtout depuis le moment où,— déguisé en simple mineur péruvien,—il avait revu la jeune fille passant au bras du marquis son père, et s'embarquant pour l'Espagne.

Et tout l'édifice de son avenir s'écroulait, s'il la laissait misérablement périr.— Il risqua tout; il réussit.

Le succès justifia sa tentative presque insensée, qui ravit d'admiration les corsaires, en imprimant aux Galiciens du canton une terreur superstitieuse.

Il avait su être plus que téméraire, on le prit pour un démon.

Il sut être magnifique en semant l'or à pleines mains.

Il fut adroit en ordonnant des prières à Notre-Dame-du-Salut;—mais au demeurant, cette adresse ne fût point hypocrite: il avait la foi d'un matelot, tout gentilhomme et tout républicain qu'il était. Le comte Léon de Roqueforte n'était pas un freluquet de cour trouvant matière à railleries dans les mystères de la religion chrétienne; le corsaire républicain Sans-Peur n'était pas un sans-culotte voulant à la Diderot «des boyaux du dernier prêtre, serrer le cou du dernier roi.»

Du reste, il était roi lui-même,—il était roi, comme on le verra,—et ne souhaitait aucunement de finir par la corde, fût-elle de boyaux.

—S'il veut qu'on prie la sainte Vierge, il n'est ni le diable de l'enfer, ni un suppôt de Satan, disaient les femmes émerveillées de la beauté virile du corsaire aux cheveux d'or.

En Galice, les montagnards ont cela de commun avec les Basques leurs voisins, qu'ils se piquent d'être alertes et habiles à l'exercice du saut. Le bond du capitaine corsaire, de l'extrémité d'une vergue mobile sur la pointe aiguë et glissante du roc, son agilité à le gravir devaient prédisposer en sa faveur un certain nombre de jeunes gens.

A la *posada* des *Rois mages*, il avait payé sans compter et libéralement fait l'aumône aux curieux attroupés sur son passage.

Son courage, son dévouement, sa belle mine, sa récente victoire, le succès de sa manœuvre dans les récifs de la passe, et enfin sa conduite envers la fille du marquis de Garba, transformaient presque en sympathie les préventions des riverains. Les plus timides voyaient à sa ceinture une paire de pistolets étincelants. Les plus hostiles songeaient aux cent vingt hommes d'équipage et aux dix-sept canons du brig, dont la pièce de bronze à pivot était,—au dire des bavards,—un prodige d'artillerie.

Du milieu de la foule partit un souhait qui plut à Léon et à Isabelle:

—Bonheur aux futurs époux.

—Pour boire à leur mariage, qui sera célébré ce soir dans la chapelle du château! répondit Léon en jetant une dernière bourse d'or à l'hôtelier des *Rois mages*.

Et les fiancés partirent au galop.

Déjà depuis près d'une heure *le Lion* avait repris son mouillage sous le château de Garba.

Maître Taillevent, perché sur l'affût de la longue pièce à pivot, dirigeait les travaux du bord, surveillait la réparation des avaries, et attendait impatiemment que son capitaine reparût.

—Tiens! il est à cheval! s'écria Camuset le novice, revenu de l'infirmerie où les pansements étaient enfin achevés.

—Tu vois donc bien, failli mousse, que ça le connaît, les chevaux. Ah! si tu avais vu ce que j'ai vu, moi...

—Et qu'avez-vous donc vu, maître Taillevent? demanda fort avidement le novice, qui eut le tort, cette fois, de se rapprocher si bien qu'une taloche magistrale le renseigna au mieux sur les dangers de l'indiscrétion.

Un éclat de rire bruyant fut le seul témoignage de compassion donné par les matelots corsaires à l'intéressant Camuset.

—Ils vont comme la brise de *nordet*, le capitaine, la dame et un sauvage de l'endroit.

A peine en vue du brig, Léon agita son chapeau.

—Lieutenant, dit le maître, ordre du capitaine de mettre toutes les embarcations à la mer.

Au lieu de se recouvrir, Léon abaissa son chapeau.

—Nous tenir parés à les armer en guerre au premier signal! ajouta maître Taillevent.

—Bon!... du nouveau!... Attrape à s'amuser! firent les corsaires.

Un troisième geste de Léon apprit au maître que son capitaine l'appelait à terre avec quelques hommes de bonne volonté.—Un canot déborda.

———————————

Don Ramon de Garba y Palos, qui ne cessait de maugréer contre le voisinage assez peu rassurant du brig corsaire, alors qu'une rupture était imminente entre l'Espagne et la République, avait, dès l'origine, pris toutes les précautions en son pouvoir. Il s'était assuré que la milice du canton était en état de se lever en armes; il avait à grands frais fourni des fusils et de la poudre à tous ses vassaux; enfin, il avait obtenu du gouverneur de la Corogne une garde extraordinaire de miquelets qu'il nourrissait et payait, soldats, caporaux et sergent, dépense tout au moins fort désagréable.

Lorsqu'il vit sa sœur revenir de compagnie avec le capitaine corsaire, dont le navire avait repris son poste, il fut alarmé, fit sonner la cloche du château, rassembla les miquelets et s'arma jusqu'aux dents.

—A la bonne heure! dit Sans-Peur le Corsaire, on va nous recevoir avec les honneurs qui nous sont dus.

Mais il ne s'en tint pas à ce propos badin, et voyant accourir de divers côtés des Galiciens armés d'escopettes, il déchargea en l'air un de ses pistolets, ce qui signifiait pour son lieutenant: «—Branle-bas de combat.»

Taillevent et ses camarades, cartouchières et pistolets en ceinture, sabre ou hache d'abordage au côté, le mousqueton sur l'épaule, gravissaient la colline au pas de course.

Don Ramon, qui avait fait barricader ses portes, attendait à son balcon. Son peloton de miquelets se tenait derrière lui. Par tous les sentiers affluaient des mariniers, de simples paysans, des mendiants, des bohémiens prêts à se mêler à la bagarre.

Léon et Isabelle s'avancèrent sans descendre de cheval. Les gens du *Lion*, maître Taillevent en tête, les rejoignaient.

—Bien! très bien! dona Isabelle, la fête aura toute la solennité, tout le retentissement que je veux. Par sainte Clotilde et saint Cloud, patrons de ma race, notre mariage ne manquera pas de témoins!

A ces mots, élevant la voix et saluant avec courtoisie:

—Marquis de Garba y Palos, dit le capitaine, Votre Seigneurie voudrait-elle faire au comte Léon de Roqueforte l'honneur de le recevoir?

—Monsieur le Français, répondit le marquis avec hauteur, la porte de mon château ne s'ouvrira que pour ma sœur Isabelle de Garba y Palos.

—Monsieur mon frère, dit aussitôt la jeune fille, Isabelle de Garba croit avoir le droit d'introduire dans la maison de son père le héros qui vient de lui sauver la vie.

Des murmures en sens divers se faisaient entendre dans la foule. Les miquelets, impassibles, attendaient des ordres; Léon, qui avait eu soin de recharger son pistolet, vit ses gens à leur poste et sourit.

—Mademoiselle ma sœur, vous manquez de respect au chef de votre famille!... Rentrez, et rentrez seule, je l'exige!... Si cet homme vous a sauvé la vie, nous saurons lui témoigner notre reconnaissance plus tard... Maintenant, obéissez!...

Maître Taillevent ne put s'empêcher de dire:

—En voilà une finesse cousue de fil d'Espagne!...

—J'ai fait choix d'un époux, répondait Isabelle; je comptais vous le présenter en sœur soumise et respectueuse; votre accueil étrange m'oblige à vous déclarer que je ne rentrerai point sans lui dans notre château.

—Et moi, s'écria don Ramon, je vous déclare indigne du nom de Garba y Palos, déchue de tous vos droits et à jamais étrangère à ma famille.

Léon dit avec calme:

—En quoi indigne?... Pourquoi déchue?... Mademoiselle de Garba y Palos rentrera dans sa demeure; j'ai l'honneur de vous le déclarer sur ma parole, moi!...

—De quoi se mêle cet homme?... interrompit le marquis. Osez violer mon domicile, vous ne serez qu'un pirate!... Je suis prêt, vous le voyez, à repousser la force par la force.

—Dieu me garde d'user de violence envers le frère de dona Isabelle, reprit Léon, qui mesurait ses paroles sans lâcher la crosse de son pistolet et sans perdre de vue les moindres gestes du châtelain. Mais, à cause de moi, vous fermez votre porte à mademoiselle, dont je suis le cavalier. Gens d'Espagne, je vous prends tous à témoin; écoutez-moi!

Le silence, un moment troublé par des cris et des murmures, se rétablit à ces mots.

—Je jure devant Dieu, et je proclame publiquement que, du consentement du noble Andrès de Saïri, cacique de Tinta, au Pérou, je suis le fiancé de sa petite-fille et unique héritière dona Isabelle de Garba...

—Imposture! interrompit don Ramon en dirigeant un pistolet sur Léon de Roqueforte.

Isabelle jeta un cri.

—Taillevent, retiens-la! dit le corsaire qui ajustait don Ramon.

Le maître empêcha l'amazone de se placer devant son fiancé, sous le coup d'une arme fratricide.

Matelots français, soldats et miliciens espagnols apprêtèrent leurs fusils; la foule poussait des hurlements.

A bord du brig, le canon de bronze était pointé à toute volée sur l'antique castel des seigneurs de Garba.

VI

MARIAGE DE HAUTE LUTTE.

De part et d'autre les fusils étaient en joue. Les miquelets, les miliciens et les vassaux de don Ramon ajustaient le petit peloton français, composé de Taillevent, de ses camarades et de Sans-Peur le Corsaire, qui reprit à très haute voix:

—Je veux la paix!... et je tremble pour vous, gens d'Espagne; car au premier coup de mousquet, mon brig ouvre le feu à boulets et à mitraille, mes lions de mer débarquent, et ceux de nous qui auraient péri seraient terriblement vengés.—Relevez donc vos armes sans maladresses... Tâchons de nous entendre!

—Par pitié pour vous-même, mon frère, soyez prudent, ajouta Isabelle.

Profitant du conseil, le sergent des miquelets, de son autorité privée, fit redresser les armes.

Taillevent l'imita aussitôt.

Don Ramon, découragé, abaissa son pistolet.

Léon de Roqueforte en fit autant, et dit:

—Au nom du sens commun, seigneur marquis, convenez que si j'avais l'intention de violer le droit des gens, je serais un grand fou! Venir frapper tout tranquillement à votre porte, au lieu d'emmener à mon bord mademoiselle votre sœur, de faire feu sur votre château sans canons et de descendre ensuite à la tête de mes gens pour piller ses ruines; parlementer au lieu d'agir, et s'aventurer presque seul sur vos domaines si bien gardés, mais ce serait de l'ineptie. Je ne suis et ne serai jamais *pirate*, don Ramon. Je ne souffre point qu'on m'assimile de près ni de loin à un écumeur de mer, à un pillard sans aveu. J'ai l'honneur d'être corsaire de la République française; je suis régulièrement pourvu de lettres de marque pour courir sus aux ennemis de ma patrie, je me sais en pays ami et n'ai garde de violer le territoire espagnol. La force est de mon côté, je n'en fais pas usage. Vous me menacez, j'attends patiemment l'effet de vos menaces. Vous semblez craindre que j'attaque votre domicile, soyez sans craintes. Je puis au besoin être téméraire, je ne suis pas sans raison.

Si les bohémiens, les naufrageurs de la côte et les bandits de la montagne, tout disposés à profiter des résultats désastreux de la bagarre ne furent point trop satisfaits de ce discours, en revanche, les paysans, les miliciens et les miquelets eux-mêmes se réjouissaient de la tournure des choses.

—Quel brave et loyal hidalgo français! disaient les femmes.

—Il a cent fois raison, murmuraient les gens pacifiques.

Don Ramon fronçait les sourcils avec humeur.

—Mais enfin, monsieur, dit-il, je suis bien libre, ce me semble, de ne pas vous recevoir.

—D'accord! fit Léon en souriant. Seulement, au nom du sens commun pour la seconde fois, je trouve que pour parler de nos affaires de famille, nous serions beaucoup mieux, mademoiselle votre sœur, vous et moi, autour du *brasero*, que vous sur un balcon et nous à cheval, par la froide brise qui souffle du large.

Don Ramon fit un geste maussade.

—Je ne veux pas entendre parler de vos prétendues affaires de famille. Que ma sœur rentre chez elle, et finissons-en...

Sur ces mots, il fit mine de se retirer.

—Comme il vous plaira! dit Léon de Roqueforte en haussant les épaules.

Sans plus se soucier de don Ramon, il descendit de cheval, aida Isabelle à en descendre aussi, et dit à son Galicien:

—J'épouse mademoiselle dans une heure; prends ces chevaux, va me chercher un tabellion et un prêtre... Cent piastres pour toi à ton retour.

—Mais, monsieur!... s'écria don Ramon stupéfait; de quel droit...

—Assez! interrompit Léon. Vous venez de mettre tout le pays en rumeur sans le moindre motif. Je ne vous répondrai plus que *chez vous* ou *chez moi*, c'est-à-dire à mon bord; choisissez! Eh! que diable pouvez-vous donc redouter en me recevant, quand c'est moi, au contraire, qui devrais refuser d'entrer dans votre château rempli de gens armés par vos ordres!... Assez, vous dis-je!

—Ah! monsieur le capitaine! s'écria Isabelle, il va ouvrir maintenant; mais, au nom du ciel, n'entrez pas!...

—Ma sœur! dit don Ramon avec colère, me prenez-vous donc pour un assassin?—Qu'on ouvre! qu'on ouvre à deux battants!

—Vous m'avez reniée et déshéritée; je ne suis plus votre sœur!

—De grâce, mademoiselle, n'envenimons pas la querelle; entrons! dit Léon de Roqueforte en lui offrant le bras et sans même se retourner pour donner ses ordres à maître Taillevent.

Mais celui-ci s'emparait de la position la plus convenable. Il postait ses compagnons à la garde du seul chemin qui conduisît au lieu de débarquement, se mettait en faction sur le perron du château, et se tenait ainsi prêt, en cas d'alerte, à donner au brig le signal du combat, tout en courant au secours de son intrépide capitaine.

Le grand salon du château de Garba, situé au rez-de-chaussée au delà du vestibule, était une pièce sombre et sévère, de forme octogone, très haute de plafond, carrelée en pierre, et communiquant par des corridors avec les tourelles où les miquelets tenaient présentement garnison. Il était, du reste, assez mal meublé de siéges armoriés mais vermoulus, d'une longue table en bois de chêne et de quelques trophées couverts de poussière.

De vieux portraits de famille noircis par le temps en décoraient les murs, tapissés de velours bien déchiqueté par les vers.

Parmi les portraits, Léon remarqua ceux du marquis de Garba y Palos, ancien gouverneur de Cuzco, et de ses deux femmes: l'une, la mère de don Ramon, en costume espagnol du milieu du dix-huitième siècle; l'autre, la mère d'Isabelle, en costume de Péruvienne indigène de la classe supérieure, le *manto* noir rejeté sur l'épaule, la robe blanche, à demi-montante, sans garnitures, col ni fraise, les cheveux longs, bouclés, et retenus sur le front par un cercle d'or formant diadème.

L'infortunée Catalina était représentée avec des bracelets ornés de pierreries et un collier de rubis, un éventail chinois à la main, et souriant de cet irrésistible sourire qui charma le marquis de Garba y Palos dès le premier jour qu'elle lui apparut.

A l'époque où le fier hidalgo, devenu veuf, fut appelé à un gouvernement dans les possessions espagnoles du Pérou, une paix profonde y régnait entre les descendants des Indiens courbés sous le joug et ceux de la race conquérante; mais les abus des *corregidores* ou commandants de districts devenaient plus intolérables de jour en jour. Quelques plaintes étaient parvenues jusqu'en Espagne; le marquis, dont la cour connaissait le caractère juste, ferme et intègre, reçut la mission de les apprécier à leur valeur, pour y donner ordre si elles étaient fondées.

Dès son arrivée, il se mit donc en rapports directs avec les chefs des naturels, les *caciques*, comme l'on disait vulgairement, quoique le vrai nom péruvien fût *curacas*. La conquête du Mexique ayant précédé celle du Pérou, les Castillans importèrent les dénominations mexicaines dans leur nouvelle conquête, où le nom de *cacique* prévalut même parmi les indigènes.

José Gabriel, qui passait déjà pour être de la race divine des Incas, Andrès de Saïri, son neveu, père de Catalina, se présentèrent des premiers devant le gouverneur de Cuzco. Les premiers, ils lui firent entendre les doléances des malheureux habitants du pays.

—Seigneur gouverneur, dit Andrès, les *corregidores* chargés de nous fournir les objets qui nous sont nécessaires, abusent de leur privilége et forcent les plus pauvres à payer fort cher toutes sortes de marchandises inutiles.

—Expliquez-vous.

—Les Indiens n'ont presque pas de barbe et marchent nu-pieds, ils sont obligés d'acheter des rasoirs et des bas de soie. Ils ont la vue excellente, on les contraint à s'approvisionner de lunettes.

—Est-ce bien possible?... mais c'est aussi absurde qu'odieux.

—Ah! monseigneur, reprit José Gabriel, ces exactions ridicules sont encore peu de chose, car enfin les pauvres gens parviennent à revendre tant bien que mal ces genres d'objets; mais lorsqu'on leur fait acheter à prix d'or des mules moribondes, des vivres avariés, des articles sans valeur, on les ruine absolument. Ce régime dépeuple nos villages; on y meurt de faim et de désespoir. Que Votre Excellence prenne enfin pitié de nos maux!...

Le marquis de Garba y Palos, indigné de la rapacité de ses subalternes, prit énergiquement la défense des Indiens. Il cassa plusieurs des coupables *corregidores*; il conquit l'amour des naturels, qui le regardaient comme leur sauveur; il s'attira par contre-coup la haine des trafiquants et de tous les drôles qui profitaient antérieurement des abus.

Des plaintes furent portées contre le gouverneur de Cuzco, que les Espagnols accusaient de partialité en faveur des indigènes; elles demeurèrent sans résultats tant que la calomnie ne put s'appuyer sur aucun fait de nature à influencer le vice-roi.

Mais le marquis avait vu la belle Catalina, fille du cacique Andrès. Elle aimait en lui le protecteur de sa race; ils s'unirent publiquement aux pieds des autels, en l'église des Dominicains, bâtie sur l'emplacement de l'antique temple du Soleil.

Le gouverneur crut que la politique se conciliait fort bien avec son mariage. En épousant une noble jeune fille de la race des anciens rois, il achèverait de s'attacher les indigènes et de leur rendre moins pénible la domination espagnole; en même temps il démontrerait à ses subordonnés, d'une manière éclatante, que leurs exactions ne seraient plus tolérées. Ce calcul était faux.

La calomnie trouvait enfin son levier.

On dit que le gouverneur de Cuzco s'alliait avec les caciques pour s'enrichir au détriment du trésor royal; on représenta son mariage comme un pacte fait avec la nation vaincue; on ajouta qu'il s'était mésallié par avarice; on donna même à entendre qu'il visait à s'insurger contre la couronne. D'autre part, on ne manqua pas de prétendre que, loin de protéger les indigènes, il se servait de leurs anciens tyrans pour les pressurer à son profit.

Tous ses actes devaient être dénaturés par des rapports perfides.

Et la vice-royauté du Pérou venait d'échoir à un homme du parti opposé à celui du marquis de Garba y Palos.

L'œuvre civilisatrice et paternelle qu'il avait entreprise, les fruits de sept années d'efforts incessants, tout fut perdu en quelques jours.

Le gouverneur de Cuzco, violemment arrêté dans son palais, fut conduit avec les fers aux pieds et aux mains à Lima, où on le jeta dans un cachot.

Alors dona Catalina, emmenant sa fille Isabelle, se réfugia chez le cacique de Tinta, son père.

Tous les abus réprimés à grand'peine recommencèrent avec une recrudescence qui les rendit plus sensibles. L'insurrection de 1780 éclata.

José Gabriel en fut le chef, Andrès l'un des héros.

Le marquis, étroitement incarcéré à Lima, ne fut point envoyé en Espagne comme il le demandait, mais soumis aux plus cruels traitements, tandis que Catalina, son enfant dans ses bras, parcourait le pays en criant vengeance, soulevait les populations et les conduisait au combat avec l'espoir de fondre un jour sur la capitale pour y délivrer son malheureux époux.

On sait comment périt cette femme digne à tous égards de son illustre origine; on sait comment elle fut vengée par Léon de Roqueforte, le *Lion de la mer*, qui, se trouvant tout à coup en présence de son image, dit avec une pieuse émotion:

—Isabelle, je prends a témoin votre infortunée mère de mon dévouement à votre aïeul Andrès et de mon attachement sans bornes pour vous.

Don Ramon entrait dans la salle par la porte opposée à celle du vestibule.

Brun, pâle, maigre, à traits réguliers et qui ne manquaient pas de caractère, le jeune marquis de Garba y Palos était Espagnol de pied en cap. Élevé en Galice par ses vieux parents maternels, il avait appris dès l'enfance à blâmer tous les actes d'un père qu'il ne connut que fort peu, et dont la juste prédilection pour sa fille Isabelle irrita sa jalousie. Il avait les qualités de sa race ainsi qu'il en avait les défauts: le sentiment de l'hospitalité, par exemple, dominait son naturel ombrageux.

Du haut de son balcon il venait d'être rude jusqu'à la grossièreté; mais Léon était sous son toit maintenant, il se piqua de courtoisie envers cet hôte qu'il recevait de guerre lasse, et saluant sans roideur:

—Monsieur le capitaine, dit-il, que Dieu garde Votre Seigneurie!

Léon, qui n'ignorait aucune des formules de la politesse castillane, répondit sur le même ton:

—Puisse Votre Excellence vivre de longues années avec la bénédiction de Dieu!

Isabelle, bien résolue à exiger la réparation des insultes publiques de son frère, observait en silence dans une attitude à la fois fière et réservée.

Don Ramon présenta un siége au corsaire; ils s'assirent, Isabelle resta debout, sa cravache à la main.

—Monsieur le marquis, dit Léon, mes instants sont comptés; avant le coucher du soleil, je veux être sous voiles; vous me permettrez donc d'aller droit au fait.

Après une inclination silencieuse de don Ramon, le corsaire ajouta:

—J'ai pris, il y a dix jours, mon mouillage sous les murs de votre château, avec le dessein, bien arrêté dans mon esprit depuis deux ans, d'épouser mademoiselle votre sœur.—Qui je suis, pourquoi et comment j'ai formé cet espoir de bonheur, vous allez le savoir. Avant tout, je devais m'assurer que le cœur et la main de dona Isabelle fussent libres, qu'aucune parole n'était donnée, et qu'en un mot je n'arrivais pas trop tard. J'espérais que le glorieux marquis votre père dont Dieu ait l'âme! vivait encore.

Don Ramon et Léon se levèrent, Isabelle s'inclina au souhait pieux de Léon; les deux cavaliers se rassirent, la conférence continua.

—Je voulais enfin me présenter d'une manière éclatante à celle aux pieds de qui je dépose mes vœux. J'ai eu le temps d'apprendre tout ce qu'il m'importait de savoir, et notre combat de ce matin m'a fourni l'occasion que je cherchais. *Le Lion* a pris à l'abordage et brûlé une corvette anglaise; ma cale est pleine de prisonniers de guerre; c'est même un motif de plus pour que j'aie hâte de toucher en France, où je les déposerai; après quoi je donnerai suite à mes vastes projets, qui se rattachent d'ailleurs à mon mariage.

Don Ramon se contint non sans un mouvement d'humeur qui n'échappa point à Isabelle.

—Qui je suis? continua le corsaire. Le chef des plus braves entre les enfants de la mer,—l'égal des plus grands et des plus fiers, monsieur le marquis,—un citoyen français, avant tout citoyen du monde,—un homme dont la vie est chère à des peuples entiers,—un fléau pour les méchants et les traîtres,—un ami sûr et dévoué pour les gens de bien.

—Vous me pardonnerez, seigneur capitaine, dit don Ramon avec une nuance d'ironie, de ne pas bien comprendre ces titres nouveaux pour moi. Votre renommée n'est point parvenue jusqu'en ces montagnes reculées, votre naissance et votre fortune seraient-elles à son niveau?

—Sous le rapport de la naissance, et même sous celui de la fortune, le comte de Roqueforte ne le cède point aux Garba y Palos.

—Les Garba y Palos descendent des rois d'Aragon.

—Je le sais, et je sais de même que dona Isabelle descend par sa mère des illustres souverains du Pérou.

—Pour Dieu! s'écria don Ramon, prétendriez-vous être issu de Charlemagne?

—De plus loin et de plus haut, avec la permission de Votre Excellence. Charlemagne portait la couronne du dernier Mérovingien, aïeul de ma race; les Roqueforte sont fils de Clovis, leurs titres de famille l'attestent.

Un sourire d'incrédulité rida les lèvres de don Ramon.

Léon de Roqueforte dit avec une insouciance railleuse:

—Oh! tout ceci, mon cher hôte, n'est pas article de foi. Seulement la tradition de ma famille vaut tout au moins celle de la vôtre, avouez-le. Entre nous, je fais peu de cas de nos prétentions respectives et de nos parchemins. Je suis, je suis moi-même; voilà mon plus beau titre. Je suis, sur les mers d'Europe, SANS-PEUR LE CORSAIRE: ce nom, je ne me le suis pas donné par ma bouche, par mes actions à la bonne heure. Au Pérou et dans le grand Océan, je suis le *Lion de le mer*!

—Le *Lion de la mer*, vous!... s'écria don Ramon en se levant avec une évidente colère.

—Ah! ah! dit Léon, ce nom-là ne vous est plus inconnu. Tant mieux!... Je suis le *Lion de la mer* que dix nations de l'Océanie reconnaissent pour leur grand chef. Roi sur mon brig corsaire, je suis plus puissant encore à la Nouvelle-Zélande, à Tonga, aux Marquises... Je vois avec plaisir que le *Lion de la mer* n'est point étranger au fils du loyal gouverneur de Cuzco...

—L'insurgé! le rebelle! l'aventurier! dit avec dédain don Ramon, nourri dans la haine de l'homme qui avait préservé du massacre Isabelle enfant.

Combien de fois chez ses parents maternels n'avait-il pas entendu maudire le *Lion de la mer*! Ce nom résumait tous les griefs de sa famille galicienne. Sans l'intrépide inconnu qui le portait, Isabelle eût péri, et dès lors plus de vestiges de la prétendue mésalliance du marquis avec la Péruvienne, point de rivalités, plus de partage de la fortune, plus de tracas, plus d'ennuis, plus d'influence étrangère.

Aux qualifications d'insurgé, de rebelle et d'aventurier, Sans-Peur le Corsaire, loin de répliquer avec violence, salua galamment comme si don Ramon lui eût décerné des éloges; mais Isabelle s'écriait:

—Le vengeur de ma mère lâchement assassinée! mon sauveur à moi! le compagnon d'armes et l'ami de mon aïeul! le serviteur dévoué de la plus juste des causes!...

—*Demonio!* interrompit don Ramon. Taisez-vous, Isabelle. Cet homme ose se faire gloire d'être l'allié des José Gabriel et des Andrès de Saïri... Cet homme se fait un mérite d'avoir combattu les Espagnols...

—Oui, certes! s'écria Sans-Peur à bout de patience. Si le marquis votre père vivait encore, il m'accueillerait comme un fils et vous maudirait, vous, comme un enfant dénaturé. Notre cause était la sienne...

—Mon père fut un insensé qui épousa une femme barbare.

—Paroles impies! disait Isabelle. Vous nous insulterez donc tous, vivants ou morts, tous, mon aïeul, ma mère, mon fiancé, moi, et jusqu'à mon père!... Vous l'avez appelé *insensé*, vous; eh bien! c'est moi qui vous renie maintenant... Osez regarder son portrait... osez lever les yeux sur sa fille!

Don Ramon voulut répondre à ce défi.

Il pâlit en voyant derrière sa sœur le tabellion et le prêtre amenés par le Galicien qui les avait mis au courant de la situation.—Ils avaient tout entendu; leur désapprobation se lisait sur leurs traits.

—Au nom de Dieu, marquis de Garba, rétractez-vous! dit le prêtre avec autorité.

Le comte de Roqueforte remettait au tabellion un pli qu'il destinait d'abord au frère d'Isabelle, mais au seul nom de *Lion de la mer*, la conférence avait dégénéré en querelle; bien des explications regrettables faisaient ainsi défaut.

—Maître, disait Léon au notaire, lisez et procédez conformément aux lois.

L'acte rédigé en due forme était le consentement d'Andrès de Saïri, cacique de Tinta, au mariage de sa petite-fille et unique héritière, Isabelle de Garba y Palos, avec le comte de Roqueforte son ami. On y avait annexé l'état des biens laissés au Pérou par le défunt marquis, et la copie du testament déposé par lui à Lima avant de se rembarquer pour l'Espagne.

—Ces pièces sont parfaitement en règle, dit l'homme de loi. Prévenu par votre messager, j'ai apporté tout ce qu'il me faut pour dresser le contrat de mariage.

—Faites large la part de don Ramon, dit le corsaire. Ceci n'est pas pour moi une étroite question d'argent.

Léon rejoignit Isabelle.

—Votre frère va se rendre aux paroles de ce vénérable prêtre. Oubliez ses emportements, noble amie, daignez partager ma joie. Dans une heure, vous aurez à jamais rompu avec l'Espagne et avec la famille de votre frère; dans une heure, vous serez Française, et rattachée cependant par un lien nouveau à la patrie de votre mère, dont la cause fut la mienne.

Isabelle, doucement émue, se laissait captiver par les doux propos de Léon, qui bientôt ne lui parla plus que du passé:

—Je vous vis en costume de voyage. L'enfant de Catalina était devenue jeune fille, et l'emportait par ses grâces même sur les grâces de sa mère. Je vous aurais reconnue à votre ressemblance avec elle. Vous m'apparaissiez radieuse comme le soleil dont vos aïeux se disaient les fils; je fus ravi en extase. Je revenais au Pérou, après dix ans d'absence, avec le dessein d'y rejoindre votre aïeul, mon vieil ami, et de m'y présenter à votre père qui ne m'a jamais connu que de nom. J'y revenais, non sans penser que vous étiez sans doute une charmante jeune fille, et que vous pourriez bien être celle qui s'associerait à mon étrange destinée; mais ce n'était là qu'une idée sans consistance. A votre seul aspect, elle se transforma en résolution inébranlable. Il y a deux ans que je vous connais, Isabelle, telle que vous connaît le brave Andrès, et telle que vous êtes, Ô digne fille de Catalina!—deux ans que votre souvenir se marie à toutes mes pensées, se mêle à tous mes desseins et grandit avec mes plus grandes ambitions.

—Mais me direz-vous, demanda Isabelle, pourquoi m'ayant vue avec mon père, vous ne nous avez point parlé?

—La fatalité m'en empêcha. Écoutez!... L'accès du Pérou m'était doublement interdit; j'étais étranger, j'étais proscrit comme ayant pris part à l'insurrection de José Gabriel. Votre aïeul fut amnistié en vertu d'une capitulation royale; votre père, délivré de prison, fut remis en possession de ses titres et dignités, avec la noble mission d'achever par la douceur la pacification de la contrée; mais moi, je n'étais amnistié, ni gracié; je ne pouvais même l'être, à cause de ma qualité d'étranger. Qu'on reconnût le *Lion de la mer*, il était pris et condamné au dernier supplice, comme le fut l'illustre José Gabriel.

—Et vous osiez revenir au Pérou, imprudent!

—J'abordai secrètement sur une plage isolée, où je me travestis en mineur. Je brunis légèrement mes cheveux et mon teint pour me donner l'apparence d'un *métis* aux yeux bleus[2]. Puis je me rendis à Lima, où je m'informai du marquis votre père. J'apprends qu'arrivé de Cuzco depuis peu de jours, il va partir avec vous pour l'Europe; je cours à son hôtel, il en sortait.—Il en sortait entouré d'une foule de personnages que j'aurais bravés sans doute s'il ne se fût agi que de ma liberté ou de ma vie, mais une entrevue publique de votre père avec le *Lion de la mer* l'aurait compromis.—Il ne m'avait jamais vu, et d'ailleurs j'étais méconnaissable sous mon déguisement. Que faire? comment parler? Je vous suivis mêlé à la foule qui vous admirait, mon Isabelle; je jurai que vous seriez, avec la permission du Ciel, la compagne de ma vie!

[2] *Métis*, fils d'un blanc et d'une Indienne, généralement robuste, basané, mais glabre. Dans l'intérieur du Pérou, on trouve un grand nombre de métis; là, leur teint est moins foncé: pendant leur enfance, ils ont les yeux bleus et les cheveux blonds; mais, avec l'âge, leurs yeux et leurs cheveux brunissent.

—Léon, vos récits emplissent mon cœur d'une ineffable joie; tout ce que vous dites me pénètre et me charme.

—J'eus la douleur de vous voir vous embarquer sans pouvoir me nommer à votre père. Jusqu'au dernier instant, je fis des efforts inouïs; je m'embarquais dans un canot qui suivit le vôtre; je vis votre vaisseau mettre sous voiles, et pour me faire recueillir à bord, je me jetai à la nage en criant au secours.

—Dieu!... je m'en souviens!... mon père voulait qu'on allât vous sauver; mais le commandant du vaisseau dit que votre ruse n'était pas nouvelle, que les esclaves fugitifs s'en servaient souvent pour se faire transporter en Espagne et devenir libres.—Mon père insista: «—Remarquez, seigneur marquis, répondit le commandant, que cet homme nage comme un poisson et qu'il peut aisément remonter dans sa barque.»—Et, en effet, on vous vit à la longue-vue regagner votre canot et puis vous diriger sur la terre.

—Ce n'était point ma liberté, mais mon bonheur qui s'enfuyait avec vous, dona Isabelle. Je repris terre, le deuil dans l'âme; mais rien n'égale ma persévérance. Ce que je veux une fois, je le veux toujours; je sais lasser la fortune par ma ténacité. Aussi me voyez-vous à cette heure au château de Garba. Votre main est dans ma main. Un notaire dresse notre contrat de mariage, et l'on pare l'autel de la Vierge pour y bénir notre union.

—Vous me transportez d'admiration, vous me ravissez de bonheur! dit Isabelle frémissante.

—Je partis pour Cuzco, j'y retrouvai votre aïeul Andrès qui m'avait cru mort et rendit au ciel des actions de grâces en me serrant dans ses bras. Votre destinée l'inquiétait; il pressentait que votre père ne vivrait que peu d'années; il devinait que sa chère Isabelle serait la malvenue dans la maison de Garba y

Palos: «—Léo, mon cher fils, au nom de notre vieille amitié, promets-moi de veiller sur elle!...» «—Accordez-moi sa main!...» m'écriai-je alors.—Il se mit à genoux et remercia Dieu qui lui envoyait un secours providentiel. Il bénit mes vœux.—Je repartis du Pérou très peu de temps après, ignorant encore la grande révolution de 1789. Ses conséquences qui ébranlent le monde retardèrent, comme vous le saurez, l'exécution de mes desseins. Ce que le gouvernement espagnol était parvenu à cacher dans ses possessions d'outre-mer, si habilement isolées du reste des nations, tous les peuples le savaient déjà. Il fallut que le *Lion de la mer* parcourût son vaste empire, avant de pouvoir revenir en Europe. En France, il dut se faire reconnaître et se signaler comme corsaire. Ce n'a point été sans dangers que le comte de Roqueforte est parvenu, à la faveur de son surnom de Sans-Peur, à équiper le navire qu'il met à vos ordres. Voilà pourquoi depuis la fin de 1790, depuis deux mortelles années perdues pour notre bonheur, le noble Andrès nous attend. Dans peu de mois, Isabelle, il vous aura pressée sur son cœur.

—Mais les ports du Pérou sont toujours fermés aux navires des nations étrangères, objecta la jeune fille.

—Si Dieu me prête vie, ces ports inhospitaliers s'ouvriront largement à tous les pavillons.

—Mais vous êtes toujours dans ce pays un rebelle, un insurgé, un proscrit?

—Oui, sans doute... Qu'importe! je suis toujours aussi le *Lion de la mer*. Les côtes du Pérou n'ont pas de secrets pour moi. J'en ai sondé toutes les passes, j'en connais tous les écueils, tous les courants, tous les dangers, qui seront mes auxiliaires à l'heure du péril, et je sais dans quelle anse isolée nous attend Andrès de Saïri.

Don Ramon ne s'était pas rendu aux ordres évangéliques du prêtre, l'un des plus vénérables ecclésiastiques du canton. Après avoir parlé au nom du ciel, le ministre de paix employa des arguments purement terrestres:

—Comment pourriez-vous désormais vous opposer au mariage de mademoiselle votre sœur? Regardez ce qui se passe autour de votre château. Les miquelets et les miliciens fraternisent avec les marins français; tout le pays prend un air de fête. Les jeunes filles apportent des bouquets; tous les gens du canton, convaincus de la générosité du capitaine Sans-Peur, s'assemblent dans l'espoir qu'il leur donnera des marques de sa munificence...

C'était à deux pas de la porte du vestibule, auprès de la fenêtre ouverte sur la cour d'honneur, que le bon prêtre parlait ainsi. Don Ramon l'interrompit avec rage:

—Je ne suis donc plus maître chez moi!... Il faudrait subir la loi de cet étranger!... Non! non! je le tuerai plutôt de ma propre main!...

Le prêtre se plaça devant don Ramon qui essaya de le repousser, mais Taillevent n'avait fait qu'un bond; de ses mains vigoureuses, il avait saisi les deux bras de l'hidalgo:

—Voyons un peu, s'il vous plaît!... Tuez!... Allons! ne vous gênez pas!... disait-il en ricanant.

—Laisse donc le marquis! s'écria Sans-Peur.

—Pardon, capitaine, un malheur est trop vite arrivé!

A ces mots, les pistolets de don Ramon lui furent enlevés avec une dextérité charmante.

Par les ordres d'Isabelle, les portes de la grande salle s'ouvrirent à tous venants.

Et le tabellion commença la lecture du contrat de mariage, tandis que la chapelle du château était envahie par la foule.

Suivant les intentions de Léon de Roqueforte, et du consentement d'Isabelle, l'acte avantageait au delà de toute prévision le jeune marquis de Garba y Palos.

Don Ramon, confus, découragé, abattu et touché par les paroles du prêtre autant que par la magnanimité de Léon, céda enfin; il apposa sa signature sur l'acte notarié.

—Je savais bien, seigneur marquis, que nous finirions par être d'accord, dit Sans-Peur le Corsaire en lui tendant la main.

Le jeune hidalgo y posa la sienne.

Isabelle était trop heureuse pour en exiger davantage.

La cloche de la chapelle sonnait enfin à toute volée, le brig *le Lion* pavoisait en faisant des salves d'artillerie, et la moitié de l'équipage, en élégants costumes de fantaisie, prenait place à la droite de l'autel dont les miquelets et les miliciens, ravis d'un dénoûment si pacifique, occupaient la gauche.

La toilette de la mariée ne dura qu'un instant. Vingt couronnes de fleurs d'oranger lui étaient offertes; elle n'eut que l'embarras du choix.

Au moment où la bénédiction nuptiale fut donnée aux époux, sous le poêle tenu d'un côté par don Ramon et de l'autre par maître Taillevent, le fidèle matelot du capitaine, l'un des officiers du brig fit un signal.

Une double bordée ébranla les échos de la petite baie de Garba.

Au sortir de la chapelle, le repas de noces fut servi. Don Ramon en fit très convenablement les honneurs à son beau-frère, aux officiers et au maître d'équipage du brig français, ainsi qu'au notaire et au prêtre.

Ensuite, l'attente des riverains fut largement comblée; Taillevent défonça deux barils de piastres d'Espagne provenant de la prise faite le matin. Le Galicien, pour sa part, reçut le double de la récompense promise.

Mais après le dessert, tandis que, du haut du perron, Sans Peur le Corsaire et sa jeune femme présidaient à ces libéralités, un homme couvert de poussière s'approcha de don Ramon et lui remit avec mystère une dépêche du gouverneur de la Corogne.

Don Ramon se retira pour la lire secrètement.

La brise du sud soufflait encore avec violence, mais les bois de chêne vert et les murailles du château garantissaient de la froidure l'esplanade où dardaient les rayons obliques du soleil.

Dans un ciel sans nuages, le disque enflammé descendait perpendiculairement au-dessus de l'extrémité de la falaise.

Un bohémien, qui s'accompagnait sur la mandoline, improvisait ainsi:

«En toutes saisons, sur la terre d'Espagne,Il est des heures dont le soleil fait son nid.Les grâces et la pauvreté se réchauffent à sa chaleur.En toutes saisons, sur la terre d'Espagne,On trouve des fleurs d'oranger pour couronner les mariées.Beaux époux qui donnez aux pauvres,Vous êtes le soleil et la fleur parfumée.On chantera longtemps, sur les montagnes de Galice,Sans Peur, le capitaine des lions de la mer,Et la royale Isabelle du Pérou, la terre de l'or.»

Corsaires, soldats, paysans, paysannes, se tenant par la main, dansaient et chantaient.

On ne se faisait pas, non plus, faute de boire.

Le brig avait fourni le vin de France, les caves du château et l'hôtellerie des *Rois mages* fournissaient le vin d'Espagne.

Les Galiciens criaient: «Vive le généreux capitaine Sans-Peur!... Vive le Lion!... Vive Isabelle... Que Dieu leur donne longues années!»

Les corsaires faisaient entendre des hourras joyeux.

De haute lutte, leur capitaine venait de conclure en peu d'instants un mariage rêvé, ambitionné, ardemment voulu depuis longtemps; en un clin d'œil, à la baguette, il avait réalisé ses vœux. Au dire des matelots, Sans-Peur enlevait ce soir à l'abordage le contrat, la bénédiction nuptiale et la belle des belles, comme le matin la corvette anglaise *the Hope* (l'Espérance), un nom d'heureux augure.

La dépêche remise au frère d'Isabelle était ainsi conçue:

«La guerre est déclarée à la République française. Une frégate de Sa Majesté Catholique appareille pour couper la route au redoutable corsaire mouillé sous votre château. Employez tous les moyens pour retarder son départ. Usez de ruse; attirez le capitaine chez vous; donnez-lui des fêtes. Il nous importe de délivrer les nombreux prisonniers anglais qu'il retient à son bord. Dès demain il vous arrivera des troupes et six pièces d'artillerie qui coopéreront avec les canots de notre frégate *la Guerrera* pour le surprendre au mouillage.

«Dieu vous garde longues années!»

VII

PAVOIS ET ADIEUX.

Reconnaissant à la cime des mâts et aux bouts des vergues des bannières qu'un jour Taillevent, Camuset et quelques camarades avaient déroulées pour l'avertir, Isabelle admirait les étranges pavois du brig corsaire.

—Au Callao et sur les mers que j'ai parcourues, disait-elle, j'ai vu parfois des navires arborer en signe d'allégresse des pavillons aux vives couleurs, mais je n'en ai jamais vu de pareils aux vôtres.

—Assurément, dit Léon. En général, on se borne à hisser en tête des mâts et au bout des vergues les pavillons des diverses nations amies, disposés suivant un ordre qui indique le degré d'honneur qu'on veut leur faire, et on achève le pavois au moyen de pavillons de signaux placés arbitrairement. Aujourd'hui, chère Isabelle, j'ai autrement procédé. Ces pavois ont été imaginés en songeant à vous et à notre union. Ils disent ma vie et la vôtre; ils sont le symbole de notre passé, de notre gloire, de notre avenir. Je me suis complu dès longtemps à les composer pour la fête de notre mariage.—Isabelle, me disais-je, sera surprise de voir ces bannières; elle m'en demandera la signification, et je lui répondrai avec bonheur.

—Parlez donc, parlez! Isabelle est heureuse et fière de vous entendre.

—A l'arrière, d'abord, le pavillon de la France surmonte celui d'Angleterre, renversé en signe de défaite. Ceci est un détail improvisé ce matin pour compléter mon bouquet naval. Au grand mât flotte la bannière des Roqueforte, d'or au lion *rampant*[3] de *gueules*[4], selon le blason de ma famille. Au mât de misaine, le pennon de la vôtre, azur au chef d'argent. A tribord de la grande vergue, la première place d'honneur, le pavillon d'Espagne, suivant l'usage marin qui veut qu'on rende ainsi hommage à la nation amie dans les eaux de laquelle on est mouillé. A babord, vous reconnaissez les couleurs du Pérou, votre patrie. A ma vergue de misaine, les antiques traditions de nos deux familles sont représentées, d'un côté, par le drapeau du royaume d'Aragon, de l'autre par la chape bleue de Saint-Martin, qui fut celui de la première race des rois Francs. En Océanie, quand j'arborais cette bannière sacrée à la tête de mon grand mât, mes peuples disaient avec un respect profond: «Le Lion célèbre sur son vaisseau la mémoire de ses pères.»

[3] *Rampant*, en blason, signifie droit, debout, par opposition à *passant*, qui veut dire marchant.

[4] *Gueules*, rouge.

—La République française, dit Isabelle, tolérerait-elle tant de démonstrations aristocratiques?

—J'en doute fort, répondit Léon. Mais si j'envoie le rapport de mon combat de ce matin à la Convention nationale, je m'abstiendrai de lui faire part de mon mariage et de ma manière de pavoiser.

—Ne craignez-vous pas les indiscrétions de vos gens, les rapports des espions, l'esprit ombrageux du nouveau gouvernement de la France?

—C'est en France surtout que je suis Sans-Peur le Corsaire... Mais, dites-moi, au-dessus du pavillon de l'Espagne reconnaissez-vous l'emblème qui se déroule au gré de la brise?

—Je reconnais sur un fond d'azur le Soleil des Incas, répondit Isabelle, et du côté opposé, le serpent *Uscaguai* à tête de cerf, et portant à la queue des clochettes d'or. Plus loin, je vois le cercle de feu que le père de ma mère fit peindre sur le drapeau de Tinta, et enfin le glorieux étendard de José Gabriel. Je ne doutais pas de vos paroles, cher Léon, mais ces enseignes symétriquement déployées, ces insignes, qui, dès le lendemain de votre entrée au port, furent déroulées pour moi, sont autant de preuves éloquentes de leur sincérité.

—A égale distance du grand mât et du mât de misaine, entre les deux flèches, Isabelle, le grand oriflamme blanc qui se balance porte notre chiffre brodé; il est consacré à notre mariage, et lorsque mon navire grandira sous mes pieds, quand mon brig se transformera en corvette, en frégate, en vaisseau de haut bord, quand le bâtiment que nous monterons sera un trois-mâts, cet oriflamme, aux jours de fête, flottera au sommet du plus grand.

—Vous espérez donc métamorphoser votre navire?

—Je referai sans doute ce que j'ai déjà fait bien souvent. Comme un hardi cavalier tue ses chevaux sous lui, ainsi j'ai tué sous moi des bâtiments de tous genres depuis le jour où de mon tronçon de mât brisé je passai capitaine de la péniche enlevée aux Espagnols par les balses péruviennes. Le navire change, son nom reste. *Le Lion* coule, brûle ou saute, vive *le Lion*! Tel que le phénix, il revint toujours. Et quand les peuples de l'Océanie le voient glisser au large de leurs îles, aujourd'hui goëlette légère, demain vaste trois-mâts, simple pirogue ou brig armé de canons, corvette, aviso ou jonque chinoise, ils le reconnaissent à ses couleurs,—d'or au lion rouge,—et disent en leurs idiomes: «C'est *le Lion* qui a changé de tatouage.»—Tous les autres pavillons que vous voyez d'ici dans ma mâture ont leur signification précise. Ils représentent mes relations avec les îles Marquises, Taïti, Tonga, la Nouvelle-Zélande, et les contrées diverses dont je suis le grand chef, le libérateur ou le simple allié. Chacune de ces enseignes est une page de mon aventureuse histoire; l'oriflamme blanc à notre chiffre, chère Isabelle, était réservé au plus beau jour de ma vie.—Mais où donc est don Ramon, votre frère? s'écria tout à coup Léon de Roqueforte.

—Mer d'huile! fond de vase! veillez au grain, capitaine, dit tout bas maître Taillevent, il y a encore quelque trahison dans le coin...

—Explique-toi.

—On a l'œil américain. Votre marquis vient de recevoir à la muette un pli cacheté qui sent le roussi.

—Mets ta cravate rouge en ceinture et rallie nos gens d'un coup de sifflet.

Au coup de sifflet qui domina la clameur générale et retentit, longuement répété par les échos de la falaise, les gens qui étaient à bord et ceux qui étaient à terre tournèrent, tous, les yeux du côté de maître Taillevent.—Ils remarquèrent tous sa ceinture rouge, et comprirent qu'il s'agissait de se tenir sur ses gardes.

Les danseuses galiciennes furent abandonnées sans merci.—Chacun se porta vivement à son poste. Les rameurs coururent à leurs canots, les officiers se mirent à la tête de leurs escouades respectives, les pavois arborés à bord furent amenés en un clin d'œil, et l'on put voir à chaque sabord un petit mouvement qui consistait à refouler sur la charge de salut un double projectile,—précaution toute naturelle du reste, car, même en temps de paix, un navire bien commandé ne prend jamais la mer sans avoir chargé ses pièces d'artillerie.

—Camarades, disait Sans-Peur, il est temps d'appareiller!... Adieu donc aux bonnes gens de ce pays, et en route!...

Don Ramon accourait, tandis que les effets d'Isabelle étaient emportés à bord de la chaloupe par les soins de sa camériste, jeune Péruvienne qui l'avait accompagnée en Espagne et qui, s'attachant à sa destinée, devait embarquer avec elle.

Le novice Camuset, en cette occasion, se signala par un zèle admirable. On le vit se charger de boîtes, de cartons et de colifichets avec une ardeur héroïque; dix fois, il courut de la chaloupe au perron du château, dix fois il fit preuve du plus aimable empressement.

—Mon frère, disait don Ramon, c'est à votre bord que je voudrais vous faire mes adieux!

—Très bien, répondit le corsaire; je ne vous l'aurais pas proposé, mais je suis heureux de vous recevoir à mon tour.

On s'embarqua.

Les voiles trouées, les cordages coupés, les espars avariés par le combat du matin avaient été, dès la première heure de mouillage, réparés ou changés en vertu des ordres du second, qui reçut à bord son capitaine, Isabelle et don Ramon avec tous les honneurs d'usage.

Les chaloupes et canots furent rehissés, l'ancre arrachée du fond, les voiles établies avec ensemble. Une barque du pays se mit à la remorque du brig, et le léger navire s'élança, bâbord amures, vers les passes rocailleuses qu'il devait franchir pour la quatrième fois avec autant d'audace que de bonheur.

Pendant l'appareillage que dirigea le capitaine, don Ramon, le front radieux, n'avait cessé de causer fraternellement avec Isabelle, qui souriait à l'écouter. Dès que la manœuvre fut finie et que *le Lion*, couché sur le flanc de tribord, navigua sur la mer houleuse sans courir aucun danger:

—Mon frère et ami, dit le jeune marquis à Sans-Peur le Corsaire, c'est en présence de votre équipage, témoin de nos querelles de ce matin, que je veux à présent vous adresser des paroles de paix et d'adieu.

—Sur l'arrière tous, et silence à bord!... commanda Léon de Roqueforte.

Les deux tiers des matelots comprenaient l'espagnol et devaient naturellement servir d'interprètes à leurs camarades.

—Braves Français, dit don Ramon avec une emphase castillane qui convenait à son allure hautaine, hier, ce matin, quelques minutes encore avant l'union de votre valeureux capitaine avec la fille de mon père vénéré, s'il n'eût dépendu que de ma volonté, votre navire se fût abîmé dans les flots. Seul contre tous, jusqu'au dernier moment, j'ai opposé la plus vive résistance à un dessein qui contrariait mes vues. Je ne m'en repens pas, je ne désapprouve point ma propre conduite, je ne renie point ce que j'ai fait.—Mais, à cette heure, ma main a serré la main de Léon de Roqueforte, un acte régulier signé de mon nom, et la bénédiction d'un prêtre chrétien font de lui l'époux de ma sœur, il a mangé du pain et du sel sous le toit de ma maison; il est mon ami, mon frère et mon hôte.—Or, par le nom sacré de Dieu qui m'entend, le marquis de Garba y Palos n'est et ne sera jamais traître à l'amitié, à la famille ni à l'hospitalité.—Voici une dépêche que m'envoie le gouverneur de la Corogne; elle m'est arrivée une heure trop tard par la volonté du Ciel; je veux vous la lire à tous.

Il lut.—Et l'équipage applaudit.—Et Isabelle, se jetant dans ses bras, dit avec transport:

—C'est à partir d'à présent, Ramon, que vous êtes vraiment mon frère!

—Devant eux, ma noble sœur, je ne devais pas m'humilier, dit le jeune marquis à voix basse, mais je m'incline devant toi; pardonne-moi ma trop longue erreur!

—En exprimant sa vénération pour notre père, don Ramon a rétracté sa seule parole coupable. Quant au reste, je sais faire la part des préventions injustes dans lesquelles on t'éleva. J'étais pour toi une étrangère qui usurpait ton nom et la meilleure part de tes richesses.

—Tu es ma sœur, et tu m'as abandonné plus de biens que je n'y avais droit.

—Ma mère fut pour tous les tiens une femme d'une contrée barbare, une beauté sauvage dont les attraits séduisirent le marquis notre père...

—Ta mère est une héroïne dont je vénérerai le grand souvenir.

—Mon époux, mon aïeul, ma race étaient maudits par les tiens.

—Mes yeux se sont ouverts, ils sont éblouis par la grandeur de ton époux. Je suis fier, maintenant, d'être le frère d'un héros.

Les gens de l'équipage d'un côté, les officiers et leur capitaine de l'autre, s'entretenaient encore de la solennelle déclaration du marquis espagnol, quand Isabelle, au comble de la joie, se rapprocha de son époux et lui dit:

—Répondez maintenant.

Le silence se rétablit, et Léon de Roqueforte dit d'une voix mâle et fière:

—Soyez loué comme vous méritez de l'être, monsieur le marquis, mon frère et mon ami désormais. Vos adieux rachètent noblement l'accueil hostile que vous me faisiez ce matin. Au moment où la guerre s'allume entre nos deux patries, la paix se conclut entre nos deux familles qui n'en feront qu'une à l'avenir. Si nous nous rencontrons dans les combats, nous nous épargnerons loyalement, nous nous porterons secours en frères. Tous les miens recevront l'ordre de protéger les biens et la personne du marquis de Garba y Palos. Et si, ce qu'à Dieu ne plaise, le gouvernement espagnol vous persécutait pour ce que vous venez de faire, sachez que votre cause serait ma cause, comme ma fortune serait la vôtre. En tous pays, vous avez le droit de trouver aide et appui parmi les sujets, les serviteurs, les compagnons d'armes ou les amis du *Lion de la mer*. En foi de quoi, seigneur marquis, je vous donne cette poignée de franges d'or tressées à la péruvienne comme les franges du *borla* royal, bandeau des Incas. Les anciens monarques du Pérou n'avaient qu'à confier à un de leurs officiers un insigne semblable, pour que d'une extrémité à l'autre de leur empire on obéît à sa vue. J'ai adopté cet usage. Ces franges sont ma crinière de lion. Quiconque en possède un seul brin est reçu en allié par tous les chefs des îles du grand Océan, depuis le Pérou jusqu'aux Carolines.

Don Ramon, sur ces mots, échangea une accolade fraternelle avec Léon de Roqueforte; il embrassa de nouveau sa sœur et descendit enfin dans sa barque aux acclamations de l'équipage entier.

Seul, maître Taillevent fronçait les sourcils. Léon s'en aperçut:

—Qu'as-tu encore, éternel grognard?

—Pardonnerez, capitaine; je ne doute pas plus que vous de la bonne foi de votre beau-frère... Il a du bon, ce *segnor* à maigre échine!... Mais les panneaux de la cale étaient grands ouverts... et on a connu des Anglais qui entendent l'espagnol...

—Ces Anglais-ci sont prisonniers.

—Demain peut-être ils seront libres.

—La guerre commence à peine. Nous allons à Bayonne.

—On ne sait jamais où on va toutes fois et quantes on met le cap au large. Voici deux ans passés, m'est avis, que nous sommes en route pour le château de Garba, et au lieu de nous y marier comme nous le voulions, nous avons fait les cinq cents coups aux quatre coins du monde...

—J'ai atteint le but, pourtant!

—Oui, capitaine; mais, une heure plus tard, nous étions de bonne prise...

—Eh bien! ça aurait chauffé dur!

—On le sait... mais on sait aussi que, par la brise qui souffle de Paris, tout votre attirail de prince, de grand chef, de roi et de comte, n'est pas sain à Bayonne en Bayonnais.

—Je veux faire enregistrer mon mariage en France; je veux revoir mes braves camarades, les corsaires de Bayonne; je veux me débarrasser de mes prisonniers.

—Ce que vous voulez, capitaine, je le veux toujours; c'est connu. Ce que vous aimez, je l'aime. Ce que vous haïssez, je le hais. Votre vie, c'est ma vie...

—Brave Taillevent! dit le corsaire en lui tendant la main que le maître serra dans les siennes avec une émotion reconnaissante.

—Mais...

—Voyons ton *mais*, dit Léon en souriant.

—Mais, dame! ça s'entend; si votre vie est ma vie, j'ai, fichtre, bien le droit d'y veiller, et j'y veille. Vos Anglais d'en bas, je les voudrais au fin fond de l'eau; vos camarades de Bayonne au tonnerre à la voile, et les ports de notre république à deux bonnes mille lieues à l'arrière de ce navire. Voilà!...

—C'est bien!

Taillevent salua et alla reprendre son poste au pied du grand mât, non sans mâcher avec humeur son sifflet de manœuvre.

—Sans-Peur... Sans-Peur, grommelait-il, mais sans peau ou sans tête, ça ne serait plus si gai... J'en ai vu guillotiner au Havre qui n'avaient pas dit le quart de ce qu'il crie en plein gaillard-d'arrière... Il y a des espions et des traîtres partout, en comptant ou sans compter nos Anglais...

Le monologue du digne grognard d'eau salée se prolongea ainsi de manière à défrayer tout le grand quart. Camuset s'avançait à l'étourdie, comptant trouver le maître sur son bien dire; mais le grognement aigu qui faisait ronfler son sifflet en sourdine détourna fort heureusement la curiosité du novice. Il recula, glissa dans le panneau de l'entrepont, faillit se casser le nez, et se releva en disant:

—Quel ours salé!... quel ours à la moutarde!... Son capitaine est aux anges, et pour la noce il vous a une mine à faire chavirer le *Grand Chasse-Foudre*!... J'espère bien que cette mine-là ne sera jamais du goût à Mademoiselle Liména, et voilà ce qui me console!...

Isabelle suivait des yeux don Ramon, emporté à terre par sa barque galicienne; ses regards émus s'arrêtaient sur les tourelles du vieux château de Garba, sur la terre où reposaient les restes mortels de son père, sur la haute falaise où Léon lui avait sauvé la vie. Mille pensées confuses se heurtaient dans son esprit. Faisait-elle un rêve? Était-il bien possible qu'elle fût mariée au *Lion de la mer*?

—Ce n'est point un rêve, dit Léon en se penchant sur elle.

—Eh quoi! vous lisez dans ma pensée?

Le canot de don Ramon disparut derrière les récifs. Peu d'instants s'écoulèrent. Puis, au sommet du morne, on vit un homme à cheval qui demeura là, tel qu'une statue, les yeux fixés sur le brig emporté vers l'horizon.

Aux dernières lueurs du jour, Isabelle et Léon le reconnurent.

—Mon frère, dit la jeune femme, craint d'apercevoir au large la frégate qui vous cherche, mais vous...

—Je l'attends!... Je n'ai que dix-sept canons, elle en a quarante ou davantage... je n'ai que cent vingt hommes en comptant mes blessés, elle en a trois ou quatre cents... cette mer houleuse est plus nuisible à ma marche qu'à la sienne... Mais ne serais-je point Sans-Peur le Corsaire, je m'avancerais plein de confiance, Isabelle. Notre amour est béni!... Oh! soyez sans inquiétudes; mes mesures sont prises, et je ne livrerai point un combat trop inégal.

—Serez-vous maître de l'éviter?

—Le lion, quand il le veut, sait se conduira en renard. Un de nos grands marins, que l'Espagne dispute à la France, Jacobsen, né à Dunkerque, l'un des ancêtres de Jean Bart, se glorifiait du surnom de Renard de la mer. Je ne dédaignerais pas d'être appelé de même si je n'avais conquis des surnoms qui valent au moins autant. Tous les stratagèmes sont permis au plus faible, tous, excepté de faire feu sous de fausses couleurs.—Le soleil s'éteint à l'occident, notre pavillon descend en même temps que lui, on ouvre l'œil aux bossoirs. Venez dans ma chambre de capitaine, et laissez à mes braves compagnons le soin de veiller.

Le brig s'étant assez élevé au large, arrivait au nord pour doubler le cap Finistère. Les ordres pour la nuit étaient donnés à l'officier de service.

—Bon quart partout! dit le capitaine; qu'au premier signal chacun soit à son poste de combat!

—Adieu, mon frère, adieu! murmurait Isabelle.

Léon lui offrait le bras, la soutenait au roulis, et la conduisait vers la dunette, disposée, depuis le jour de l'armement, en chambre nuptiale d'un étrange caractère.

Une pointe de terre venait de s'interposer entre la falaise et le brig *le Lion*.

Don Ramon, marquis de Garba y Palos, pressant enfin les flancs de son étalon noir, reprit la route du vieux château.

Et une fois dans la grande salle, s'adressant aux portraits de son père, de sa mère et de Catalina la Péruvienne:

—Êtes-vous contents de moi? demanda-t-il au milieu du plus profond silence.

Quel écho mystérieux lui répondit? Fût-ce les esprits familiers du sombre castel? Fût-ce la voix de sa conscience? On ne sait.

Mais des paroles bénies le ravirent comme en extase, et la nuit entière s'écoula pour lui dans la joie suprême d'un grand devoir accompli.

VIII

LA CHAMBRE NUPTIALE.

Le brig corsaire *le Lion*, construit et approvisionné au Havre, par les soins du citoyen Plantier, armateur et correspondant de Léon de Roqueforte, avait été emménagé avec une sollicitude toute spéciale par son valeureux capitaine.

Ses officiers et matelots remarquérent, dès leur embarquement, que la dunette, plus haute qu'aucune autre, occupait près du double de l'emplacement réservé d'ordinaire à cette élévation,—qu'on supprime parfois, et qui le plus souvent ne couvre que quelques pieds du pont en arrière de la roue du gouvernail.

—Paraît que notre capitaine tient à être bien logé! dirent les corsaires.

Mais le capitaine ne se logea point dans la dunette, ce qui donna lieu aux plus étranges suppositions. Il s'était réservé, à l'extrême arrière de l'entrepont, une très petite cellule communiquant, il est vrai, par un panneau avec la chambre mystérieuse, où personne, si ce n'est Taillevent, n'avait encore pénétré.

L'indiscret Camuset, s'étant avisé de demander ce qu'il y avait dans la dunette, reçut, pour toute réponse, une taloche tellement magistrale, que les anciens eux-mêmes se gardèrent de questionner le maître d'équipage.

Garantie contre les regards curieux par des cloisons ou des vitraux dépolis, les sabords fermés par des mantelets à jour derrière lesquels se croisaient d'épais rideaux, la dunette dont les gens du bord ignoraient le contenu, fournit aux bavards un thème inépuisable de contes ultra-fantastiques.—Les moins superstitieux admettaient que Sans-Peur en faisait son arsenal particulier, rempli d'armes inconnues et d'artifices diaboliques au moyen desquels il se rirait d'une escadre entière.

Le matin, au moment du branle-bas de combat, force fut pourtant d'ouvrir la dunette pour faire usage des quatre canons qu'elle contenait. Taillevent et le capitaine en avaient, pendant la nuit, retiré plusieurs coffres qu'on logea provisoirement dans des recoins de la cale: mais ce déménagement ne pouvait être que partiel. Aussi les canonniers, en démarrant leurs canons, furent-ils bien surpris de voir, à l'arrière, au-dessus de la tête du gouvernail, un magnifique lit suspendu à double suspension, des meubles, des tentures, des tapis d'une élégance exquise et d'une richesse inusitée.

Les quatre canons et leurs ustensiles participaient du luxe de l'appartement. Les affûts étaient en bois d'ébène incrusté d'ivoire, les roues en gayac poli, les pièces en bronze sculpté, les bragues et autres cordages nécessaires à la manœuvre en fil d'une admirable blancheur, les caisses des poulies en acajou femelle massif, les couvre-lumière en argent relevé en bosses. Les refouloirs, écouvillons, boutefeux, pinces, anspects, seaux, bailles et fanaux de combat, les énormes crocs, anneaux et pilons qui servent à l'amarrage des bouches à feu, devaient à l'art ou à la matière une physionomie qui les empêchait de déparer la chambre nuptiale.—On peut même dire qu'ils l'embellissaient.

L'ameublement de ce boudoir marin fut singulièrement mis en désordre pendant le combat; mais dès que l'action fut terminée, tout fut rapidement rétabli en l'état primitif.

Les bavards n'eurent pas beau jeu cette fois; il y avait à bord trop d'ouvrage; on mettait les prisonniers aux fers, on bouchait les voies d'eau, on lavait les ponts tachés de sang et de poudre, on réparait les manœuvres courantes, on rétablissait les cloisons, et l'on jouait serré contre la fraîche brise, la mer houleuse et les brisants de la passe.

En apercevant Isabelle au sommet de la falaise, les moins malicieux devinèrent:

—La dunette, parbleu, c'était la chambre de madame!...

Léon ouvrit la porte donnant sur le pont; la main de l'intrépide amazone tremblait dans sa main:

—Voici votre appartement, madame, dit le corsaire souriant à son trouble, puissiez-vous le trouver digne de vous.

Liména venait d'allumer les candélabres qui se balançaient au roulis et illuminaient l'intérieur de la dunette. La jeune fille attendait sa maîtresse.

—C'est une merveille, mon ami! dit Isabelle rassurée par la présence de sa cameriste. Quel luxe attentif! quelle délicatesse ingénieuse! Vous avez su rassembler dans ce petit palais de fée tout ce que peut désirer une jeune femme.—Dieu! s'écria-t-elle en se retournant, les portraits de mon père et de ma mère, ici!...

—Ces portraits ont été copiés au Pérou sur les originaux que possède le cacique Andrès.

—Je regrettais les images chéries de mes parents; vous avez voulu, noble ami, qu'aucun regret ne pût troubler mon bonheur!

—Cher ange, dit Léon, un capitaine vigilant a toujours quelque ronde à faire, quelques ordres à donner. Liména va vous servir; ensuite elle descendra dans sa chambrette située au-dessous de notre appartement. Permettez-vous que je revienne bientôt!...

Isabelle baissa les yeux en balbutiant un consentement timide; Léon, dont le cœur battait, sut être mari et capitaine sans trahir aucune de ses émotions, sans négliger le moindre de ses devoirs. Le sang-froid devant le péril est moins admirable peut-être que le calme devant le bonheur. Léon, nature forte, voulut se vaincre. Il agit avec le même ordre, la même attention, la même activité méthodique qu'à l'heure la plus indifférente de sa vie d'officier de mer. Ses subalternes, harassés de fatigue par une journée de dangers, de travaux et de plaisirs non interrompus, attendaient peut-être, pour se relâcher, l'instant où il se retirerait auprès de sa jeune compagne. Il jugea nécessaire de se montrer plus vigilant que jamais.

Quand il reparut sur le pont, un murmure d'étonnement parcourut les groupes des gens de quart.

Il examina la voilure et donna quelques ordres au lieutenant de service; puis il passa sur l'avant, interrogea l'horizon qu'argentait la lune à son lever, chercha dans le lointain la frégate ennemie, et ne découvrant rien, il encouragea ses vigies du bossoir à faire bonne veille:

—Point de cris; si vous apercevez une voile, qu'on m'avertisse sans bruit.

—Suffit, capitaine, on coulera doucettement la chose dans le pertuis de l'oreille au lieutenant.

Après avoir pris ses mesures pour que la quiétude d'Isabelle ne pût être troublée, il se rendit au poste des blessés afin de s'assurer qu'ils étaient soignés convenablement. Il adressa quelques encouragements paternels à ceux qui ne dormaient pas encore. Il descendit ensuite à fond de cale, où les soldats et matelots anglais prisonniers étaient aux fers sous la surveillance de quelques factionnaires. Un silence profond y régnait.

Liména caquetait avec un entrain folâtre.

—Heureusement, chère maîtresse, disait-elle, nous sommes amarinées par nos grands voyages. Nous avons le pied marin; voyez comme je vais et viens malgré ce roulis. Et nous ne craignons plus le mal de mer, comme voici deux ans passés, en partant du Callao. Ah! l'on est vaillante quand on a doublé le cap Horn en plein hiver, au mois de juillet. Quand je disais aux gens de Garba que j'ai toujours vu l'hiver en été avant de venir en Espagne, ils me traitaient de menteuse ou de folle.

—Menteuse, ils avaient tort; mais folle...

—Laissez-moi dire, belle petite chère dame, car vous voici dame et *lionne* de la mer, encore; vous souvenez-vous de mon rêve du mois passé? Je vous peignais, comme ce soir, et vos cheveux prenaient la couleur fauve...

—Si je suis lionne, tu peux te vanter d'être une fameuse pie.

IX

MAITRE TAILLEVENT.

En remontant de la cale dans l'entrepont, Léon vit Taillevent endormi tout habillé et tout armé dans un hamac pendu à côté du panneau des prisonniers de guerre.

Le maître avait pourtant à l'extrême avant un petit réduit particulier, appelé, selon l'usage, *la fosse au lions*; mais il avait trouvé sage d'être plus près, en cas d'accident, du lieu le plus dangereux du navire.

—Brave et loyal serviteur, pensa Léon, il fait toujours plus que son devoir.

La tête du maître était à moitié hors de son hamac; il écoutait d'instinct, ou pour mieux dire l'oreille était encore éveillée tandis que le corps reposait. Évidemment, il serait debout au moindre bruit suspect.

—Il dort maintenant, il dort à la hâte et d'un sommeil léger, parce qu'il sait bien que je ne puis être endormi. Encore suis-je bien sûr que dix hommes pour un ont l'ordre de l'éveiller avant le milieu de la nuit. Et pourquoi tout ce zèle? Par ambition? il n'en a point; par amour du gain? il ne tient pas à l'argent; par passion pour notre existence aventureuse? non, il ne désirait autrefois qu'une barque de caboteur à Port-Bail, sur la côte de Normandie, et ses goûts n'ont pas changé. Pourquoi donc? parce qu'il partage obscurément, depuis quinze ans bientôt, tous les dangers que je cours. A moi les honneurs, les richesses, les dignités, les succès, la gloire, le bonheur; à lui les privations, les fatigues, les soucis, et cela sans autre compensation que l'amitié de son capitaine.

Le maître, tout en dormant, dit quelques mots mal articulés; Léon saisit seulement ceux-ci:

—Sois curieux, c'est le cas, espèce de mousse!... Allons, Camuset, ouvre l'oreille!...

Léon sourit, traversa le faux-pont où dormaient les hommes qui n'étaient pas de quart, et pénétra dans le logement réservé à son état-major.

Là, dans une étroite cabine, ouverte et gardée à vue par un factionnaire, se trouvaient deux officiers anglais prisonniers, un lieutenant et un master, les seuls qui eussent survécu au combat.

Léon leur demanda s'ils avaient été convenablement traités, et s'excusa de n'avoir encore pu leur permettre de monter sur le pont.

Le lieutenant parut touché de la courtoisie du capitaine français. Il répondit en faisant allusion à son mariage, avec une simplicité d'autant plus agréable au corsaire que celui-ci l'avait remarqué comme un brave pendant l'action du matin.

Quant au master, il dit sèchement que des officiers devraient toujours être laissés libres sur parole.

—Monsieur, je n'aime pas les leçons, interrompit Léon avec vivacité.

—Et moi, monsieur, répliqua le master d'un ton insolent, j'aime à en donner à mes ennemis.

Depuis quelques instants, un bruit sourd de ferrailles se faisait entendre à fond de cale. Le master le prit sans doute pour un signal, car il bondit hors de sa cabine, arracha brusquement un pistolet au factionnaire, et fit feu sur Léon de Roqueforte.

Les cris: «Trahison! révolte! aux armes!» retentissaient de toutes parts.

Isabelle, échevelée, se précipitait hors de la dunette; Liména, tremblante, essayait de la retenir.

Sautant hors de son hamac, maître Taillevent sabrait déjà les révoltés tout en criant:

—Ah! brigand de Camuset! tu as mangé la consigne!... tu n'as pas été assez curieux!

—Pardonnerez, maître, dit le novice qui se dressait à côté de lui, je sais tout!...

Les fanaux étaient éteints dans le faux-pont; à la faveur de l'obscurité, les Anglais essayaient de monter sur le gaillard d'avant, mais rencontraient une résistance singulièrement énergique.

Camuset, pour sa part, s'en donnait d'estoc et de taille.

—Tu sais tout, sauvage de Landerneau, il est bien temps!

—Mais c'est moi qui ai fait la chose...

—Quelle chose, donc?

—Leur révolte, maître...

—La belle besogne!... Tais-toi, innocent, et tapons dessus!

Camuset, on le sait déjà, tapait en conscience, secondant ainsi de son mieux le brave Taillevent.

—Courage! courage, enfants! criait en anglais le plus enragé des prisonniers de guerre; voici la frégate espagnole!... Leur capitaine est mort!... En avant!... Hourra!

Les Anglais, armés de leurs fers, de boulets de canon trouvés dans la cale et de quelques armes blanches enlevées aux matelots endormis, dirigeaient tous leurs efforts sur les deux panneaux de l'avant.

X

DROITS DES PRISONNIERS.

L'état-major du corsaire *le Lion* était fort nombreux pour un état-major de brig du commerce.

Un corsaire, étant armé par des particuliers, ne fait point partie de la marine militaire;—tout belliqueux qu'il est, il il se trouve donc rangé dans la catégorie des bâtiments marchands;—aussi les corsaires s'intitulent-ils en riant: *Marchands de boulets.*

A bord se trouvaient six capitaines de prise, embarqués en supplément, outre le premier lieutenant ou second, le lieutenant, le sous-lieutenant, et quatre pilotins susceptibles de faire fonctions d'officiers.

Les pilotins, sur les navires de guerre, ne sont que des mousses attachés au service de la timonerie;—les pilotins du commerce sont des jeunes gens destinés à devenir lieutenants, et, plus tard, capitaines dans la marine marchande. Les quatre pilotins du *Lion* couchaient dans des hamacs suspendus au milieu du carré ou chambre du brig;—les domiciles des officiers et du chirurgien donnaient sur la même pièce, très long boyau partagé en deux par l'escalier d'arrière, et qui se prolongeait jusqu'à la chambrette échue en partage maintenant à la soubrette Liména.

Au bruit du coup de pistolet tiré sur le capitaine, toutes les portes s'ouvrirent;—les deux pilotins qui n'étaient pas de quart se jetaient bas de leurs hamacs;—déjà justice était faite.

Le matelot de faction, à qui le master avait arraché son pistolet, avait le sabre en main. D'un coup de manchette, il abaissa l'arme et le poignet du prisonnier; la balle se perdit dans le bordage. D'un coup de pointe, il l'étendit mort à ses pieds, en disant:

—Pardon, excuse, capitaine; si ce bruit a réveillé madame, il n'y a pas de ma faute.

Sans-Peur tenait en joue le lieutenant anglais, que dans leur fureur les officiers et pilotins menaçaient aussi de leurs armes.

Roboam Owen, le prisonnier, demeura impassible.

—Par ma foi, monsieur, lui dit Sans-Peur en langue anglaise, vous êtes un homme comme je les aime.

Avec un sourire triste et fier, le lieutenant anglais répondit en français:

—Si mon pauvre camarade avait voulu me croire, il n'aurait pas tenté de se révolter sans chance de réussite.

—C'est bien cela, monsieur! reprit le capitaine. Des prisonniers de guerre ont toujours le droit de s'insurger pour redevenir libres; mais la question est de ne pas manquer son coup. Venez donc inviter vos malheureux compagnons à ne pas se faire égorger jusqu'au dernier.

D'un geste impérieux, Léon avait montré le faux-pont à ses officiers qui s'y précipitaient. Puis, il monta sur le gaillard d'arrière, emmenant avec lui le lieutenant Roboam Owen.

Isabelle, à leur vue, poussa un cri de joie, voulut courir vers son époux, mais tomba défaillante entre les bras de Liména, que Léon seconda aussitôt.

Alors, pressant Isabelle contre son cœur:

—Monsieur! hâtez-vous!... dit-il à l'officier anglais.

Celui-ci se portait au bord du grand panneau, et d'une voix éclatante:

—Camarades, on vous a trompés! cria-t-il. La frégate espagnole n'est pas en vue, et les Français sont à leurs postes!... Bas les armes!...

—Tout le monde sur le pont! ajouta Sans-Peur le Corsaire.

Puis il dit à voix basse à son premier lieutenant:

—L'appel général!... Les prisonniers aux fers sur le pont, au pied du mât de misaine!... Les cadavres à la mer!... et ensuite, à coucher qui n'est pas de quart!...

—Mais l'officier anglais?

—Libre sur parole tant qu'il n'y aura pas d'ennemi en vue, ou aux arrêts forcés, à son choix.

—Je vous donne ma parole, capitaine, dit Roboam Owen en bon français, et mille grâces!

—Très bien!... Bonne nuit, messieurs!...

A ces mots prononcés d'une voix ferme et douce, Léon emporta Isabelle dans la dunette dont la porte se referma. Comme une mère met son enfant dans un berceau, il déposa la jeune femme encore palpitante sur la couchette à roulis, et congédia Liména, qui descendit dans sa cellule par l'escalier intérieur.

—J'étais à genoux, murmura Isabelle; je faisais ma prière du soir pour vous, mon ami, quand ce bruit affreux...

—Oubliez cela, interrompit Léon, mais laissez-moi me rappeler que mon bon ange priait pour moi!...

Les candélabres étaient éteints; la chambre nuptiale n'était éclairée que par la lampe de la boussole appendue au-dessus du chevet des nouveaux mariés.— Léon accrocha sa ceinture de corsaire à l'affût d'un canon voisin.

La mer bruissait en se brisant contre le gouvernail dont la barre gémissait sous ses pieds. La brise sifflait dans la voilure et le gréement. Mâts, vergues, échelles, cloisons craquaient aux balancements du roulis. Sur le pont, on entendait achever l'appel général.

XI

LES OREILLES DE CAMUSET.

L'appel fini, l'oreille du novice Camuset se trouva comme par enchantement entre un pouce et un index inflexibles:

—Aïe! aïe! maître, pardonnerez! balbutia le pauvre garçon.

—Chut! fit Taillevent en serrant plus fort.

Quand il eut descendu l'escalier du grand panneau où tout à l'heure on se battait avec furie, traversé le faux-pont encore désert, ouvert et refermé la porte de sa *fosse aux lions*, le maître d'équipage lâcha enfin la malheureuse oreille plus rouge qu'un coquelicot de juin.

—Explique-toi, ver de cambuse, mais parle bas!... dit-il en s'asseyant sur un rouleau de cordages. Si tes raisons sont bonnes, tu en seras peut-être quitte pour passer le restant de la nuit au bout de la grande vergue...

—Si elles sont bonnes? répéta le novice consterné; que ferez-vous donc, mon Dieu, si vous les trouvez mauvaises?

—Toujours trop curieux! fit le terrible maître en grinçant des dents comme un cannibale de la Nouvelle-Zélande.

A la vue de cet éblouissant râtelier, le novice se souvint qu'au dire du gaillard d'avant le maître avait fraternisé avec bon nombre de peuplades chez lesquelles les oreilles passent pour le mets le plus délicat.

—Commençons par le commencement, reprit Taillevent toujours en sourdine; ce soir, après le branle-bas de couchage, qu'est-ce que je t'ai dit?

—Vous m'avez dit tout doucettement: «Mon petit Camuset, c'est le cas d'être curieux!...» Et là, sans mentir, cette parole-là m'a étonné pis qu'un miracle.

—N'embardons pas, mousse de malheur!

—Pardonnerez, maître, vous m'avez dit de plus: «Mon garçon, tu entends nativement l'anglais, naturellement et particulièrement, personnellement?— Oui, maître, vu que maître Camuset mon père s'étant fait contrebandier sur la côte de Normandie...»

—Connu, après?

—Après donc, maître, vous me montrez ce trou noir qui est pour le présent derrière vous, et vous me dites: «Glisse-toi là dedans comme un serpent, sans bruit, et arrive jusqu'à l'endroit où les prisonniers sont aux fers; écoute, regarde, veille au grain, et s'ils font, par malheur, quelque mauvaise invention, viens en double me réveiller dans mon hamac, premier croc de tribord ras le grand panneau.»

—Eh bien! enfant damné de la colique, pourquoi ne m'as-tu pas réveillé?... mais réponds-donc, ou je te mange!...

—Pardonnerez, maître!... Je m'affale à la muette par votre scélérat de trou, je tombe dans la soute aux voiles quasi étouffé, je décroche la fermeture sans faire plus de bruit qu'une mouche; me voilà dans la cale à eau, je m'y reconnais. Je rampe sur les boulets, je me hale à plat ventre entre les barriques, d'une vitesse à faire quatorze lieues en quinze jours. J'arrive sur la fin proche le grand câble, et je reste là sans bouger pieds ni pattes pis qu'un lézard empaillé.

—Ça n'est pas trop mal, navigue toujours!

—Nos factionnaires, maître, en avaient assez de la journée de tremblement, de noces et de tra la la d'aujourd'hui, qui donc est déjà hier, vu que...

Un grognement magistral coupa court à la digression.

—Il y avait en faction sous le fanal devant le grand câble, ce pauvre Farlipon, une manière d'endormi qui se frottait les yeux et bâillait...

—Il peut dormir à son aise, maintenant! dit le maître d'un ton farouche.

Camuset en frissonna, car l'infortuné factionnaire avait été la première victime de la révolte, si bien qu'on venait de jeter son corps à la mer pendant l'appel général.

—Un des Anglais, un maigre, pâle, rouge de crin, mauvaise figure, que je connais particulièrement de nom et de surnom pour des motifs particuliers...

—Son nom, langue de jacasse?

—Pottle Trichenpot, sans vous commander, maître...

—Après, failli chien, après?

—Ce Pottle donc se lève en douceur sur le coude, voit le Farlipon qui roupille et commence à bavarder avec son voisin, si bas, si bas, que j'avais grand mal à l'entendre. Ils se disaient en se disant, qu'il dit, un tas d'histoires qu'un autre que moi, maître Taillevent, pas même vous, sans vous offenser, n'y aurait compris goutte, par la raison particulière qu'il fallait savoir ce que je savais, à seule fin d'avoir la finesse de deviner ce qui s'appelle particulièrement leurs inventions...

Crispé par cet amphigouri, le maître d'équipage lança comme un grappin sa main gauche sur l'oreille la moins rouge de Camuset, et le poing droit fermé:

—Navigue droit, sans embardées, marsouin! ou je...

—Dame, maître, mangez-moi, là!... et que ça finisse!... Je raconte comme je peux, et faut m'écouter si vous voulez savoir.

—Si ton plan est de filer la chose en longueur, tu n'y gagneras rien. Autant de palabres de trop, autant d'heures en plus au bout de la grande vergue!

Le maître lâcha l'oreille devenue cramoisie, et montrant un mince cordage:

—Tu as raison, gringalet de mauvais temps! pour savoir, faut écouter, je t'écoute. Je n'ouvrirai plus le bec; mais toutes fois et quantes tu dériveras, je fais un nœud sur cette ligne. Autant de nœuds, autant d'heures que tu passeras à reverdir, tu sais où. C'est clair! Saille de l'avant à ton idée.

Camuset remonta au déluge.

—Arrivé au mouillage, l'état-major au met à déjeuner, comme de juste...

Taillevent fit un premier nœud pour cette parenthèse inutilisable[NT1-2].

—Mais ce n'est pas juste, ce nœud-là!

Un deuxième nœud suivit le premier. Camuset soupira et reprit:

—Notre second me dit de porter un beau poulet rôti aux officiers anglais prisonniers, et sur la fin, le master, celui qui est mort...

Troisième nœud, deuxième soupir.

— ... demande permission d'envoyer les restes à son domestique à lui, qu'il dit, dit-il, qui est malade. C'est donc moi, sans vous offenser, qui ai reçu ordre de notre second de servir à ce brigand de Pottle la carcasse où il a trouvé le ressort de la montre du master avec un billet rapport à l'heure de la révolte. Ils avaient déjà scié tous les cadenas des fers, quand j'écoutais par votre ordre.

Le maître fronçait les sourcils sans rompre le silence.

—Notre second, pensait-il, a fait une boulette gros calibre, et pour un fils de contrebandier, ce novice-là ne vaut pas un gabelou de deux liards.

—Ah! bâtard que je suis, que je me dis en moi-même, poursuivit le novice, je n'ai pas fouillé la carcasse de la bigaille; je vas être cause d'un malheur. Le papier, bien sûr, parle d'un signal pour s'entendre avec leurs officiers; et ils espèrent apparemment que la frégate espagnole soit à nous appuyer la chasse; allons réveiller maître Taillevent.

Maître Taillevent, avec une admirable équité, défit l'un des nœuds, comme pour récompenser Camuset de ses louables intentions. Le novice respira, et avec moins d'inquiétude:

—Le tonnerre de chien, dit-il, c'est que, pour mieux entendre, j'étais quasiment au milieu des Anglais, et que le genou de Pottle portait sur le pan de ma vareuse. Si je bouge, il le sent; il se retourne; on m'étrangle net, et je ne pourrai plus prévenir maître Taillevent.

Un autre nœud fut défait.

Camuset, encouragé par cette approbation tacite, expliqua comment il avait adroitement coupé sa propre vareuse avec son couteau déjà ouvert à tout événement. Mais cette opération fut aussi longue que difficile. Les prisonniers, faisant semblant de ronfler, s'agitaient sourdement; Pottle tapait à intervalles égaux sur une barrique vide. Ce signal, que le master attendait, avait pour objet de l'informer que tous les crampons des fers étaient sciés, et qu'au moment favorable on s'insurgerait en masse.

Bien que le master eût écrit son billet fort avant l'arrivée à bord de don Ramon et sans qu'il fût encore question de la frégate espagnole, le moment favorable était parfaitement désigné par ces mots:

«Quand les corsaires, accablés de fatigue par les excès qu'ils ne manqueront pas de faire dès l'arrivée au mouillage, seront assoupis, profiter de la première occasion qui pourrait coïncider avec leur état d'abattement.

«Désigner d'avance six hommes qui se glisseront un à un dans l'entre-pont pour y éteindre les fanaux, pour s'emparer d'armes qu'ils jetteront à leurs camarades, et pour nous rejoindre vivement, le lieutenant Owen et moi, dans le carré.

«Guetter continuellement les factionnaires, les surprendre, les tuer et les désarmer sans bruit. Puis, faire irruption par les deux panneaux à la fois. S'emparer à l'arrière de la roue du gouvernail et masquer les voiles; à l'avant, se saisir de la mèche à feu et de la pièce à pivot.»

Tout cela était fort bien combiné. La nouvelle du mariage du capitaine, le discours de don Ramon, et la certitude qu'une frégate espagnole était à la recherche du corsaire, exaltèrent les espérances des prisonniers, très nombreux et vaillamment déterminés à prendre leur revanche.

Camuset, muni des instructions de maître Taillevent, fit de son mieux en apprenti corsaire plein de bonne volonté. Libre enfin de ses mouvements, il se rapprocha du factionnaire Farlipon et lui donna un coup de poing dans les mollets.

Par malheur, Farlipon qui rêvait se réveilla en criant:

—La frégate espagnole!

Ce cri, diversement interprété par les prisonniers impatients, fit éclater la révolte. La rumeur fut soudaine. Le master l'entendit, et jouant quitte ou double, périt comme on l'a vu.

Le novice Camuset n'eut que le temps de se rejeter dans la soute aux voiles et de regrimper par le trou noir; mais il fit une diligence telle, que maître Taillevent, satisfait, laissa tomber le bout de ligne en disant:

—Mais Pottle... as-tu revu ton Pottle?

—Non, maître, puisque vous m'avez pris par l'oreille pendant qu'on mettait les Anglais aux fers sur le pont.

—Bon! es-tu sûr que ce Pottle n'est pas mort?

—Bien sûr, puisque le lieutenant Owen et notre second effaçaient sur le rôle un nom chaque fois qu'on jetait un corps à la mer.

—Mais alors, tu as dû entendre appeler Pottle? Il a dû répondre: Présent.

—Je n'ai rien entendu; on l'a passé.

—Prends-moi ce fanal, et montons sur le pont, que je fasse la connaissance de cette peste-là!...

Pottle Trichenpot ne se trouva point parmi les prisonniers aux fers sur le pont.

—Tonnerre d'enfer! cria Taillevent d'une voix menaçante, il y a encore quelque trahison sous roche. Il ne faut pas beaucoup de coquins pour mettre le feu à bord d'un navire! Camuset, Camuset, retrouve-moi ton Pottle, ou tu n'es pas blanc!

Le novice s'était cru à l'abri des fureurs du maître. Hélas! à ces mots: «Tu n'es pas blanc!» il se rappela que les requins passent pour trouver la chair des nègres plus savoureuse que celle des hommes de race blanche; mentalement, il décerna l'épithète de requin au menaçant maître d'équipage. Mais presque aussitôt, avec un accent de joie:

—Pottle!... Il ne peut être qu'à la fosse aux lions!

—Chez moi?

—Chez vous, maître!

—Il y a une lampe allumée, gare au feu! courons!

Taillevent et quelques matelots couraient à la chambre du maître d'équipage, mais Camuset, se jetant dans la cale, reprit pour la troisième fois le chemin du trou noir.

Il avait deviné qu'au moment de la bagarre Pottle devait être caché dans la soute aux voiles, demeurée ouverte. De là, il avait dû entendre tout ce qui s'était passé entre le maître et lui; ensuite, il devait être monté dans la fosse aux lions.

Pour lui couper la retraite, Camuset se précipita dans la soute.

Quand Taillevent rouvrit sa porte, Pottle se replongea dans le trou. Un vacarme horrible s'y fit entendre sur le champ, car Camuset lui livrait bataille au milieu d'une obscurité profonde.

Un prompt secours fut porté au novice, qui s'écria tout d'abord:

—Il avait allumé une mèche... ça sent le roussi dans la soute!...

—Que personne ne crie au feu! dit le maître.

Et laissant Pottle entre les mains de ses matelots, il alla inspecter la soute aux voiles. La mèche y brûlait et avait même attaqué quelques chiffons. Un seau d'eau suffit pour éteindre l'incendie.

—Il n'aurait plus manqué que le feu pour la nuit de noces de mon capitaine! Assez de misères comme ça.—Toi, Camuset, tu peux aller te coucher, je t'exempte de quart.

—Pardonnerez, maître, pardonnerez, murmura le novice abasourdi d'une telle faveur, c'est-il pour de bon?

Taillevent, qui ne riait guère, se prit à rire bruyamment. Il tenait, d'ailleurs, par la cravate le blême Trichenpot, qu'il traîna sur le pont, tandis que les matelots,—avec une brutalité dont on pouvait bien les absoudre,—lui distribuaient par derrière les horions les moins respectueux.

—Oh! *shoking!* le fond du haut-de-chausse céda, et les incivils corsaires continuaient avec leurs souliers ferrés.—Pottle hurlait, mais il ne hurla pas longtemps, attendu que Taillevent le bâillonna pour qu'il ne troublât point le sommeil des nouveaux époux.

L'heureux Camuset se coucha en bénissant sa bonne étoile, mais tout habillé, selon la consigne; Pottle, au contraire, ne se coucha point, mais fut déshabillé jusqu'à la ceinture, d'après les ordres de Taillevent, qui le fit attacher par les quatre membres à l'échelle des haubans de misaine.

La brise était fraîche, le froid très vif, le pauvre garçon courait grand risque d'attraper un mauvais rhume. Un fouet à douze branches était pendu à son cou en attendant le jour.

Deux heures du matin sonnaient à la cloche du bord.

A cette époque, sur les navires corsaires et même sur les bâtiments de l'État, les corrections corporelles à coups de corde pouvaient être infligées sur l'ordre d'un simple officier; mais, à bord du *Lion*, le capitaine avait expressément défendu qu'il en fût ainsi. Les sévères mesures provisoires prises par le maître furent donc approuvées par le lieutenant de quart qui veillait sur la dunette, tandis qu'à l'avant les gens de bossoir ouvraient l'œil avec une extrême vigilance.

Maître Taillevent, parfaitement tranquillisé, non sans peine, se retira enfin dans sa fosse aux lions, en attendant le quart du jour qui commence à quatre heures et se prolonge jusqu'à huit.

—La grosse affaire, maintenant, pensait-il en s'endormant, c'est la frégate espagnole. Tout autre que mon capitaine aurait le cap au large; lui, point. Il court au nord longeant la terre, mais il a son plan, ça le regarde...

XII

STRATAGÈMES ET RUSES DE GUERRE.

A bord, les plus hardis trouvaient au moins fort dangereuse la route suivie par *le Lion*.

Le lieutenant Roboam Owen, laissé libre sur parole, en fit la remarque, et le dit même à l'officier de quart.

—Notre capitaine ne se conduit jamais comme les autres: au lieu de prendre à l'avance des détours pour éviter le danger, il court droit dessus et prétend que c'est le vrai moyen d'y échapper.

—Oh! oh! cette opinion a du bon: votre capitaine sait que la fortune déjoue à plaisir les combinaisons timides.

—Il doit à son audace incroyable le surnom de Sans-Peur. Pendant qu'on nous armait ce brig-ci au Havre, nous croisions dans la Manche avec une goëlette de six canons. Il ne déviait pas de sa route pour la rencontre d'un vaisseau de ligne. Tantôt il déguisait le navire sous des masques en hissant pavillon étranger; tantôt il se bornait à ralentir sa vitesse de manière à laisser passer l'ennemi en vue, et sa confiance détournait les soupçons; quelquefois il courait droit dessus, le hélait en anglais, lui donnait de fausses indications, et poursuivait son chemin, tandis que le croiseur, trompé par ses renseignements, prenait une autre route.

—Votre capitaine, je m'en suis aperçu, parle l'anglais avec une rare pureté. Cependant, il risquait bien gros en osant mentir à des navires de guerre.

—Un jour, reprit l'officier de quart, nous chassions deux bâtiments marchands séparés de leur convoi par quelque accident de mer. Tout à coup, à l'arrière, on signale une frégate. Le capitaine, qui la reconnaît pour anglaise, calcule qu'elle n'a pu encore voir les deux bâtiments chassés. Nous changeons de route cap pour cap, nous nous chargeons de toile à tout rompre, nous approchons à portée de voix. Pour ma part, je traitais notre capitaine d'écervelé; je m'attendais à être pris sans miséricorde; mais lui, avec une adresse surprenante, donne à la frégate le signalement des deux navires, dit les avoir rencontrés en détresse sous le vent, prétexte une mission pressée qui l'a contraint à ne pas les secourir, supplie le commandant de ne point manquer à ce devoir d'humanité, salue et reprend chasse. La frégate aussitôt gouverne dans l'aire de vent indiquée. Elle nous laisse ainsi le champ libre, nous rejoignons nos deux gros marchands, nous les amarinons, et ils ont été pour nous de très bonne prise.

—Si votre capitaine joua d'audace, les pauvres diables jouèrent de malheur.

—Un autre jour, reprit l'officier, un convoi escorté par une grande corvette se montre à l'horizon; nous mettons nos masques, nous nous rangeons dans les eaux de la corvette, et pendant une journée entière nous naviguons à petite portée de son canon. Elle nous prend pour un Anglais qui se joint au convoi. Tout à coup, vers le coucher du soleil, nous virons de bord et coupons la route aux derniers navires. La corvette, où l'on n'a rien compris à notre manœuvre, ne vire sur nous qu'au bout d'un instant; elle nous canonne sans nous atteindre, et bientôt s'arrête prise par le calme plat.

—Vous ne m'apprenez rien, interrompit Roboam Owen, j'étais troisième lieutenant sur ce navire. Nous vous vîmes piller un trois-mâts, couler un transport, et mettre le cap sur les côtes de France. Sans le calme, pourtant, que seriez-vous devenus?

—Notre capitaine nous dit qu'il était sûr que le vent tomberait pour la tête de la colonne, et durerait assez du bord contraire pour nous permettre de rallier Boulogne.

—Peut-on être sûr des variations du vent?

—Voilà ce que nous disions tous. Et pourtant, chaque fois que le capitaine affirme que la brise fraîchira, mollira ou tournera, il dit juste. Nous ne l'avons jamais trouvé en défaut.

—Ceci est un don qui tient du prodige, ou plutôt de la sagacité des sauvages qui voient des pronostics certains là où nous n'apercevons que de vagues indices.

—Notre capitaine ne se vante pas de prédire toujours à coup sûr; souvent il doute, il hésite tout comme un autre marin; seulement, chaque fois qu'il annonce positivement un changement de temps, ce qu'il a dit se réalise.

—Eh bien, il doit avoir beaucoup fréquenté des sauvages navigateurs.

—Ceci se pourrait.

—Ignorez-vous donc l'histoire de votre capitaine?

—Personne à bord ne la connaît à fond, à l'exception d'un seul homme qui n'en parle jamais.

—Dans vos ports, cependant, la curiosité a dû être excitée par l'audacieux surnom de Sans-Peur, qui serait le comble du ridicule s'il n'était mille fois justifié.

—Les traits que je vous ai cités, plusieurs autres non moins certains, notre combat de ce matin contre votre corvette, notre mouillage dans les brisants, son mariage plus téméraire encore, tout, jusqu'à la route que nous suivons, justifie assez, ce me semble, le beau surnom de Sans-Peur.

—J'ai vu par moi-même, dit Roboam Owen. Ne vous méprenez pas, de grâce, sur la portée de ma question. Serait-elle indiscrète?

—Elle ne peut l'être, puisque je suis incapable d'y répondre. Aucun de nous n'a de secrets à garder, et vous avez pu vous apercevoir que le capitaine, tout en nous laissant ignorer sa biographie, tient hautement les plus étranges discours. A bord d'un corsaire de la République, dont la cale était pleine de prisonniers ennemis, et qui traînait à sa remorque une barque de pilotes galiciens, vous avez entendu ce qu'il a osé dire. Ces franges de *borla* royal, ces titres nobiliaires, son pavois aristocratique et bizarre, le pouvoir mystérieux dont il paraît disposer dans le grand Océan, ses relations avec les indigènes du Pérou, sont pour nous des choses nouvelles et complétement obscures. Assurément, le passé de Sans-Peur le Corsaire a provoqué dans nos ports des bavardages de tous genres, qui font de lui un personnage de légende. Le faux et le vrai, le fantastique et le réel, le vraisemblable et l'impossible se mêlent dans ce tissu de récits contradictoires.

—J'admire l'imagination des Français! dit le lieutenant Owen en souriant.

—Sans-Peur est à la fois en Europe et dans l'Inde, au Mexique et aux terres australes. Il possède au pôle sud une île admirable où règne la température des tropiques.

L'officier anglais se prit à rire à ces mots.

—Les anges, le diable, saint Martin et bien d'autres encore sont à ses ordres. Des requins apprivoisés portent ses dépêches à la flotte sous-marine dont il serait l'amiral.

—De mieux en mieux.

—On raconte tout bas que, dépositaire de grands secrets d'État, il a reçu les confidences du roi Louis XVI. On dit que longtemps encore après la guerre d'Amérique, il faisait la course contre les Anglais.

—Ceci serait de la piraterie, fit observer le lieutenant Owen.

—On affirme qu'il a pris part à des festins de cannibales. L'on prétend même que, comme Nathan le Flibuste, il a été tué plusieurs fois, et s'en porte d'autant mieux, car chaque fois qu'il ressuscite, c'est avec dix ans de moins.

—A ce compte-là, dit Roboam Owen d'un ton léger, il n'aurait pas grand mérite à être Sans-Peur.

—Mille pardons! Il devrait trembler de redevenir nourrisson à la mamelle, puisque en trois fois, il en serait là.

—En effet, il ne paraît guère avoir plus de trente ans.

—Il les a d'aujourd'hui même, car notre rôle d'équipage atteste qu'il est né au château de Roqueforte en Lorraine, le 5 mars 1763. En dépit des contes du gaillard d'avant qui tournent toujours dans le même cercle de fables, sa réputation parmi les gens éclairés est intacte; parmi les officiers de la marine marchande, elle est héroïque. Parmi nous, qui avons l'honneur de servir sous ses ordres, il passe pour habile, sévère, loyal et chevaleresque au point d'en être suspect.

—*Suspect?* répéta Roboam Owen.

—Oui, sous le rapport politique, par le temps d'agitations révolutionnaires qui changent de fond en comble les institutions de la France et jusqu'au caractère de ses habitants...

—Et vous allez en France?

—Par ma foi, je n'en sais rien!...

Il était fort tard, la conversation de Roboam Owen avec l'officier de quart ne se prolongea guère. Toutefois, le lieutenant prisonnier eut l'occasion d'esquisser en peu de mots sa propre biographie:

Irlandais, catholique, cadet d'une famille noble, entré tout jeune dans la marine britannique, médiocrement traité par les officiers anglais, ses collègues, il n'avait pu se faire nommer capitaine malgré d'excellents services de guerre en Amérique, des travaux hydrographiques très pénibles faits durant une campagne d'exploration autour du monde, et plusieurs actions d'éclat récentes dont il parla sans jactance et sans fausse modestie.

—Le capitaine, qui se connaît en hommes, vous a bien jugé du premier coup d'œil, dit à ce propos l'officier dont le service devait, sans autres incidents, se prolonger jusqu'à quatre heures du matin.

La route donnée était le nord; *le Lion* avait sensiblement dépassé la hauteur du cap Finistère, et se trouvait en latitude de la Corogne, sans que *la Guerrera* eût été aperçue.

Maître Taillevent, à califourchon sur la pièce à pivot, s'était remis à interroger l'horizon.

—Le capitaine a calculé juste comme d'ordinaire, ça y est. J'avais tort, et il a encore raison; voilà! Tandis que nous longions la côte de tout près, la frégate aura pris du tour et couru au large dans l'ouest; nous lui passons par derrière.

Le maître, en vertu de ce raisonnement, observait plus spécialement l'arc compris entre l'ouest et le sud-ouest, ou *surouâ*, comme disent les marins. Au petit jour, il entrevit un point gris dans cette direction, et frappant sur l'épaule de l'homme du bossoir:

—La voilà! dit-il à voix basse. Pas de cris! c'est la consigne!...

Il courut vers la dunette, dit à l'officier de quart: «Voile dans le *su-surouâ*,» et il allait discrètement frapper à la porte de la chambre nuptiale, quand cette porte s'ouvrit.

Le capitaine, en costume de combat, la referma sans bruit, et dit le premier:

—Tu l'as vue dans le *su-surouâ?*

Taillevent fit un signe affirmatif.

—Loffez sur tribord! commanda Léon, loffez!

L'objet de cette manœuvre était de placer une pointe de terre entre la frégate et le brig; mais avant que *le Lion* fût caché, *la Guerrera* mit le cap sur lui.

Léon, qui l'observait à la longue-vue, prit le commandement de la manœuvre, n'essaya plus de se dérober à la vue du chasseur, et gouverna grand largue, de manière à doubler le cap Ortégal.

—Eh bien! quoi donc encore? demanda-t-il après la manœuvre à maître Taillevent, qui revenait son bonnet à la main.

—Capitaine, c'est à l'effet d'avoir vos ordres rapport à un certain Pottle Trichenpot, qui prend le frais pour le quart d'heure à l'échelle des haubans de misaine, étant l'auteur, *primo*, du branle-bas d'hier soir, et pareillement d'une petite invention pour nous mettre le feu dans la soute aux voiles... Aïe! aïe! fit le maître, s'interrompant lui-même, voiles droit à l'avant!...

La situation se compliquait.

XIII

TOUJOURS TROP BON!

Les voiles entrevues droit à l'avant étaient noyées dans les vapeurs du matin, plus épaisses aux approches de la terre que dans la direction du large. Une sorte de mirage les faisait paraître haut mâtées, mais cette illusion d'optique est fréquente. On ne pouvait les compter, car elles formaient un groupe confus.—Léon de Roqueforte laissa courir pour y voir mieux.

A l'arrière, la frégate était si loin qu'on la distinguait à peine. Il fallait le regard perçant du maître et le coup d'œil exercé du capitaine pour qu'il n'y eût pas de doute sur son compte, car on n'avait aperçu d'abord que les extrémités supérieures de ses trois mâts, fondus en un seul depuis qu'elle appuyait la chasse. A la longue-vue, on ne voyait conséquemment que son petit perroquet, sur lequel frappaient les premiers rayons du soleil et qui brillait comme une étoile au ras de l'horizon obscur du couchant.

Au levant, au contraire, le brouillard était rose, et de longues ombres brunes hérissées de flèches s'y agitaient à l'ouvert du cap Ortégal, qui formait une masse noire à liséré de feu. Plus haut et à gauche, au-dessus des flots, le ciel était couleur d'or, verdâtre au zénith, et enfin, du côté de *la Guerrera*, d'un bleu qui, par opposition, semblait presque noir.

—Nous avons du temps devant nous, mon vieux Taillevent, ajouta Sans-Peur le Corsaire. Explique-toi. Qu'a donc fait ton certain Pottle Trichenpot dont le nom n'est pas plus gracieux en anglais qu'en français?—«*Pottle*, demi-mesure,—et Trichenpot ou rogne-portion....» Est-il donc cambusier, ton coquin?

—C'était le domestique du master...

Taillevent, là-dessus, fit son récit sans omettre la juste part d'éloges due à Camuset le novice.

—Et depuis deux heures du matin, par ce chien de froid, le drôle est les épaules au vent?

—En attendant la dégelée qui le réchauffera, capitaine, avec votre permission.

—Non! Taillevent, le misérable est assez puni. S'il était Français, il périrait sous le fouet; mais il est prisonnier de guerre, il n'a rien fait que nous ne nous crussions le droit de faire si nous étions nous-mêmes prisonniers à bord de l'ennemi...

—Oui, capitaine, d'accord, si vous voulez; mais, sauf votre respect, c'est un lâche qui s'est sauvé par le trou noir pendant qu'on écharpait ses camarades...

—Tu viens de dire qu'il voulait nous mettre le feu à bord. Sa ruse était bonne. Il ne pouvait être à deux endroits à la fois. Je ne vois point que ce soit un lâche.

—Et moi, capitaine, je répète qu'il en est un.—Il pousse les autres à la révolte, et au moment du tremblement, il se jette dans la soute sans savoir qu'au fond il trouverait un trou menant chez moi, où il aurait tout juste sous la main de la mèche et de la lumière.—Ensuite, il profite de l'occasion; ça prouve qu'il n'est pas bête, le roué.—Il avoue qu'il attendait que nous fussions bord à bord de l'espagnole pour mettre le feu à nos voiles de rechange; mais mon petit Camuset ayant de l'œil et du nez, la mèche est tombée par accident.....
—Qu'on démarre, qu'on rhabille et qu'on m'amène ce Pottle Trichenpot.
Devant un ordre précis, maître Taillevent ne savait qu'obéir,—mais non sans grommeler, car il était dans toute l'étendue du terme grognard d'eau salée comme les deux tiers de ses pareils:
—Le capitaine, toujours trop bon!... Ce Pottle a une face de vent de bout!... Il nous portera malheur!... Un boulet ramé aux talons, et par-dessus le bord! Ça serait mon sentiment particulier, mon idée à moi, qui ne suis pas anthropophage comme pas mal de nos bons amis!... Mais, serais-je le brave Parawâ de la Nouvelle-Zélande, je ne voudrais pas manger du Pottle, physiquement, ni politiquement:—physiquement, c'est maigre, sec, dur, mauvaise viande, vilain morceau;—politiquement, vu que c'est un poltron, j'en suis sûr, tonnerre de potence! et on ne doit faire qu'à un brave l'honneur de le manger. Manger du poltron, vous avez pour la vie des coliques devant le danger; ça, c'est connu à la Nouvelle-Zélande, et j'y crois. «—Ah! me disait dans ses meilleurs moments l'ami Parawâ-Touma, comme qui dirait *Baleine-aux-yeux-terribles*, ah! si je pouvais vous manger, ton capitaine et toi, du coup, je serais trois fois brave, lion, requin, sans peur, tigre, tempête et le reste!...» Voilà un homme qui fait cas de nous!... Et moi, je dis que mon capitaine aurait besoin de manger un couple de nos meilleurs amis de sauvages pour devenir suffisamment sévère... Trop bon cœur, trop doux pour ses ennemis!...
Pendant ce monologue, Pottle fut démarré, rhabillé, amené sur la dunette et livré à l'interrogatoire du capitaine. Le misérable grelottait, tremblait, gémissait, pleurait à faire pitié.
Sans-Peur, lui jetant un regard de mépris, ne daigna plus l'interroger:
—Aux fers, isolément, dans la poulaine! dit-il.
Ensuite, il ordonna de goudronner à l'extérieur et de cercler avec de bons cordages une cinquantaine de barriques vides, qu'on retira de la cale et qui furent préparées selon ses indications, après quoi on les empila sous le grand panneau.

XIV

IDÉES DE CORSAIRE.

—Je voudrais bien savoir, disait Camuset, la raison particulière à ces cinquante barriques!

—La patience, mon petit, dit maître Taillevent sans le traiter de curieux, est la troisième vertu du bon matelot.

—Et les deux premières, pour lors?

—Dis-le, vite et bien!... ou gare dessous.

—Eh bien, là, c'est le courage et l'idée.

—Oui, mon garçon, tu as bien répondu, et tu gagnes main sur main en *inducation*; ça te servira. Le courage, ça va de soi; qui manque de courage, n'est qu'un Pottle Trichenpot. Mais l'idée, voilà le malin!... l'idée, c'est ce qui fait que tu as coupé la route à ce caïman d'Anglais dans la soute aux voiles.

Camuset, heureux et fier de l'approbation de maître Taillevent, n'attrapa que deux taloches amicales jusqu'au moment où fut donné l'ordre de se mettre en branle-bas de combat.

Isabelle parut alors. Elle ne pâlit pas à la nouvelle du péril, annoncé du reste dans les termes les plus rassurants:

—La mer est moins dure, la frégate très éloignée, et selon toute apparence, les autres navires ne sont que des bâtiments marchands.

Roboam Owen saluait le capitaine et sollicitait l'autorisation de rester sur le pont; Sans-Peur y consentit en ces termes:

—Tant que j'aurai votre parole, soyez libre à bord! Vous êtes brave et loyal; j'aime à vous prouver ma confiance.

—Vous me comblez de bontés et d'éloges, répondit l'Irlandais.

Le Lion pénétrait dans la zone des brouillards.

On ne tarda point à reconnaître que le groupe des navires de l'avant se composait de cinq bâtiments de commerce, convoyés par un brig de guerre.

—Isabelle, dit Léon, voici votre corbeille de mariage.

—Qu'entendez-vous par là?

—Prenez place sur ces coussins, chère amie, et assistez au spectacle. Nous allons jouer une tragi-comédie dont le dénoûment sera, j'espère, à notre gré à tous. Je ne vous excepte pas, lieutenant Owen...

—Mais ce brig est anglais, ainsi que deux des bâtiments marchands. Il court sur nous pour protéger son convoi.

—Je ne vous ai parlé que du dénoûment, monsieur! répliqua le capitaine en se rendant sur le gaillard d'avant.

Et là, ne se fiant à personne, pas même à son fidèle Taillevent, il pointa la pièce à pivot.

Les deux brigs s'avançaient à contre-bord. L'anglais était le plus grand, le plus fort d'échantillon, et le mieux monté en artillerie. Dans un combat par le travers, il aurait assurément eu de grands avantages en sa faveur; mais les deux navires marchant l'un sur l'autre se présentaient l'avant, et l'ennemi était dépourvu de cette longue pièce de chasse, chère aux corsaires, qui faisait maintenant la force du *Lion*.

—Hissez le pavillon! commanda Sans-Peur.

En même temps, il déchargea sa bouche à feu.

Le boulet entama le mât de misaine du brig anglais, dont les projectiles tombèrent inertes à plusieurs brasses en avant du *Lion*, qui mit en panne.

—Chargeons vivement, et *bis*!

Un second boulet sapa le grand mât de l'ennemi, trois autres coups non moins heureux mirent bas sa haute mâture. Sans-Peur, se tenant toujours à grande distance, lui brisa successivement son gouvernail et tous ses canots.

Puis, il courut sur le convoi.—Cinq escouades d'abordage étaient aux ordres des cinq premiers capitaines de prise. Les marchands fuyaient, prolongeant parallèlement la côte d'Espagne que le vent du sud, absolument contraire, les empêchait de rallier. L'un d'eux essaya de rétrograder dans l'espoir de se mettre sous la protection de la frégate; il se mit par le fait sous la volée de la formidable pièce à pivot, reçut un boulet en plein bois et amena les couleurs d'Espagne.

Presque au même instant, Sans-Peur passait à poupe du plus gros des trois-mâts, et le rangeait de si près que le capitaine de prise, son pilotin et son escouade, sautèrent à bord sans difficultés.—Les gens du navire, ne pouvant opposer aucune résistance, furent mis aux fers; le pavillon français arboré à l'arrière.

Trois fois, en vue du brig anglais désemparé, la même manœuvre fut renouvelée avec une égale adresse; mais, sur ces entrefaites, le cinquième bâtiment, voyant que *la Guerrera* se rapprochait, osa rehisser pavillon.

Irrité de cet acte contraire aux lois de la guerre maritime, Sans-Peur poussa un rugissement terrible, et revirant avec une témérité qui étonna ses plus fidèles, il le cribla de trois bordées à la flottaison.

Le trois-mâts espagnol mit pavillon en berne; il coulait bas.

—Pendant que la frégate lui portera secours, nous rattraperons facilement le temps qu'il nous a fait perdre! disait le capitaine du *Lion*.

Par malheur, le premier des bâtiments capturés, lourd transport anglais chargé de munitions de guerre, retardait la marche de ses conserves. Ordre fut donné d'en enlever à la hâte tous les objets de prix et de l'abandonner en y mettant le feu.—L'équipage de prise, l'équipage primitif et le butin furent transbordés.

Cette opération donna le temps à la frégate espagnole de recueillir les gens du navire coulé.—Elle reprit chasse. Inclinée sous son immense voilure, elle labourait la mer avec une vitesse effrayante.

Le brig de guerre anglais démâté, le cap Ortégal même étaient hors de vue.

Isabelle faisait les honneurs du déjeuner, qui réunit autour de la même table, dans le carré, tous les officiers corsaires et le lieutenant prisonnier Roboam Owen.

Personne n'eut le mauvais goût de parler de la frégate chasseresse. Une conversation polyglotte s'engagea. Par courtoisie pour Isabelle, on s'exprimait autant que possible en langue espagnole. De temps en temps, avec une grâce charmante, le capitaine s'adressait en anglais à Roboam Owen, profondément attristé de ses succès.

Comme prisonnier de guerre et comme officier de la marine britannique, il en était désolé; il n'essayait point, par une fausse contenance, de dissimuler l'amertume de son découragement. Il savait gré pourtant au capitaine d'avoir interdit qu'on s'entretînt des combats de la veille ni des coups de main de la matinée.

—Camarades, dit Sans-Peur en se mettant à table, je vous demande, au nom de Madame de Roqueforte, de ne point faire comme les avocats, qui ne parlent que de procès, et les médecins, qui ne s'entretiennent que de médecine. Ne tombons point,—pour ce matin, je vous en prie,—dans le travers commun à toutes les professions, et dont les marins sont loin d'être exempts. Pas un mot de marine si faire se peut.

—Bravo, capitaine! à l'amende qui manque à vos intentions! A la porte le métier!...

Cette motion, approuvée à l'unanimité, n'était point faite en vue d'Isabelle, encore fort avide d'entretiens de mer;—Roboam Owen le sentit. Elle rendit d'ailleurs le repas extrêmement gai, car à chaque instant, l'un ou l'autre des convives, bruyamment interrompu, se faisait rappeler à l'ordre, si bien qu'avant la fin du déjeuner, ils avaient tous été mis à l'amende, y compris le capitaine et même Isabelle, qui, bien entendu, le firent exprès.

Comme hôte, Roboam Owen fut touché de l'attention délicate du capitaine; comme marin, il était dans l'admiration. Il appréciait mieux que personne l'habileté, le sang-froid et l'audace inouïe de Sans-Peur, qui, la veille, avec un faible brig, avait su vaincre une corvette aviso, et qui, ce matin, se surpassant lui-même, venait en quelques instants de mettre hors de combat un brig supérieur en force, et d'amariner un convoi, en vue d'une frégate dont l'approche ne diminuait même point sa vaillante gaîté française.

Le Lion, au lieu de se charger de toute la toile qu'il aurait pu mettre au vent, réglait sa marche sur celle de ses prises, l'une, brig anglais d'un puissant tonnage, les deux autres, grands trois-mâts-barques espagnols, bons bâtiments de commerce, bien construits en leur genre, mais qui, n'ayant pu se soustraire au corsaire, étaient à plus forte raison incapables de lutter de vitesse avec la frégate.

Chacun sait qu'en règle générale, de deux navires également bien taillés pour la course, le plus grand a la marche supérieure. Sans-Peur le Corsaire avait, à la vérité, augmenté les qualités du brig *le Lion* en déployant dans son arrimage un savoir ou plutôt un instinct marin des plus rares.—Il avait résolu le difficile problème d'installer sur son avant une pièce à pivot du calibre de trente-six (en bronze, à la vérité), sans que ce poids énorme détruisît l'équilibre, rendît le bâtiment *canard* ou ralentît sa marche. La solidité, la durée surtout étaient sacrifiées,—il faut en convenir;—qu'importait cela au grand tueur de navires!... Aussi avait-il assez aisément échappé depuis son départ du Havre à plusieurs croiseurs ennemis d'un rang élevé.

Mais *la Guerrera*, marcheuse excellente, bien arrimée aussi et moins gênée par la mer, grosse encore, gagnait environ un mille par heure. Or, elle était à deux lieues, c'est-à-dire à six milles.

Dix heures du matin sonnaient.

A quatre heures de l'après-midi, par le travers du cap de las Pennas, *la Guerrera* n'était plus qu'à trois portées de canon; le capitaine interrompit sa tendre causerie avec Isabelle et dit en souriant:

—Qu'on m'amène Pottle Trichenpot!

A cet ordre, une risée homérique retentit de l'extrême avant jusqu'au pied du grand mât; la voix perçante de Camuset put être remarquée par Taillevent, qui, grognant toujours, poussa Trichenpot au milieu du gaillard d'arrière.

—Peut on rire bêtement comme ça! quand, avant une demi-heure...... Oh! si le capitaine avait bien fait, il ne se serait pas amusé à vous amariner des prises qui ne feront guère notre fortune!... Nous voici bien calés, maintenant, avec ces trois traînards qui nous ont fait tort de quatorze ou quinze milles pour le moins. Démâter l'anglais, bon!... mais chasser l'un et l'autre quand on est chassé soi-même...

L'incorrigible grognard grognait ainsi, tandis que l'équipage ameuté riait des cris de désespoir de l'infortuné Pottle, qui demandait miséricorde sans savoir même quel sort on lui réservait.

—En barrique et à l'eau! commanda Sans-Peur.

Les hurlements de Pottle Trichenpot redoublèrent: on ne l'en mit pas moins dans une barrique bien lestée, qu'on descendit à la mer. Pour toute consolation, le triste garçon avait en main une longue gaule à laquelle pendait un chiffon blanc.

Le commandant espagnol vit que le corsaire français, comptant sur son humanité, voulait le forcer à mettre en panne, pour amener un canot et recueillir le prisonnier.

—Dix fois, vingt fois, cinquante fois peut être le coquin renouvellerait la farce!... et à la fin il nous échapperait!... Non, non!... Tant pis pour l'homme à la barrique!

La Guerrera ne s'arrêta point, comme l'avait espéré le capitaine du *Lion*. Le calibre de son artillerie, inférieur à celui du canon à pivot, était de beaucoup supérieur à celui des autres pièces du corsaire. La frégate restait maîtresse de rapprocher la distance. Elle traiterait *le Lion* comme *le Lion* avait traité le brig anglais. Elle éviterait l'abordage, et pour le combat à coups de canon, elle ne recevrait que le feu d'une seule pièce.—Ces réflexions n'avaient rien de très gai.

—Riez donc, maintenant, tas d'imbéciles nés d'hier!... disait à demi voix maître Taillevent.

Mais il vit son capitaine qui souriait de pitié en haussant les épaules; il entendit les gens de l'équipage qui disaient:

—Baste! est-ce que Sans-Peur est jamais à sec d'*idées*!...

—L'*idée*, au fait!... répéta le grognard en sourdine. Allons! vous verrez que je vas encore avoir tort... et, dame! je n'en serai pas trop fâché!...

Pottle, abandonné dans sa barrique, poussait en vain de lamentables clameurs.

Sans-Peur, voyant que *la Guerrera* le dépassait, fit mettre en barrique et affaler à la mer deux autres prisonniers, choisis cette fois parmi les plus braves. L'un était le maître d'équipage de la corvette anglaise, l'autre un sergent d'infanterie de marine; tous deux, pendant la révolte, s'étaient signalés par une rare énergie.

Isabelle essaya d'implorer leur grâce:

—Madame, interrompit Léon d'un ton sévère, je commande seul sur mon bord; et à l'heure du danger, je ne souffre jamais qu'on partage avec moi la responsabilité des mesures à prendre.

Isabelle se retira dans son appartement,—elle avait le cœur gros. Liména vit des larmes dans ses beaux yeux noirs.

—Chère maîtresse, dit-elle, vous avez tort, j'espère...

—Il est dur! il est cruel!...

—Son maître d'équipage, un bel homme de trente-deux ans tout au plus, me disait tout à l'heure qu'il est toujours trop bon... Et, tenez, voici ce qu'il me contait...

Roboam Owen, indigné, gardait un morne silence.

Sans-Peur le Corsaire l'interpella:

—Je vous ai annoncé un dénoûment heureux pour nous tous, monsieur Owen. Le moment est venu de jouer votre rôle. Vous me traitez de barbare, vous avez tort.

—Je ne me suis pas permis d'ouvrir la bouche.

—Je sais lire sur des physionomies loyales comme la vôtre. Nous sommes encore à deux portées de canon de cette frégate, dont le capitaine répond par des actes inhumains à un stratagème de bonne guerre. Je vais vous donner un canot; vous le monterez avec la moitié de vos marins, qui y trouveront de quoi s'armer; vous accosterez la frégate; vous réclamerez, au nom de l'Angleterre, alliée de l'Espagne maintenant, des secours qui sont dus à vos compatriotes. Eh quoi! je serais un barbare, moi, d'essayer d'échapper à ma perte par une simple ruse! et le commandant de cette frégate ne le serait pas,—lui qui croit ne courir aucun danger,—en abandonnant non-seulement ces trois hommes, mais encore le brig démâté, qui, dérivant sans secours, est entraîné par le courant vers la côte, où il périra corps et biens!

Déjà, sur un signe de Sans-Peur, la moitié des prisonniers étaient retirés des fers, des armes étaient mises au fond du canot. On n'attendait plus que l'ordre de l'amener.

—Je suis inhumain, moi! poursuivait le capitaine corsaire. Mais, cette fois, je suis disposé à sauver les Espagnols et les Anglais aussi bien que les Français; car veuillez prévenir le commandant de la frégate qu'il ne peut éviter un grand désastre s'il s'obstine à me poursuivre. Mes instructions données à mes capitaines de prise seraient exécutées à la lettre, et les voici: «Tandis que je me ferai écraser à bout portant en m'accrochant à *la Guerrera*, mes prises s'élèvent au vent, mettent le feu à leurs voiles et abordent en masse.» On n'évite point trois brûlots à la fois, et on ne peut m'empêcher de faire sauter mes poudres.—Ainsi, que la frégate aille secourir votre brig de ce matin, ou bien, hommes et navires, tout ce qui est sur l'horizon à cette heure, va périr... sauf peut-être sa seigneurie Pottle Trichenpot, ajouta le capitaine en riant.

—Vos moyens sont formidables! dit Roboam Owen d'un ton calme.

—Ils sont dignes de mes braves compagnons!

L'équipage criait avec enthousiasme:

—Vive Sans-Peur!

—Oh! j'ai tort!... décidément, j'ai tort, comme toujours, disait maître Taillevent. L'*idée*!... l'*idée*!... voilà ce que c'est que l'*idée*!

Pendant qu'on achevait les préparatifs nécessaires, Roboam Owen, le front serein, s'avança la main ouverte.

—Brave capitaine! disait-il; vous êtes le marin selon mon cœur! Je suis désolé que vous soyez l'ennemi du pavillon que je sers. Un homme tel que vous ferait la gloire de la marine britannique!... Je vous admire, je vous estime, je vous demande pardon d'avoir pu interpréter à mal vos mesures énergiques, et enfin je vous remercie de la leçon que vous me donnez!... Roboam Owen en profitera, s'il plaît à Dieu!

—A la bonne heure, lieutenant! répondit Sans-Peur en plaçant sa main dans celle de l'Irlandais. Je ne vous dirai pas, moi, que l'Irlande, votre patrie, a mes sympathies comme tous les pays opprimés;—ma vie sera trop courte pour que mes actes puissent témoigner de la sincérité de mes vœux pour elle;—les mers d'Europe ne seront jamais mon théâtre. Un jour peut-être, les fils de Sans-Peur... Mais je m'égare, les instants pressent; les boulets de l'ennemi atteignent déjà mon sillage; un seul mot encore: Sachez que j'avais espéré finir par où je commence, et que je comptais vous délivrer le dernier, après avoir échappé à mon chasseur.

—Je vous crois, capitaine. Je vous remerciais tout à l'heure de m'avoir donné une grande leçon de sang-froid maritime, je vous remercie maintenant de me rendre la liberté. Adieu!... adieu!... adieu!...

Le *Lion* mit bravement en panne, le canot fut amené. La moitié des Anglais et le peu d'Espagnols prisonniers qu'on avait à bord s'y jetèrent précipitamment.

La *Guerrera* tiraillait avec ses quatre pièces d'avant. Ses boulets finirent par tomber presque au ras du bord; mais en revanche, elle reçut par son avant un projectile de trente-six qui coupa ses drailles de focs, troua sa misaine et brisa la roue de son gouvernail.—C'était maître Taillevent qui le lui avait adressé par occasion.

A peine l'embarcation fut-elle à la mer, que le *Lion*, chargé de toile à tout rompre, reprit sa course avec un élan nouveau pour rejoindre son convoi. La chute des focs et la rupture de la roue du gouvernail occasionnaient à bord de la frégate un certain désordre qui la retarda. La distance perdue fut ainsi vivement rattrapée.

Cependant, un grand pavillon anglais était arboré sur le canot que dirigeait Roboam Owen.

Un porte-voix en main, il se tenait prêt à héler la frégate; mais craignant que le commandant espagnol ne fût assez opiniâtre pour refuser de s'arrêter, il ne fit point ramer, se tint sur les avirons et attendit, en donnant l'ordre à ses gens de s'accrocher le long du bord et d'y monter comme à l'abordage. La frégate, en effet, malgré les signes et les clameurs des prisonniers, ne se disposait pas à mettre en panne. En moins d'une minute, elle passa si près du canot qu'elle faillit l'écraser.

Alors eut lieu une scène indescriptible, qui ne dura pas l'espace de cinq secondes.—Avec des gaffes et un grappin, l'embarcation s'accrocha, chavira et fut brisée par le choc. Une partie des gens qu'elle contenait se cramponnèrent au navire. Les uns sautèrent sur les canons de dessous le vent, d'autres prirent à bras-le-corps l'ancre du bossoir ou se saisirent de manœuvres pendantes;—les drailles coupées par le boulet de la pièce à pivot furent d'un grand secours, plus de dix Anglais se suspendirent à ces cordages qui traînaient encore à la mer. Les moins heureux nageaient en appelant au secours.

Roboam Owen entra par les porte-haubans de misaine, courut sur le gaillard d'arrière, et dit au commandant:

—Au nom du Ciel! secourez mes hommes à la mer!

—Qui êtes-vous?

—Un officier de la marine britannique, comme vous le dit mon costume.

Quiconque tient à savoir comment jure un gosier espagnol, aurait dû se trouver là. Avec mille imprécations, le commandant de *la Guerrera* donnait aux diables les Français, les Anglais et sa propre personne. Il aurait voulu que l'embarcation eût coulé avec tous ceux qui la montaient.

—Puisque le corsaire vous laissait libres, pourquoi ne pas gouverner sur la côte?...

—Vous le saurez, dit Roboam Owen que ralliaient ses hommes ainsi que les matelots espagnols provenant de la première prise du *Lion*.

Malgré toute sa fureur, le commandant espagnol mettait en panne, car il sentait bien que l'officier anglais présent à son bord porterait tôt ou tard témoignage contre lui s'il n'envoyait pas des canots à la recherche des gens à la mer.

A peine eut-il masqué ses voiles, que du *Lion* et des trois prises descendirent sans interruption des barriques de prisonniers.

Les corsaires riaient; les prisonniers eux-mêmes riaient de bon cœur, car ils échappaient à la captivité en France et ne pouvaient craindre d'être abandonnés par la frégate où leur officier plaidait pour eux.

Sans-Peur fit prier Isabelle de venir assister à ce débarquement burlesque:

—Eh bien, chère amie, suis-je un barbare, un monstre qui se fait un jeu de la vie de ses ennemis?... Regardez ces gaillards-là! ils sont tentés de me remercier.

Isabelle sourit en présentant son front blanc comme l'ivoire aux lèvres de son époux, dont Liména, d'après maître Taillevent, venait de lui raconter dix traits de générosité magnifique.

—Pardonnez-moi, Léon!... Je ne me mêlerai plus d'affaires de service.

On n'était pas hors de danger, à beaucoup près; mais l'ennemi perdait un temps précieux. Sans-Peur ne se borna point à forcer de voiles; on le vit faire à ses conserves des signaux qui ne devaient avoir rien d'obscur pour Roboam Owen ni pour le commandant espagnol.

Les menaces de l'intrépide corsaire n'étaient pas de vaines fanfaronnades. Il prenait ses mesures pour transformer en brûlots ses bâtiments capturés, dont deux serrèrent le vent en se rapprochant de la côte.

—Seigneur commandant, disait le lieutenant anglais au capitaine de *la Guerrera*, votre équipage entier connaît maintenant les desseins de Sans-Peur le Corsaire, qui ne reculera pas, j'en suis certain.

—Mon équipage obéit à mes ordres!... Je sauve vos gens à mon grand préjudice, mais ensuite, je prétends faire mon devoir.

—Votre devoir ne peut être de laisser incendier votre frégate, ce qui est infaillible. Du reste, je vous adjure, au nom de mon gouvernement, de porter en toute hâte secours à notre brig désemparé qui, se trouvant sans canots, doit être sur le point de périr corps et biens!...

—Voulez-vous donc que je me déshonore!

—Non, commandant. Je pense même que vous avez un moyen assuré de prendre votre revanche.

—Ah! ah! voyons?...

—Rejoignez notre brig, fournissez-lui les moyens de se réparer; en quelques heures il peut, avec le concours de votre frégate, avoir établi une mâture de fortune, et se trouver en état de vous suivre. Allez ensuite croiser devant Bayonne. *Le Lion*, je le sais, ne doit que s'y approvisionner et ne tardera pas à en ressortir.

La discussion dura jusqu'à ce que les chaloupes et canots de *la Guerrera* eurent recueilli tous les Anglais à la nage ou en barriques, sans même excepter le misérable Pottle Trichenpot, qui était alors à plus d'un mille au vent.

Le Lion et ses prises virent enfin la frégate reprendre au plus près bâbord amures la route du cap Ortégal, où elle devait retrouver à l'ancre, mais en perdition, le brig anglais qui, de minute en minute, tirait le canon de détresse.

—La coque est parée!... s'écriaient les corsaires. Vive Sans-Peur! La frégate n'a pas eu goût à la brûlée! et nous voici gouvernant sur Bayonne avec trois belles prises.

Isabelle, jusqu'alors fort alarmée, respira enfin; elle ne se permit pas de faire des questions; mais prévenant ses désirs, Léon lui dit affectueusement:

—Au moment même où je menaçais les ennemis d'en venir aux plus horribles extrémités, je ne désespérais pas de l'avenir, chère Isabelle; mais il entre, dans ma manière de commander et d'agir, de ne jamais instruire mes gens de mes ressources de sauvetage. Je leur présente la mort sous des couleurs héroïques; je me réserve de songer à leur salut. Cette fois il m'importait plus que jamais de paraître déterminé à périr afin d'imposer à Roboam Owen.

—Vous aviez donc quelque espoir de retraite?

—Le meilleur marcheur de nos trois bâtiments capturés aurait attendu à quelque distance le moment de l'incendie. Avant d'aborder, je faisais jeter dehors toutes nos embarcations. Vous deviez être enlevée par Taillevent lorsque j'aurais mis le feu aux mèches communiquant avec ma soute aux poudres. La frégate, prise entre trois bâtiments incendiés, accrochés à elle, n'aurait guère pu s'opposer à la manœuvre de nos chaloupes et canots; mais j'aurais perdu beaucoup de braves, deux de mes prises et mon cher *Lion*, encore tout imprégné des parfums de notre union.

––––––

Le lendemain, pendant la nuit, Sans-Peur le Corsaire entrait triomphant, avec ses trois captures, dans le port de Bayonne, où il ne passa que trois fois vingt-quatre heures.

––––––

XV

RELACHE DE TROIS JOURS.

Le premier jour, un courrier fut expédié au Havre, à l'armateur Plantier, afin qu'il eût à se rendre à Bayonne pour s'y occuper de la vente des prises; un contrebandier basque fut chargé des lettres adressées par Isabelle et Léon à don Ramon, marquis de Garba y Palos. Le mariage civil du corsaire Sans-Peur fut affiché à la porte de la maison commune, avec demande de dispenses de publications appuyée comme d'urgence par le citoyen commissaire de la marine. L'équipage entier eut *campo* et mit sens dessus dessous tous les cabarets de la ville. Le club des capitaines et des marins libres vota, en séance solennelle, qu'une ovation civique serait décernée au glorieux Sans-Peur, corsaire du Havre, digne concitoyen des corsaires de Bayonne.

Le second jour, des gens du port, payés à la journée, emmagasinèrent à bord cinq mois de vivres et autant de munitions qu'il était possible d'en embarquer.

A l'auberge où avait élu domicile le citoyen capitaine du *Lion*, Sans-Peur le Corsaire, ci-devant comte de Roqueforte, se rendit une députation de capitaines renommés pour la plupart. C'étaient: Soustra, qui, l'année suivante, commandant la corvette corsaire *la Bayonnaise*, enlevait à l'abordage la frégate anglaise *l'Embuscade*;—Bastiat et Dufourc, ses généreux armateurs;—Pellot et Jorlis, jeunes encore, et dont la renommée naissante n'atteignit son apogée qu'en 1811, à bord du *Général Augereau* et de *l'Invincible Napoléon*;—Dubédat, le capitaine, et Régal, son lieutenant, qui, avec *la Citoyenne française* de vingt-six canons, mirent hors de combat une frégate anglaise de soixante;—Darribeau, qui, en 1808, monta le corsaire *Amiral Martin*;—Brisson, Garrou, Halsouet, et dix autres dont les exploits sont demeurés célèbres dans les fastes de Bayonne.

Tous les marins du pays les escortaient.

Les sans-culottes les plus exaltés trouvèrent qu'on rendait beaucoup d'honneurs à un aristocrate fort mal défroqué, s'il fallait en croire les gens de son propre bord: «Il s'était marié en Espagne, au pied des autels catholiques, avec la sœur d'un marquis, et pavoisait son navire d'armoiries nobiliaires.» Au club de l'Égalité, on parla de dénoncer fraternellement à la commune le capitaine du *Lion*.

Les festins et les plaisirs des corsaires continuèrent à mettre en rumeur les bas quartiers, tandis qu'un banquet civique était offert à Léon, à Isabelle et aux officiers de leur bord, par toutes les notabilités maritimes de Bayonne. Quelques sans-culottes imprudents se firent rosser dans la rue des Cordeliers par les matelots du *Lion*, lesquels furent traités d'aristocrates et de suspects.

Le troisième jour, en dépit de la mauvaise grâce du citoyen adjoint, Léon de Roqueforte, dit Sans-Peur, et Isabelle de Garba y Palos furent unis, conformément aux lois de la République une et indivisible. Aux applaudissements de tous les marins, et malgré les murmures des clubistes ameutés qui n'osèrent plus faire des leurs, les jeunes et glorieux époux furent ramenés à leur bord, où Sans-Peur rendit un banquet splendide à ses amphitryons de la veille.—*Le Lion* devait appareiller après le dessert.

La vigie de la côte signala tout à coup, comme croisant au large, une frégate, une corvette et deux brigs, dont l'un paraissait de coupe anglaise.

—Eh bien! faisons escorte à notre frère et ami Sans-Peur! s'écrièrent les capitaines de Bayonne. A lui le commandement général!

—Frères, vous me comblez d'honneur! répondit Léon. A vos santés! au succès de nos armes, et vive la patrie!...

Après le banquet d'adieux, le feu d'artifice!...

—Chacun à son bord!... attrape à prendre le large!...

A la faveur d'un beau clair de lune et d'un bon vent de sud-est, l'escadrille des corsaires franchit la barre. Chaque navire traînait à sa remorque une grosse barque chargée de matières incendiaires.

XVI

JOURNAL DE ROUTE.

Le style marin est d'une admirable concision, non sur le gaillard d'avant lorsqu'on en est au chapitre des contes de bord ou des relations de campagne, mais sur le journal de route ou table de loch, à la colonne des événements. Aussi, le plus court moyen de raconter la traversée de Bayonne au Pérou faite par *le Lion*, serait-il de transcrire les pages les plus saillantes du journal rédigé par les officiers et pilotins de quart, sous le contrôle du capitaine; en sorte qu'on lirait tout d'abord:

10 mars.—*Quart de huit heures à minuit.*

«Beau temps, belle mer, fraîche brise de sud-est, à neuf heures et demie appareillé de conserve avec les six corsaires: *l'Adour, le Basque libre, la Belle Républicaine, les Basses-Pyrénées, l'Égalité, le Sans-Souci,* chacun notre brûlot à la traîne.—Quatre voiles en vue: une frégate, une corvette et deux brigs de guerre, courant largue tribord amures.—Couru droit dessus.—Rien de nouveau.

«*L'officier de quart:* PAUL DERAVIS.»

Ce laconisme est excellent et mérite d'être imité, mais les termes techniques rendraient par trop obscure la transcription littérale de la table de loch.

11 mars.—*Quart de minuit à quatre heures.*

Le ciel était pur, un superbe clair de lune permettait aux deux[NT1-3] flottilles ennemies de juger de leurs manœuvres respectives[NT1-4]; toutefois les corsaires, naviguant de front vent arrière, masquaient ainsi les barques-brûlots qu'ils traînaient à leurs remorques.

A une heure et demie tout le monde sur le pont,—les chaloupes des corsaires de Bayonne sont mises à la mer pour remorquer à leur tour les brûlots, et les corsaires, maîtres du vent, se forment en ligne de bataille hors de portée de canon, tandis que quatre des brûlots, chargés de toile, se dirigent sur la frégate, et deux sur la corvette, le septième étant mis en réserve par les ordres de Sans-Peur.

La frégate et la corvette canonnent les barques incendiaires: l'une d'elles est coulée; trois autres abordent la frégate en y mettant le feu. La corvette évite les deux brûlots lancés sur elle, mais non sans faire un mouvement qui permet au trois-mâts-barque *les Basses-Pyrénées* de lui envoyer une bordée d'enfilade.

Quatre actions s'engagent simultanément.

Le Lion et *le Sans-Souci*, secondant les brûlots, canonnent, l'un par l'avant, l'autre par l'arrière, la malheureuse *Guerrera*, qui sauta vers trois heures du matin, après une agonie héroïque.

Le brig anglais est enlevé par l'abordage simultané de *l'Adour* et du *Basque libre*, pendant que le brig espagnol amène pavillon sous le feu de *l'Égalité*.

Mais la corvette anglaise *la Dignity* remporte un avantage signalé; nonseulement elle s'est débarrassée des deux brûlots lancés contre elle, mais encore elle coule le troisième, et serrant de près *les Basses-Pyrénées*, démâte le grand trois-mâts-barque.—*La Belle Républicaine* n'est pas mieux traitée; un grave incendie se déclare à son bord,—et à la faveur d'une saute de vent, la corvette prend chasse.

Voici en quels termes se termine sa relation des événements du quart:

«A quatre heures, jolie brise variable de l'est au nord-est. *Le Basque libre* va secourir *la Belle Républicaine*. *L'Égalité* donne la remorque aux *Basses-Pyrénées*. *L'Adour*, *le Sans-Souci* et *le Lion* chassent la corvette anglaise.

«*L'officier de quart*, ÉMILE FERAUX.»

Pendant le quart du jour qui finit à huit heures du matin, *la Belle Républicaine*, secourue par les équipages du *Basque libre*, des *Basses-Pyrénées* et de *l'Égalité*, parvient à éteindre son incendie.

Le Lion, *l'Adour* et *le Sans-Souci* mettent *la Dignity* dans l'absolue nécessité de s'échouer sur le cap de la Higuera.

Un signal de ralliement général réunit toute la flottille française dans les eaux des *Basses-Pyrénées* et de *la Belle Républicaine*, qui se regréent durant un déjeuner patriotique dont Isabelle fait encore les honneurs à tous les capitaines et principaux officiers.

Le journal de route parle des honneurs funèbres rendus aux braves tués en combattant, et ajoute:

«Adieux fraternels.—A onze heures, les corsaires de Bayonne et les deux brigs amarinés font route de leur bord en nous saluant de vingt et un coups de canon.—Rendu le salut coup pour coup. Lavé le pont. Service ordinaire de propreté.—A midi, dîner de l'équipage.

«*L'officier de quart*, BEDARIEUX.»

Le Lion gouvernait de manière à s'élever au vent, pour doubler dès le surlendemain les pointes occidentales de l'Espagne.

Isabelle s'étant tenue sur la dunette, à côté de son valeureux époux, tant que dura la bataille, son sang-froid fit l'admiration de tous les gens du bord.

Les capitaines, ses convives, lui décernèrent à l'envi le titre de *Lionne de la mer*. Elle leur répondit en souriant qu'elle s'efforcerait de s'en rendre digne par l'étude de leur beau métier.

Si la table de loch n'enregistra ni ces paroles ni les toasts portés à la vaillante compagne de Sans-Peur, à plus forte raison n'y est-il pas question de Roboam Owen, que le capitaine du *Lion* remarqua fort bien faisant son service à bord de *la Dignity*.

Sur la même corvette se trouvait aussi, mais dans les profondeurs de la cale, le misérable Pottle Trichenpot, qui rendait avec usure à tous les Français les malédictions du prudent grognard maître Taillevent. A peine l'équipage anglais eut-il pris terre au cap de la Higuera, que Pottle Trichenpot conçut le projet de se rendre au château de Garba, où il espérait bien trouver l'occasion de faire quelque mauvais coup. Provisoirement, comme s'il eût deviné que le loyal Roboam Owen préméditait le même voyage, il trouva le moyen d'entrer à son service.

Sous la date du 12 mars, le journal de bord disait que *le Lion* avait fait route vers le sud-sud-ouest.

Le 15, à la hauteur du détroit de Gibraltar, il mit ses masques, et prit l'apparence d'un gros brig marchand espagnol pour passer sous le canon d'une division de vaisseaux de ligne anglais. Le soir du même jour il amarinait, pillait et brûlait un vaisseau de la Compagnie des Indes.

Le 18, en vue de Madère, il capturait une goëlette espagnole bonne marcheuse, qui reçut un équipage de prise.

Le 25, relâche à Saint-Antoine, île du cap Vert, pour faire des provisions fraîches;—débarqué les prisonniers anglais et espagnols, bouches inutiles et embarrassantes;—appareillé le soir.

Le 1er avril, fête du passage de la ligne.

Le journal de route ne dit pas que Camuset et vingt autres furent baptisés par la pompe à incendie, avec toutes les farces et bouffonneries d'usage.

Tandis que Sans-Peur racontait à Isabelle l'histoire héroïque de ses navigations passées, le maître d'équipage en donnait une version non moins intéressante à la soubrette péruvienne.

Le calme plat qui dura jusqu'au 8 avril rendait les longs récits nécessaires. L'impatiente curiosité de Camuset lui valut chaque jour plusieurs taloches paternelles, qui accrurent son profond respect pour maître Taillevent.

Le 8, un temps à grains rafraîchit le brig et la goëlette, qui mirent le cap sur le Brésil. Isabelle, avec un petit porte-voix d'argent, commanda la manœuvre pour la première fois.

Les jours suivants, elle fit augmenter et diminuer de voiles, fit prendre et larguer des ris, et dirigea des virements de bord.

Le 20, le cap Frio fut signalé en même temps que plusieurs voiles. Branle-bas de combat. Enlevé trois gros navires marchands et un transport ennemi chargé de prisonniers français.

Le 26, à l'île Sainte-Catherine, vendu les prises, fait des provisions fraîches.

Le 2 mai, croisière au bas du Rio de la Plata. Rançonné, en l'espace de quatre jours, quinze bâtiments anglais ou espagnols.

Le 6, combat acharné contre une petite frégate hollandaise. La goëlette et un trois-mâts armé de Français sont coulés, mais la frégate est enlevée et reçoit un équipage de prise suffisant pour la manœuvre.

Les prisonniers de guerre sont abandonnés au bas du fleuve, sur un radeau de débris qu'escorte une de leurs chaloupes.

Sans-Peur reste à bord du *Lion*, sa frégate le suit.

Le 20 mai, relâche aux îles Malouines.

Isabelle, remplissant les fonctions d'officier de manœuvre, commande le mouillage dans la baie de la Soledad.

Taillevent, ravi, laisse tomber une larme d'enthousiasme sur son sifflet; le respect dû à la Lionne de la mer contient les applaudissements, mais non les murmures élogieux de l'équipage.

La mer est grosse, le froid piquant, le ciel chargé de nuages qui présagent de prochaines tempêtes; les baleines bondissent et lancent des jets d'eau écumante; les albatros, aux grandes ailes, leur livrent d'étranges combats.

Les corsaires vont à la chasse aux bœufs et au chevaux. On embarque à bord de la frégate un troupeau des uns et des autres. Les bœufs seront abattus pour la nourriture des équipages; les chevaux sont destinés à être débarqués sur les rives sauvages qu'habite le cacique Andrès.

Le 25, Isabelle commande l'appareillage par une brise fraîche et dans une situation périlleuse. Sans-Peur l'observe en souriant. Les officiers du bord sont émerveillés de la justesse de son coup d'œil.

—C'est un matelot! un matelot fini! murmura maître Taillevent.

—Pardonnerez! se permit de dire l'incorrigible Camuset, *matelote*, serait plus vrai, m'est avis.

Une taloche mémorable fut le prix de cette observation grammaticale.

—Bon homme, mais trop brutal!... soupira Camuset, dont les progrès en matelotage ne le cédaient point à ceux qu'avait faits en manœuvre madame la commandante. Par les plus mauvais temps, il prenait une empointure avec l'adresse d'un vieux gabier. Il commençait à avoir de l'*idée*, tellement qu'en diverses rencontres il se signala par sa présence d'esprit.

Au combat de la Plata, par exemple, un grappin d'abordage casse, il rattrape le bout de la chaîne, saute avec sur la vergue de misaine de l'ennemi, reçoit trois balles dans le corps, mais ne s'affale au poste des blessés qu'après avoir achevé un double amarrage d'une solidité à toute épreuve.

Cet exploit n'échappa point à l'œil clairvoyant du maître, qui en rendit compte à son capitaine en présence de tout l'équipage. Sur sa proposition expresse, Camuset, à l'âge de dix-neuf ans, fut élevé à la dignité de matelot de deuxième classe.

Le 1er juin, au sud du cap Horn, une effroyable tempête assaillit le brig corsaire et sa conserve la frégate.

Les brouillards et les nuits interminables de la saison finirent par les séparer, ce qui explique pourquoi, à partir du formidable coup de vent, il n'est plus question sur le journal de route du *Lion* de la frégate capturée par le travers de la Plata.

———————————

XVII

LE GRAND CHEF DES CONDORS ET BALEINE-AUX-YEUX-TERRIBLES.

Sur une côte rocailleuse, presque déserte, désolée, incessamment battue par les flots du grand Océan,—à plus de cent trente lieues au sud de la capitale du Pérou,—un groupe de serviteurs respectueux entoure le cacique Andrès de Saïri.

Le vieillard, pensif, est assis sur un rocher d'où ses yeux, rougis par les larmes, interrogent l'horizon, l'horizon toujours muet. L'âpre brise du large fouette les longs cheveux blancs qui encadrent sa figure austère. A ses pieds se tord la mer irritée, dont les vagues rendent un bruit monotone, triste comme ses soupirs.

L'aïeul d'Isabelle attendait.

Il attendait, cherchant l'avenir aux confins de ces ondes qui le séparent de l'enfant de sa vieillesse,—ne pouvant se résigner au présent,—rêvant avec amertume à son glorieux passé.

L'âge et la douleur avaient bien changé le valeureux compagnon d'armes de José Gabriel, grand chef des Condors. Le front appuyé sur sa main amaigrie, il songeait au héros dont il fut le vengeur, en maudissant le manque de foi des Espagnols qui laissaient renaître la tyrannie; il se rappelait en frémissant la fin terrible du frère de sa mère, de José Gabriel, son ami, son modèle et son prince.

Toute l'histoire de la grande insurrection de 1780 se déroulait dans ses pensées sombres comme le deuil de sa patrie, car aux heures de lutte et aux années de trêve succédaient les jours de servitude.

—Et désormais, hélas! murmurait-il, je ne suis plus qu'un vieillard impuissant!...

Les heures de lutte furent courtes, mais sublimes.

José Gabriel, le grand chef des Condors, avait fait trembler les Espagnols. A la tête d'une multitude indisciplinée, il sut l'emporter sur les troupes régulières, conquit rapidement six provinces, gagna plusieurs batailles, se fit proclamer inca sous le nom royal de Tupac Amaru, et fut sur le point d'affranchir la race opprimée.

Le sort des armes le trahit; il fut fait prisonnier et puni de son héroïsme par un supplice infâme.

Les Espagnols le mirent à mort avec des raffinements de cruauté dignes,—a dit un historien[5],—des premiers conquérants du Pérou.—En présence de sa femme et de ses enfants, on lui arracha la langue, puis on le fit écarteler.

[5] FREDERIC LACROIX, *Pérou et Bolivie.*

Ces barbaries, loin d'intimider les insurgés, redoublèrent leur fureur en légitimant leurs représailles. Andrès, cacique de Tinta, prit le commandement;—à son tour, selon l'usage antique, il reçut le titre éminent de grand chef des Condors (*Cuntur-Kanki*).

Le soleil, le feu, l'aigle et le lion sont des emblèmes religieux ou nobiliaires, communs à la plupart des peuples. Chez les anciens Péruviens, le soleil passait pour Dieu; le feu, son symbole, était entretenu par des vierges soumises aux mêmes lois que les vestales romaines.—Le plus redoutable des oiseaux de proie de leurs montagnes, gigantesque vautour, le *cuntur* ou condor, donnait son nom aux guerriers, qu'on décorait également de celui de *Puma*, c'est-à-dire de lion. Ainsi, Léon de Roqueforte ne fut connu que sous le surnom fameux de *Puma del mar*, le lion de la mer.

«Un chef de guerre était appelé *Apiu Cuntur*, grand vautour; *Cuntur Pusac* était le titre réservé au chef de huit Condors; le titre supérieur, *Cuntur-Kanki*, n'était décerné qu'au chef des chefs, au général[6].»

[6] VALDES Y PALACIOS, *Voyage de Cuzco au Para.*

Après José Gabriel, son neveu Andrès sut s'illustrer par un grand stratagème dont l'histoire lui attribue tout le mérite.

Il avait mis le siége devant la ville de Sorata, où les Espagnols s'étaient retranchés derrière des fortifications de terre, défendues par une puissante artillerie. Les Péruviens, mal armés, ne parvenaient point à prendre la place. Andrès fait construire avec une merveilleuse promptitude une longue jetée qui réunit les eaux des montagnes d'Ancoma, dirige le torrent contre les remparts, ouvre la brèche par ce moyen et envahit la ville, dont les défenseurs furent massacrés en punition du supplice hideux infligé à l'Inca José Gabriel[7].

[7] Historique.

Les Espagnols durent, bientôt après, conclure un traité avec le cacique victorieux, qui venait en même temps de venger mille fois sa fille Catalina.

Enfin le marquis de Garba y Palos, retiré des prisons de Lima, ayant repris le gouvernement de Cuzco, les années de trêve commencèrent.

Isabelle grandit sous les yeux de son aïeul. Elle se développait en force et en grâce, telle que sa mère. Un noble rejeton de la race antique des Incas fleurissait sur une tige,—espagnole il est vrai, mais arrosée d'un sang vénéré par les nations indigènes.

Malheureusement, le marquis de Garba, rappelé en Espagne, fut remplacé par un despote. Les jours de servitude revinrent. Andrès ne dut son salut qu'au dévouement de ces mêmes sujets, qui sont à cette heure pieusement groupés autour de lui.

Il vivait au désert, dans les ruines d'un château-fort abandonné à la suite des fréquents tremblements de terre qui rendaient la contrée presque inhabitable. Ses compagnons d'exil ayant recouvert de branchages et de chaume l'enceinte dévastée, la meublèrent peu à peu avec un luxe inattendu.

Formés en petites troupes de cavaliers, ils pénétraient, par des chemins connus d'eux seuls, jusque dans l'intérieur du pays, dépassant parfois Tinta et Cuzco, villes situées à près de cent lieues de leur mystérieux asile.

On était parvenu à faire croire aux Espagnol que le vieil Andrès de Saïri était mort;—pour mieux les tromper, on célébra ses funérailles selon les rites péruviens. Les dépouilles mortelles qui passaient pour les siennes furent accompagnées avec pompe, durant un trajet de trente lieues, par les tribus quichuas du territoire, et enterrées dans l'île de Plomb, que baignent les eaux du lac Sacré[8].

[8] La géographie conserve à ce vaste et remarquable lac,—le plus grand de ceux qu'on connaisse dans l'Amérique méridionale,—son nom quichua ou péruvien de *Titicaca*, littéralement *île de Plomb*. Il s'appelle aussi lac de *Chiquito* ou *Chucuito*, du nom des peuples nomades qui campent sur ses bords et de celui d'une ville bien déchue aujourd'hui, qui comptait trente mille âmes lors de l'insurrection de José Gabriel *Condor-Kanki*, s'intitulant l'Inca Tupac Amaru.

Le *lac de l'île de Plomb*, situé sur le territoire habituel des républiques de Bolivie et du Pérou, est plus élevé au-dessus du niveau de la mer que le sommet du pic de Ténériffe; son bassin est formé par les plus hautes montagnes de toute l'Amérique. Il a plus de cent lieues de tour; sa plus grande longueur est d'environ quarante lieues du nord-ouest au sud-est; sa plus grande largeur de vingt à vingt-cinq.

Mais à l'état de légende pour les populations indigènes, à l'état de document pour les caciques, le bruit était incessamment répandu que le chef des Condors, retiré dans son aire, y attendait l'heure de s'abattre avec ses aiglons sur les Castillans traîtres à la parole jurée.

Les serviteurs d'Andrès montraient aux caciques péruviens,—aymaras ou chiquitos,—les franges du *borla* de leur grand chef; ils levèrent aisément ainsi l'impôt de la fidélité, de l'esclavage, de l'espérance.

Le vieux castel recouvert en chaume se meubla, s'arma, et surtout s'approvisionna d'armes et de munitions.

Par malheur, Andrès ne se sentait plus capable de diriger un nouveau soulèvement. Digne et ferme devant l'adversité, il ne pouvait parfois contenir sa trop juste douleur.

—Plus de deux ans, et rien!... toujours rien!... murmurait-il. Pour comble de maux, celui que j'attends aurait-il donc péri?... Je n'ai su qu'une chose, c'est que le marquis de Garba y Palos est mort en son château de Galice. Et là gémit à cette heure la fille de ma fille, Isabelle, mon sang, l'espoir de mes vieux jours!... O Lion de la mer! ne t'aurais-je revu un instant que pour te perdre encore!...

Un homme fort différent des cavaliers et des pêcheurs quichuas qui entouraient le vieillard, un homme dont la face et le corps presque nus étaient tatoués des insignes belliqueux en honneur à la Nouvelle-Zélande,—Parawâ (la Baleine), tel était son nom,—répondit avec emphase en langue espagnole:—Grand chef des Condors, toi qui n'es ni un Anglais maudit, ni un Castillan sans foi, pourquoi parles-tu comme une femme de race blanche!... Le Lion de la mer ne meurt pas!... Il ne meurt pas, le Puma des grandes eaux salées, le Vautour des mornes et des îles, le Feu qui éclaire et qui brûle, le Soleil de l'Océan!...—Il m'a dit: «—Parawâ, Grand-Poisson, parcours la mer, passe d'île en île, navigue sans cesse en montrant mon drapeau à mes peuples, mon drapeau d'or où bondit un lion de feu.»—Et moi, le Grand-Poisson, j'ai rangé mes esclaves sur les pagaies de ma pirogue de guerre, j'ai parcouru la mer, j'ai passé d'île en île, naviguant sans cesse sous le drapeau d'or où bondit le lion de feu!

—Nous savons tous, dit Andrès, que Parawâ, l'homme-baleine, est un serviteur fidèle et un navigateur habile.

Le Néo-Zélandais reprit:

—LEO, le *Puma del mar*, le *Rangatira-Rahi*, grand chef des chefs des îles de la mer, m'a dit encore: «—Parawâ, guerrier-poisson, tu iras vers le cacique Andrès, qui est pour moi tel qu'un père, et tu lui crieras: «Courage!...» et tu crieras à tous les peuples: «Courage et patience!...» Car moi, je vais dans mon pays de France y faire connaître le lion Sans-Peur; je vais au pays d'Espagne y prendre pour femme la fille du chef des Condors!»

Andrès soupira sans interrompre Parawâ-la-baleine.

«—... Le soleil s'éteint au couchant et se rallume au levant, le Lion de la mer monte sur son vaisseau qui plonge dans la nuit, il reparaîtra dans la lumière des grandes montagnes!...» Ainsi m'a parlé la chef des chefs, LEO, qui est maintenant, sois-en sûr, l'époux de ta fille bien-aimée.

Andrès hochait la tête, le Néo-Zélandais s'écria vivement:

—Je ne suis qu'un homme et j'ai pu obéir... Il est *atoua*, esprit, maître et souverain, plus fort que la tempête!... Pourquoi donc restes-tu dans le doute et la douleur?—Je ne suis qu'un homme, un chef de guerriers,—il est vrai,—*Parawâ-Touma*, la baleine au regard terrible,—mais quand j'ai réussi à parcourir plus de trois mille lieues, tantôt avec ma pirogue, tantôt sur de petits navires de Taïti,—quand il m'a suffi à moi, pour rire de toutes les chances contraires et pour venir jusqu'à toi, d'être le serviteur qui a bu l'haleine de LEO,—peux-tu craindre, chef des Condors, que LEO l'*Atoua* ait été mangé par ses ennemis?... Il reviendra comme il l'a promis aux nations de l'Océan... Le Lion de la mer ne meurt pas!...

Porter la moindre atteinte à la confiance fanatique de Baleine-aux-yeux-terribles, eût été une faute dont Andrès, n'eut garde de se rendre coupable. Assez d'autres, dès lors, s'efforçaient d'ébranler la foi des Polynésiens en la puissance surhumaine de LEO l'*Atoua*. Les Anglais et leurs missionnaires sillonnaient déjà l'Océanie; et les premières colonies pénales étaient fondées sur les rives de la Nouvelle-Hollande, où la révolution de 1789 empêcha les Français de s'établir, selon les desseins du roi Louis XVI, dont Léon de Roqueforte avait connu avec détail les instructions officielles.

—Baleine-aux-yeux-terribles, répondit enfin le cacique, les années ont amassé la neige sur mon front. La vie des peuples est longue, et c'est pourquoi, de mon côté, je crie: Patience, aux Quichuas du Pérou; mais la vie d'un vieillard est courte; verrai-je jamais la jour de la délivrance? J'ai abandonné la terre de mes pères, j'ai fait ma demeure de ces ruines au bord de la grande mer; d'ici, à toute heure, je redemande à l'horizon le compagnon de nos combats. Si j'avais perdu tout espoir, vaillant Parawâ, je retournerais dans mes montagnes, et tu ne me verrais point assis sur un rocher desséché par la brise de mer, les regards toujours tournés vers les flots.

—Le chef des Condors parle avec sagesse! qu'il espère donc, et qu'il ne désespère jamais!...

—Jamais il ne désespérera, dit Andrès.

—Courage! Fils du Soleil, ne laisse point noyer dans la tristesse le cœur du vainqueur de Sorata.

—Baleine de l'Occident, le jour même où je déchaînais les torrents des montagnes contre les murs de Sorata, mon cœur était plongé dans une douleur qui dure encore! Mon prince et ma fille bien-aimée avaient péri sous les coups féroces des Espagnols. La tristesse, brave Parawâ, peut marcher à côté du courage. La tristesse convient au vieillard exilé que le sort sépare de sa dernière enfant.

—Parawâ-Touma hait la tristesse, dit le sauvage néo-zélandais en brandissant son *méré* ou casse-tête; il est à des milliers de lieues de sa terre, de sa nation, de ses femmes et de ses fils. La goëlette taïtienne qui l'a conduit vers toi, grand chef des Condors, s'est engloutie dans le tourbillon du Bourreau, la roche tranchante l'a ouverte comme une noix de cocotier, et tous ceux qui étaient à bord ont péri; seul, j'ai survécu. Et maintenant l'Océan s'étend entre ma hutte chérie et moi. Me vois-tu dans la tristesse?... Non! non! Qu'elle s'approche du cœur de Parawâ, il la chassera en chantant le *Pi-hé* qui remplit d'une joie terrible.

Le *Pi-hé*, hymne belliqueux de l'Union et de la Séparation, de la Vie et de la Mort, est le chant national des indigènes de la Nouvelle-Zélande. Il commence par une invocation à l'*atoua* MAOUI (l'Esprit-Suprême), qui détruit l'homme, mais absorbe en lui son âme. Il se termine par la louange enthousiaste de ceux qui sont morts, et par de fières consolations données aux survivants.

Sur l'invitation d'Andrès, Parawâ consentit à faire entendre le *Pi-hé*.

Hommes et femmes, tous les Péruviens, Quichuas pur sang ou métis, formèrent cercle, tandis que le sauvage se recueillait profondément.

Il posa sa massue contre le rocher, se croisa les bras sur la poitrine, et modula quelques vers d'un rhythme étrange. Bientôt il leva les mains vers le ciel en jetant quelques éclats de voix; puis, saisissant son casse-tête, il le brandit avec fureur. Ses gestes étaient menaçants, ses regards vraiment terribles; par moments, quelques intonations douces se mêlaient à ses cris bizarres, il s'exaltait en jouant sa pantomime chantée; et malgré ce qu'avait de dur sa physionomie sillonnée de tatouages affreux, elle prenait un caractère qui fit impression sur les serviteurs chrétiens et civilisés du vieux cacique Andrès.

Qu'on juge donc de l'effet imposant et formidable du *Pi-hé* lorsque, dans une circonstance solennelle, il est chanté, ou pour mieux dire exécuté, par plusieurs milliers d'indigènes, poussant tous à la fois les mêmes cris, faisant tous à la fois les mêmes gestes de prière, de menace, de joie ou de fureur, avec une précision dont nos corps de ballets les mieux exercés ne sauraient donner une idée.

Après chacun des couplets, qui sont inégaux, mais tous très-longs, Parawâ poussait le cri de vie et de mort: PI-HE!

Tout à coup, sans s'interrompre, il lui donna un accent triomphal. Sa main se dirigeait vers l'horizon. Quelques mots d'espagnol se mêlèrent aux paroles, «intraduisibles,» dit-on, du chant néo-zélandais.

LEO!... *Puma del mar!* PI-HE!... PI-HE!...

«Léon!... le Lion de la mer!... Vie et mort!... Vie et mort!»

Les Péruviens, cette fois, répétèrent le refrain PI-HE; puis on se hâta de gonfler les balses pour aller au devant du navire.

Le cacique de Tinta se mit à genoux en adressant au Dieu des chrétiens d'ardentes actions de grâces, car à tous les mâts du brig se déployaient des bannières sacrées:

A l'arrière le pavillon français,

Au grand mât le lion rouge sur champ d'or,

Au mât de misaine, enfin, le soleil des Incas sur champ d'azur au chef d'argent, c'est-à-dire l'emblème national du Pérou sur l'écusson de Garba y Palos.

—Elle est à bord!... elle est à bord!... Isabelle, ma fille, est à bord! disait le chef des Condors en tremblant de bonheur.

Parawâ-Touma, Baleine-aux-yeux-terribles, se tenait fièrement, en brandissant son *méré*, sur la première des balses qui s'élancèrent à la rencontre du brig victorieux de Léon de Roqueforte.

—Ah! tonnerre des Cordillères! s'écria maître Taillevent, le plus brave des anthropophages de mes amis! cet excellent cannibale de Parawâ-Touma, le Grand-Poisson qui regarde à faire peur! Quelle chance de le retrouver ici!

Une exclamation pareille devait donner beaucoup à penser au jeune et vaillant Camuset. Or, depuis la grande victoire des corsaires de Bayonne, et surtout depuis que *le Lion* avait doublé le cap Horn, maître Taillevent, beaucoup moins discret que par le passé, tenait des propos inimaginables, dont il ne permettait à personne de douter, sous peine de coups de poing inimaginables aussi.

XVIII

SALVES DES ÉLÉMENTS.

L'ancre mordait le fond, lorsque Baleine-aux-yeux-terribles, son casse-tête au poing, bondit sur le pont du brig corsaire, courut vers la dunette, en criant: PI-HE! puis, les bras croisés sur la poitrine, s'inclina religieusement devant LEO l'*Atoua*.

Isabelle ne voyait que son vénérable aïeul, debout maintenant sur le rocher, d'où il lui faisait des signes de tendresse; elle n'entendait que les clameurs enthousiastes des Quichuas qui, des balses ou de la rive, criaient: «Vive la fille des Incas! Vive le Lion de la mer!» Des larmes baignaient ses yeux, tandis que la folâtre Liména battait des mains en riant.

Léon, cependant, ne craignit pas d'arracher Isabelle à ses émotions filiales, pour lui présenter l'intrépide Parawâ.

—Tu connais mes marins d'Europe, disait-il, regarde l'un de mes plus vaillants serviteurs sur la mer immense dont je suis le lion.

Isabelle put à peine réprimer un premier mouvement de dégoût à l'aspect du farouche cannibale; elle sut être gracieuse pourtant, et d'un ton de reine:

—Mon époux, dit-elle, m'a instruite des grands combats de Baleine-aux-yeux-terribles, son ami fidèle.

—Gloire à LEO l'*Atoua*! Gloire au Lion qui sort de la mer! Et à vous, sa dame, bonheur sur les eaux et sur les terres, sous la lune et sous le soleil!

S'adressant ensuite à Sans-Peur dans une langue inconnue de tous, si ce n'est de Taillevent:

—Ton drapeau a été vu dans tes îles; partout il a été salué avec joie; mais partout aussi, les hommes de l'Angleterre menacent les peuples de la fureur des *hommes terribles de la tribu de Surville et de Marion.*

C'est sous ce nom redouté que les Français étaient et sont, encore de nos jours, désignés aux indigènes par les navigateurs anglais.

—Ah! brigands d'Anglais de malheur! dit maître Taillevent qui s'était rapproché de son ami Parawâ, ils n'ont pas manqué de gâter nos affaires par ici, pendant que nous courions un bord de l'autre côté du cap Horn.

—Et qu'a dit Parawâ-Touma? demandait Léon.

—Il a dit: «La langue des *hommes de la tribu de Touté*[9] est double; ils viennent pour nous acheter et nous vendre; LEO l'*Atoua* est leur ennemi. LEO l'*Atoua* est un grand guerrier, un chef juste et puissant, le père des hommes tatoués; son haleine est le courage; son œil gauche est le soleil.»

[9]—Les Anglais,—le nom du capitaine Cook, corrompu par la prononciation des Polynésiens, étant devenu *Touté*.

Pendant quelques minutes encore, Léon interrogea Parawâ en sa langue;—puis, satisfait de ses réponses, il le regarda fixement et fit un pas vers lui.

Alors, avec une joie grave, l'indigène se rapprochant de même, appuya le nez contre le sien en aspirant son haleine.

Tel est le salut fraternel qui, à la Nouvelle-Zélande, équivaut à nos embrassements.

Après avoir bu l'haleine de l'*Atoua, Rangatira-Rahi*, ou chef des chefs, Baleine-aux-yeux-terribles, *Rangatira-para-parao*, c'est-à-dire chef de rang supérieur, ne dédaigna pas d'accorder un honneur semblable à son vieil ami Taillevent, bien que celui ci, d'après la hiérarchie néo-zélandaise, ne fût qu'un *Rangatira-iti*, ou sous-chef.

Le canot du capitaine déborda bientôt.

Escorté par les balses, il se dirigeait vers le rivage aux acclamations de tous les Quichuas fidèles à la fortune d'Andrès de Saïri.

Le brig *le Lion* fit une salve de trois bordées.

Isabelle aborda enfin et se jeta dans les bras débiles de son illustre aïeul, le vainqueur de Sorata.

Au même instant, une secousse de tremblement de terre se fit sentir; la mer gronda, les rochers gémirent, les rares arbres qui entouraient le vieux château se balancèrent comme ébranlés, et les condors qui planaient au-dessus des mornes poussèrent des cris aigus.

—Amis! s'écria Léon de Roqueforte, la terre et la mer du Pérou saluent le retour de votre reine!

—Pi-hé! pi-hé!... vie et mort! hurlait Baleine-aux-yeux-terribles.

—Attention! criait à bord maître Taillevent, tenons-nous parés à filer le câble par le bout.

Déjà le premier lieutenant rangeait son monde aux postes d'appareillage.

XIX

TREMBLEMENT DE TERRE.

Les tremblements de terre, très fréquents au Pérou, y ont occasionné d'effroyables désastres. En 1678 et 1682, Lima et le port de Callao, situé à deux petites lieues, furent éprouvés cruellement; en 1746, les deux villes s'écroulèrent, et la mer couvrit l'emplacement occupé par l'ancien Callao, dont on aperçoit encore les ruines sous les eaux dans la partie de la baie appelée *mar Braba*. Sur quatre mille habitants, d'après la tradition, il n'en survécut qu'un seul.

Le 19 octobre 1682, la ville de Pisco fut engloutie. En 1755, à l'époque du fameux tremblement de terre de Lisbonne, Quito s'écroula de fond en comble.—De nos jours, les villes d'Aréquipa, d'Arica et vingt autres ont souffert les plus grands dommages, malgré la nature des constructions faites désormais en vue de résister aux secousses.

La baie de Quiron, où le brig corsaire *le Lion* venait de jeter l'ancre, était sans contredit le point du littoral le plus dévasté par les convulsions souterraines. La forme abrupte des mornes, fendus comme par des haches géantes,—les déchirements du rivage,—les incroyables différences des fonds sous-marins, insondables en certains points très voisins de la côte,—la coupe étrange des récifs qui la bordaient,—le bouleversement des terres arables qui, en plusieurs endroits, s'étaient évidemment déplacées, le démontraient moins encore que l'abandon du territoire par tous ses colons primitifs.

En 1755, la bourgade de Quiron disparut dans un gouffre d'où s'échappèrent des flammes; la garnison espagnole s'enfuit du château, dont il ne resta que les murs d'enceinte. Durant plusieurs années consécutives, des grondements semblables au bruit du tonnerre ne cessèrent de se faire entendre. Il fut avéré dans la province que sous ce sol mouvant existait une cavité volcanique, où plages et montagnes s'effondreraient quelque jour. Personne n'osa se fixer à moins de cinq ou six lieues. La terreur s'accrut avec le temps, si bien que les gens du pays avaient l'habitude de faire un long circuit pour éviter de traverser cette région maudite.

Plus elle était déserte, plus elle convenait au cacique Andrès et à Léon de Roqueforte, qui s'y rembarqua, en 1790, sur la goëlette taïtienne avec laquelle il avait mystérieusement abordé au Pérou. En 1791, après avoir répandu le bruit de sa mort, le vieux chef des Quichuas s'y établit. Depuis, les secousses de tremblement de terre avaient été rares et sans grands effets. Celle qui se faisait sentir maintenant était formidable.

La nature semblait s'être reposée longuement avant de faire un effort suprême pour déchirer les flancs de la montagne de Quiron.

Les serviteurs du cacique se souvinrent de l'opinion accréditée;—ils crurent à bon droit que l'heure dernière sonnait pour eux;—les uns se jetèrent à genoux en faisant le signe de la croix, les autres poussèrent des cris affreux.

La contenance calme d'Andrès, que l'écroulement du monde entier n'aurait pu distraire de ses émotions de bonheur, le sang-froid radieux d'Isabelle, et surtout les nobles paroles du Lion de la mer raffermirent leur courage au moment même où le péril augmentait.

Un craquement strident, prolongé, métallique, indéfinissable, à vrai dire, puisque aucun autre bruit ne saurait en donner l'idée, retentit au loin. La terre et les flots gémissaient. Tout à coup, à égale distance des récifs de l'ouest et de la plage, au centre de la chaîne de mornes rocailleux qui forment la côte nord de la baie, un éclat se fit dans le sens vertical; quelques blocs énormes se détachèrent de la montagne, et roulant avec fracas, laissèrent apercevoir une caverne profonde. L'ouverture de cet antre, jusqu'alors fermée, affectait la forme d'un angle très aigu, d'environ cinquante pieds de large sur la ligne du niveau de la mer, qui, du reste, n'y pénétra point. De la distance où se trouvaient Andrès, Isabelle et Léon, l'on ne pouvait juger de sa configuration intérieure.

D'autres craquements ouvrirent d'autres fissures, diverses chutes de rochers eurent lieu çà et là, il sembla même que la disposition des récifs venait de changer.

La mer, arrachée de son lit, s'éleva par sept fois à une hauteur effrayante; par sept fois, laissant le fond à sec, elle recula vers le large, à tel point que le brig *le Lion* toucha par la quille, et faillit se briser. Mais le câble était filé par le bout, quelques voiles s'ouvraient à un vent encore frais; le navire, entraîné au dehors, parvint à s'y maintenir.

Le canot qui venait d'amener à terre Isabelle et son époux fut fracassé tout d'abord; heureusement les matelots purent s'accrocher aux balses que les ras de marée les plus furieux ne sauraient submerger.

Le plateau sur lequel étaient réunis Andrès, Isabelle et leurs amis oscilla sur ses bases et se fendit sous leurs pieds; mais on n'eut à déplorer aucun malheur.

Le brig était hors de péril: étrangers ou Péruviens, tous les hommes étaient sains et saufs, et le vieux château de Quiron ne souffrit point.

Soit que ses murs, contretenus par des étais, dussent à leur vétusté même l'élasticité qui manque aux constructions neuves, soit par l'effet de la disposition des terrains ou par toute autre cause, il résista.

Et quand les épais nuages de poussière soulevés par la commotion furent lentement retombés, Andrès, qui venait d'embrasser et de remercier avec effusion le Lion de la mer, désormais son fils, put s'écrier enfin:

—Venez vous reposer, mes enfants, dans la demeure que le Ciel nous a conservée.

—Oui, mon père, allons, dit Léon de Roqueforte en lui offrant l'appui de son bras. Je n'y entrerai pas, cependant, avant d'avoir jeté un coup d'œil dans cette cavité qui s'est ouverte,—miraculeusement peut-être,—à l'instant même où nous abordions.

—Quel est donc ton dessein? demandait le cacique.

—A quoi bon en parler, si je n'ai qu'une idée vaine?

On gravit la pente sablonneuse qui conduisait de l'observatoire d'Andrès au château de Quiron. Une joie respectueuse rayonnait sur les fronts de tous les serviteurs.

Parawâ, qui suivait de près le *Rangatira-Rahi*, son *atoua*, disait en langue espagnole:

—Le Lion de la mer ne meurt pas!... non, non! il ne meurt pas, le Puma des grandes eaux salées, le Vautour des mornes et des îles, le Feu qui éclaire et qui brûle, le Soleil de l'Océan!... Ce qu'il annonce arrive. Ce qu'il dit est vrai toujours. Ce qu'il a promis, il le donne. Ce qu'il se propose, il le fait.—A tous les peuples qu'il aime, bonheur! A vous donc, bonheur, hommes de la tribu du chef des Condors!

Ces paroles du sauvage cannibale faisaient impression sur les Quichuas, bien que ceux-ci fussent relativement civilisés.

Ils étaient chrétiens, possédaient pour la plupart quelques connaissances élémentaires, devaient à leur contact avec les Espagnols des idées opposées aux féroces préjugés d'un anthropophage, et appartenaient à une nation sortie de la barbarie fort antérieurement à la conquête des Pizarre; mais aucun d'eux n'était de la classe supérieure. Serviteurs d'Andrès, pêcheurs, chasseurs, mineurs ou simples paysans, ils ne possédaient pas l'éducation nécessaire pour se soustraire à l'influence de l'enthousiaste Parawâ. Eux-mêmes fondaient, d'ailleurs, leurs plus chères espérances sur le retour du Lion de la mer et de la fille des Incas; comment ne se seraient-ils pas complus à écouter le Néo-Zélandais, dont l'intelligence naturelle était, du reste, bien au-dessus de la leur?

Devant eux, le dernier représentant de la race toujours vénérée de leurs anciens rois marchait appuyé sur l'épaule d'Isabelle, leur reine, et sur le bras du Lion de la mer, leur vengeur, leur libérateur et leur prince. Ils croyaient donc, avec Parawâ, que la terre, la mer, le ciel du Pérou et les Condors, emblèmes vivants de leur patrie, avaient salué comme eux le débarquement des jeunes époux.

Aux approches du château de Quiron, Sans-Peur, laissant Isabelle avec son aïeul, fit un signe au Néo-Zélandais; puis, ils se dirigèrent ensemble vers la grande caverne, d'où s'échappaient d'épaisses vapeurs.

Une chaussée de roches empêchait seule la mer de remplir le bassin qui en occupait le fond. Cramponnés à quelques saillies, le capitaine et son sauvage s'aventurèrent dans la galerie naturelle. Sous une voûte de cent cinquante pieds environ, elle décrivait une sorte de courbe et se prolongeait fort avant vers la gauche.

—Victoire! s'écria Léon de Roqueforte.

—Pi-hé! dit le fanatique insulaire, la terre a obéi à LEO l'*Atoua*!

—Non, Parawâ, ce n'est point à moi qu'elle a obéi, reprit Léon de Roqueforte, comme pour atténuer le blasphème naïf de son compagnon; non! mais le Dieu tout-puissant qui protège les opprimés a permis qu'un phénomène terrible servît mes projets.

Il voulait bien passer pour un *atoua*, pour un génie disposant d'une force supérieure,—et d'un bout à l'autre de la Polynésie, des circonstances étranges avaient contribué à propager cette croyance,—mais il aurait craint d'attirer sur sa tête les châtiments célestes en se laissant attribuer un pouvoir qui n'appartient qu'à Dieu.

—Toute âme est immortelle; en ce sens, je suis *atoua*, je suis esprit, je le suis encore comme dépositaire de la grande pensée royale qui survit en moi, et qui me survivra, je l'espère, avec la protection du Ciel.»

Telle était, à ses propres yeux, la justification de Léon de Roqueforte; il se laissa rattacher, par un mythe étrange, à la mémoire de Surville et de Marion; il jugea nécessaire de laisser croire aux peuples qu'il était immortel.

—LEO l'*Atoua*, le Lion de la mer, ne meurt point! devint la formule des larges desseins de civilisation et de liberté qui guidaient Léon lui-même. Les Polynésiens dévoués à sa cause la prirent au propre; ils en firent un cri de ralliement qui, mille fois en son absence, retentit dans les combats.

Au sortir de l'immense caverne voûtée, casemate naturelle, dont un cratère de volcan occupait les profondeurs, Baleine-aux-yeux-terribles, croisant les bras sur la poitrine, dit d'un accent pénétré:

—Léo l'*Atoua*, dans le ventre de la montagne, a crié: «Victoire!» Léo l'*Atoua* voulait donc que le roc s'ouvrît comme un fruit mûr. Dans quel dessein? Parawâ ne le sait point, mais le Grand Esprit du Ciel, Maouï, l'Ombre immortelle, le sait. Et Maouï a ordonné ce que Léo voulait, parce que Léo est un *atoua* sage, juste et brave devant le Souffle tout-puissant de Maouï.

Maouï, ailleurs *Nouï*, est le Dieu triple: «L'habitant du ciel, le dieu de la colère et de la mort, et le dieu des éléments.»—Ou encore, d'après une classification très différente: «Dieu le Père, Dieu le Fils et Dieu l'Oiseau.»—Enfin, suivant quelques indigènes, Maouï-Moua et Maouï-Potiki seraient leurs dieux principaux, devenus un seul et même Dieu, attendu que l'aîné tua, mangea et s'assimila ainsi son frère. Et de cette fable dériveraient la coutume de manger les ennemis et la croyance qu'en les dévorant, on absorbe en soi leur courage, leur intelligence, leur âme.—En tous cas, les Néo-Zélandais définissent Dieu ou Maouï, l'*Atoua* suprême, par les remarquables qualifications d'*Ombre immortelle* et de *Souffle-tout-puissant*.

—Plaise à Dieu que Parawâ dise vrai! répondit Léon avec une émotion pieuse.

Il mesurait de l'œil la longue ouverture de la caverne et se réjouissait en remarquant combien il serait facile de la dissimuler, car elle était oblique et fort étroite au sommet. On pourrait aisément la murer avec un léger échaffaudage de terre grasse mêlée à des roches brisées et au besoin la rendre impénétrable.

Parawâ reçut ordre de rallier les canotiers de l'embarcation brisée, de monter avec eux la plus grande des balses et de se rendre à bord du brig pour dire au lieutenant de revenir au mouillage.

XX

VASTES DESSEINS.

Léon de Roqueforte se dirigea vers le château de Quiron, où Isabelle, quand il reparut, achevait de faire à son aïeul le récit de ses deux ans d'exil en Espagne, de la mort de son père, de la conduite de don Ramon, de la romanesque histoire de son mariage et de la glorieuse traversée du brig *le Lion*.

Le vieux cacique était vivement ému.

—Mon fils, vous avez dépassé mes espérances, dit-il; vous ne vous êtes point borné à combler mes vœux en me ramenant ma fille bien-aimée; vous avez encore servi avec votre valeur ordinaire la cause de notre affranchissement; vous revenez avec un brig bien armé, avec des armes et des munitions de guerre, et vous avez en outre à vos ordres une belle frégate, à ce que m'apprend Isabelle.

—Trop faiblement armée d'un équipage de prise, et hors d'état de résister à un navire de même rang.

—Nous compléterons son équipage! s'écria Andrès. Votre dernière victoire navale, en grandissant votre renommée, prédisposera, je l'espère, en notre faveur la République française, protectrice naturelle des peuples esclaves qui veulent s'émanciper. Et vous saurez accomplir avec son concours la mission que vous aviez reçue du roi Louis XVI.

Léon de Roqueforte hocha la tête, non qu'il trouvât la proposition par trop contradictoire dans les termes, mais parce qu'il avait vu de près et sainement apprécié la situation de la France.

—Noble Andrès, dit-il, ne nous faisons pas d'illusions. La vie de l'homme est courte relativement à celle des peuples. Ouvrier de l'avenir, verrai-je, moi qui parle, les jours de la délivrance? L'Amérique du Sud, tout entière, s'émancipera comme s'est émancipée celle du Nord. Le Portugal d'un côté, l'Espagne de l'autre, perdront leurs vastes possessions comme l'Angleterre a perdu les siennes. Des États nouveaux se formeront; le Mexique, la Nouvelle-Grenade, le Chili, le Paraguay, le Brésil, le Pérou, deviendront autant d'empires indépendants; une politique nouvelle régira ces contrées. Malheur, alors, malheur aux nations indigènes qui se laisseront dépouiller de leurs droits!... Dès aujourd'hui, mon père, nos efforts doivent tendre à les préparer à jouer leur rôle dans la guerre que je prévois, sans pouvoir en assigner la date.

—Bien! fit Andrès, le dernier Inca sortant de la tombe parlera dans ce sens aux peuples qui le vénèrent!

—Votre fille, s'écria Isabelle, parcourra les plaines et les montagnes en criant à ses frères: «Combattez en hommes libres!...»

—Qu'est-il arrivé aux États-Unis d'Amérique? ajouta Léon: les malheureux Indiens, depuis la proclamation de l'indépendance, sont restés dans la même situation que sous la domination anglaise.

—Oui! dit Andrès, faisant un cruel retour vers le passé, il en a été là comme ici autrefois. Les peuples asservis n'ont retiré aucun avantage des querelles de leurs oppresseurs. Dès l'origine de la conquête, lorsque les Castillans se déchiraient entre eux, lorsque les Pizarre et les Almagro s'égorgeaient dans notre infortuné pays, pourquoi les Péruviens ne surent-ils point profiter de leurs guerres civiles, ainsi que les Espagnols avaient profité des nôtres? O José Gabriel, grand chef des Condors, mon glorieux prédécesseur, que n'étais-tu vivant à cette époque!... Mais elle reviendra, dis-tu, mon cher fils?... Tu crois que les Espagnols d'Europe et ceux d'Amérique se diviseront... C'est bien! soyons prêts, et alors, point de transactions, point d'alliances avec l'un ni avec l'autre parti!...

Léon de Roqueforte approuvait-il ces paroles?—non, assurément;—mais se gardant bien d'engager une discussion non moins inutile que prématurée:

—La vieille Europe, dit-il, tremble sur ses bases séculaires; le monde est plus profondément ébranlé que ces rivages ne l'étaient tout à l'heure. Ici les montagnes se fondent, des cavités souterraines s'entr'ouvrent à miracle...

—Léon, un seul mot, demanda Isabelle, cette caverne est-elle ce que vous désiriez?

—Oui, mon amie; j'en ai remercié Dieu.

—Remercions-le donc, nous aussi, ma fille!... dit Andrès en se levant et en découvrant son front vénérable. J'ignore à quoi peut servir cet antre profond; mais les Espagnols de Sorata ignoraient aussi à quoi servirait la digue immense que je fis construire pour renverser leurs fortifications surchargées d'artillerie.

Isabelle et son aïeul se tournèrent vers une sainte image du Rédempteur, placée au point le plus apparent de la salle où avait lieu leur mémorable conférence de famille.—Léon les imita; et après un instant de religieux silence:

—Ici, continua-t-il, le sol bondit comme une mer agitée, ses entrailles se déchirent et la terre du Pérou offre dans son sein un asile mystérieux à mes vaisseaux. Je puis cacher sous les voûtes de la grande caverne, non-seulement ma frégate et plusieurs autres bâtiments, mais encore des approvisionnements pour plusieurs années de guerre. Je cherchais un arsenal; j'avais conçu déjà divers projets d'une exécution très difficile, la difficulté s'est résolue. J'ai mieux que tout ce que je rêvais. Telle est la cause de ma joie. Voilà mon secret, que je ne dévoile qu'à vous, car il faudra procéder avec une prudente défiance; voilà le bienfait miraculeux dont nous venons de remercier la Providence divine.

—Les enfants du Pérou, dit le successeur des Incas, savent garder les secrets mieux qu'aucun autre peuple. Chacun sait que, durant trente ans, nos pères ont conspiré contre la domination espagnole sans qu'aucun d'eux ait trahi leur vaste complot[10].

[10] Historique.

—Le chef des Condors, quand il en sera temps, me fera aider par les plus discrets de ses serviteurs; moi, de mon côté, je n'emploierai que mes marins les plus fidèles.—Eh bien, de même qu'un formidable tremblement de terre me vient aujourd'hui en aide, de même la terrible commotion européenne qui renverse les trônes et allume la grande guerre entre toutes les grandes nations, aura pour conséquence l'affranchissement des peuples de l'Amérique. En attendant le contre-coup de la révolution du vieux monde, que le monde nouveau se tienne sur ses gardes! Tôt ou tard,—mais qui saurait dire quand?—les laves du volcan qui fait explosion en France se répandront, comme un torrent de feu, jusqu'en ces contrées. Alors, l'heure sera venue de courir aux armes!

Léon, après un moment de silence, reprit avec lenteur:

—Quant à moi, vous le savez, Andrès, et toi, Isabelle, qui connais maintenant toute ma vie, tu le sais mieux encore, ce n'est pas à l'affranchissement du Pérou que je dois consacrer mes principaux efforts.—Avant tout, je suis Français, et mon devoir, qu'un roi de France m'a légué, est de m'opposer par tous les moyens à ce qu'aucune influence étrangère ne prédomine sur ces mers, leurs îles et leurs rivages. L'Angleterre est prête à recueillir l'héritage de l'Espagne.—Esclavage pour esclavage, à quoi bon changer? L'Angleterre a l'ambition d'assujettir tous les peuples de la mer; la France ne veut que les civiliser en protégeant leur indépendance. Or, tandis qu'en Europe éclate la guerre qui, de longtemps sans doute, ne permettra point à la France de tourner les yeux vers ces parages,—mon rôle obscur à moi est de paralyser les efforts qu'y fait l'Angleterre, efforts prévus par le roi Louis XVI depuis l'époque de la guerre d'Amérique. Telle est ma mission, elle sied à mon patriotisme et à mon amour de l'humanité; elle coïncide avec les intérêts de ma patrie, avec ceux de la vôtre. Soyez indépendants, peuples de l'Amérique du Sud, mais vous, braves indigènes des archipels du grand Océan, ne devenez pas esclaves! Mexicains et Péruviens, secouez le joug de l'Espagne, mais qu'aucun peuple nouveau ne subisse celui des Anglais! Nos descendants verront les Indes imiter les Amériques; il ne faut point qu'alors l'Angleterre règne sur un nouvel empire dans l'Océanie, où j'ai juré de la combattre, où je dois l'empêcher de faire de rapides progrès à la faveur des guerres qui ensanglantent la vieille Europe.

—Je ne puis que vous louer, mon cher fils, dit Andrès, et pourtant je déplore que vous vous proposiez des tâches si diverses. Le Pérou est à plus de six cents lieues des îles polynésiennes les moins éloignées; nous abandonnerez-vous donc sans cesse?

—Si ma tâche est complexe, elle est une, répondit Sans-Peur. Je suis marin et corsaire, la mer est mon champ de bataille naturel; mais celui qui a fait sa compagne de la fille des Incas ne négligera jamais les intérêts sacrés du Pérou. Ma mission, je le sais, est au-dessus des forces d'un seul homme, je ne l'accomplirai point tout entière; mes fils, s'il plaît à Dieu, continueront mon œuvre de libérateur.

Isabelle rougit à ces mots; Andrès se prit à sourire; l'entretien devint intime, tendre et paternel.

On parla du fils que Léon se promettait déjà, de l'aîné de la famille, de l'enfant du Lion et de l'Amazone. Comment nommerait-on dignement ce descendant des Mérovingiens, des Incas et des rois d'Aragon, cet héritier des nobles ambitions du comte Léon de Roqueforte, l'*Atoua* de la Polynésie, le *Puma del mar*, Sans-Peur le Corsaire?

Le vieux cacique opina pour un nom emprunté aux annales du Pérou; rien ne valait à ses yeux Manco-Capac, Sinchi-Roca ou Tupac Amaru.—Léon proposa Mérovée, Clodion et Clovis.—Isabelle souriait sans réclamer pour que son fils s'appelât Sanche, Garcie ou Ramon.

—Et si j'avais une fille? dit-elle malicieusement.

—C'est impossible! s'écria le vieil Andrès avec feu.

Sur quoi le capitaine se prit à rire de bon cœur.

Le brig *le Lion* avait regagné son mouillage. Camuset entendait sans y rien comprendre Baleine-aux-yeux-terribles qui causait avec maître Taillevent. En matelot bas normand qu'il était, l'honnête garçon se permettait de traiter d'affreux charabia l'idiome harmonieux et sonore de la Nouvelle-Zélande.

Les deux anciens amis se racontaient alternativement leurs navigations, leurs aventures, leurs combats.

Parawâ se vantait parfois d'avoir mangé quelqu'un de ses ennemis tués à la guerre.

—LEO l'*Atoua* vous a pourtant interdit cette vilaine coutume, objectait le maître, qui, racontant à sa manière la révolution française, faisait rugir l'aristocratique cannibale.

Taillevent n'avait d'autre but que d'exalter l'audace de son capitaine, qui, malgré sa qualité de gentilhomme, osa fréquenter les ports de France sous le régime de la Terreur.

Parawâ trouvait que la persécution des *Rangatiras* (des nobles et des chefs) par les *Tangata-itis* et les *Tangata-waris* (les bourgeois et les gens du peuple) était le comble de la barbarie; la mort du *Rangatira-rahi* Louis XVI lui parut monstrueuse.

—Moi, dit-il, quand je tue un chef, mon ennemi, c'est pour le manger, afin que sa vertu s'ajoute à la mienne; mais eux, vos *Tangatas*, quel avantage ont-ils eu à tuer ce grand chef qui était, je m'en souviens, l'ami de LEO l'*Atoua*?

Maître Taillevent, se trouvant incapable de faire comprendre la fraternité de la guillotine à un anthropophage pareil, lui raconta les courses de son capitaine dans la Manche, dans le golfe et sur les côtes de Galice.

—Est il donc heureux ce maître Taillevent! pensait le jeune Camuset; il vous parle espagnol, il vous parle sauvage, mieux que je ne parle français et anglais!...

La nuit était descendue sur la baie de Quiron.

Dans leurs cases, qui n'étaient, pour la plupart, que des dépendances du vieux château, les Péruviens se disaient:

—Le Lion de la mer a ramené la fille du Soleil, la terre des Incas a tremblé d'espoir et d'orgueil. Et nous savons, nous, que le grand chef des Condors n'est pas endormi dans l'île de plomb.

XXI

LES DÉBUTS DU LION.

Les vastes desseins auxquels Léon de Roqueforte devait consacrer son existence aventureuse lui furent inspirés par des causes diverses, dont la combinaison décida de sa destinée.

Dès l'enfance, d'abord, son imagination s'enflamma aux vieilles traditions de sa famille, qui, de tout temps, s'était montrée hostile à l'autorité royale. Tour à tour vassaux rebelles, chefs de partisans, ligueurs, frondeurs, conspirateurs, ou au moins boudeurs obstinés, les Roqueforte, dont l'arbre généalogique est hérissé des noms mérovingiens de Clodomir, Chilpéric, Thierry, Childebert, et autres analogues, ne se résignèrent jamais complètement à n'être que de simples comtes lorrains.

L'oncle de Léon servait néanmoins dans la marine du roi. Le désir romanesque d'aller fonder par delà les mers une nouvelle monarchie mérovingienne fut le mobile, aussi puéril que bizarre, qui poussa Léon à s'embarquer, dès l'âge de treize ans, sous les ordres de son oncle.

Moins d'un an après, il s'enflammait pour la cause de l'indépendance américaine, qui passionnait la plupart des jeunes officiers de la marine française.

Au retour d'une brillante campagne de guerre dans les Antilles et à la Nouvelle-Angleterre, le vicomte de Roqueforte, capitaine de vaisseau du plus grand mérite, reçut la mission délicate d'explorer l'Océanie et d'y faire prévaloir l'influence française. On sait comment se termina cette campagne de circumnavigation, dont le roi Louis XVI avait, de sa propre main, tracé l'itinéraire.

La frégate du vicomte de Roqueforte périt après un beau combat en vue des côtes du Pérou.—Léon se trouva dépositaire de tous les documents officiels renfermés, selon l'usage, dans une boîte de plomb.

Mêlé tout aussitôt à l'insurrection péruvienne et craignant que ces pièces importantes ne fussent détruites, il les apprit par cœur; il les confia ensuite à son matelot Taillevent, qui lui-même en connaissait la substance.

Cette étude remplit Léon d'une admiration enthousiaste.

Dès lors, il rattacha très logiquement les projets libéraux du roi, non à ses vaines idées d'enfance, mais à la cause de tous les peuples d'outre-mer opprimés par les nations européennes. Il avait combattu sous le drapeau de la France pour les Américains du Nord; il combattait sous la bannière des Incas pour les Péruviens; et les instructions royales disaient littéralement:

«La France ne veut pas conquérir, mais protéger. Les établissements qu'elle fondera aux terres australes ne seront des points militaires que pour résister à l'influence britannique. Il importe de respecter l'indépendance des indigènes, de les civiliser, de les convertir au catholicisme, de leur faire aimer notre pavillon, et non de les asservir.»

Le vicomte de Roqueforte s'était fort habilement conformé à ces vues généreuses; les rapports et mémoires qu'il adressait au roi en étaient la preuve. Il y passait en revue tous les archipels; il déterminait les principaux points sur lesquels la France devrait fonder des établissements défensifs; il relatait ses conférences avec les chefs et donnait un aperçu judicieux des querelles intestines des peuplades importantes.

Partout où sa frégate avait relâché, il avait recherché la cause la plus juste afin de l'embrasser au nom de la France, fort estimée en général depuis le voyage de Bougainville, fort redoutée depuis ceux de Surville et de Marion du Fresne.

Cependant les Anglais avaient fait des progrès immenses. Le renom du capitaine Cook l'emportait sur celui de tous les autres navigateurs. A l'île d'Haouaï (Sandwich), où il avait été massacré le 14 février 1779, après y avoir été accueilli comme le dieu Rono, attendu par les insulaires, la légende antique reprenait le dessus. Les indigènes rendaient les honneurs divins à sa mémoire, et croyaient fermement qu'il ressusciterait pour se venger[11].

[11] Historique.

Léon de Roqueforte s'écria en lisant ce passage:

—Armons-nous des mêmes armes que nos ennemis. Aux légendes, opposons les légendes. Ce que les indigènes des Sandwich croient de l'Anglais Cook, dont ils font leur dieu Rono, il faudrait que tous les Polynésiens le crussent d'un Français tel que Marion du Fresne. En 1771, à la Nouvelle-Zélande, les naturels, jaloux d'user de représailles envers les compatriotes de Surville, massacrent Marion. Eh bien, que Marion, Surville et Bougainville lui-même, deviennent pour eux un seul *Atoua*, un esprit sévère, mais bienfaisant; terrible, mais juste; représentant l'influence libérale de la France, comme le dieu Rono, qu'ils appellent aussi *Touté*, représente le pouvoir tyrannique de l'Angleterre.

A dix-sept ans, dans les gorges du Pérou, entre deux combats, Léon de Roqueforte conçut cette idée. Au bout de peu d'années, il l'avait mise à exécution; la légende du *Lion de la mer* luttait contre celle du dieu Rono. Une foule de circonstances non moins invraisemblables que celle qui fit un dieu du capitaine Cook le servirent à la vérité; mais aussi eut-il toujours la présence d'esprit nécessaire pour les faire tourner à son avantage.

En 1781, les insurgés péruviens s'étaient divisés par bandes, dont l'une, sous les ordres de Léon, se dirigeait vers la mer. Les Espagnols l'attaquèrent avec des forces supérieures dans la vallée de Siguay. Léon les repousse; il va remporter une victoire qui rouvrira les communications entre l'intérieur et le littoral. Mais, hélas! le jeune capitaine, frappé d'une balle, tombe sur le champ de bataille; on l'y laisse pour mort; les Quichuas, épouvantés, se débandent et retombent sous la domination espagnole.

Léon dut son salut au fidèle Taillevent, qui, chargé de son corps, franchit à la nage un bras de rivière, trouve asile dans la hutte d'un mineur, l'y soigne, le guérit, et enfin se rend au port d'Aréquipa, où il finit par s'enrôler à bord d'un petit bâtiment du pays. A la faveur d'un déguisement, Léon se risque dans la ville, s'introduit dans le navire, s'y cache et ne se montre qu'en pleine mer.

Avec le coup d'œil d'un franc matelot, Taillevent avait bien jugé que le caboteur devait faire quelque commerce interlope. En effet, son patron exportait des matières d'or et d'argent en dépit des lois espagnoles, et avait des rapports secrets avec des contrebandiers établis aux îles Gallapagos. La fraude ayant été découverte, un garde-côte se tenait embusqué au lieu du rendez-vous ordinaire. On n'a que le temps de prendre chasse. L'équipage aurait été condamné aux travaux des mines, le patron à la corde; Léon et Taillevent ne pouvaient espérer aucune grâce. La consternation régnait à bord. Léon se nomme enfin, il promet de sauver la barque pourvu qu'on lui jure obéissance; de l'aveu commun, il s'empare du commandement.

De là date sa vie de grandes aventures maritimes.

Une navigation audacieuse au milieu des récifs et un naufrage simulé le débarrassent de son chasseur; il ravitaille le navire tant bien que mal aux Gallapagos, part pour les îles Marquises, s'y fait reconnaître par un chef de tribu, ami du vicomte son oncle, embrasse les querelles de ce chef et ne tarde pas à diriger un hardi coup de main contre un trois-mâts anglais mouillé à Nouka-Hiva.

Le trois-mâts enlevé prend le nom de *Lion de la mer*, il arbore le drapeau de la France; puis, armé de contrebandiers, d'insulaires et même d'un certain nombre d'aventuriers français recueillis çà et là, il parcourt tous les archipels, où Léon renoue des relations utiles avec les principaux chefs.

La nature de l'équipage met le jeune capitaine dans l'impossibilité absolue de regagner les mers d'Europe; il veut pourtant donner de ses nouvelles en France, et songe à se rendre dans les possessions hollandaises ou espagnoles.

Aux approches des Moluques, il est attaqué par des pirates chinois qui, croyant faire une belle prise, sont pris eux-mêmes et pendus à bout de vergues.

Léon se transporte sur la jonque armée de quelques bouches à feu, et navigue de conserve avec son trois-mâts.

Aux abords de Manille, sans explications aucunes, il est salué par la bordée à mitraille d'un brig de guerre espagnol. Cette agression brutale le met dans le cas de légitime défense; le brig, pris à l'abordage, devient le navire amiral de Léon, qui, après un tel exploit, n'a plus la témérité de se rendre à Manille. En vain le capitaine espagnol se confond en excuses et réclame la restitution de son bâtiment.

—La France indemnisera l'Espagne s'il y a lieu, lui répond Léon de Roqueforte. Malgré la paix des deux couronnes, vous m'avez attaqué; malgré la paix, je déclare votre brig de bonne prise.

—Mais, à votre allure, j'ai cru que vous étiez un pirate chinois.

—J'avais arboré mes couleurs. Du reste, voici un pli adressé au ministre de la marine française; il ne relate que des faits dont vous convenez vous-même. Fondez vos réclamations sur mon rapport, et que Dieu vous garde!

Une chaloupe fut mise à la disposition du capitaine espagnol et de ses gens, tandis que Léon se dirigeait vers la Nouvelle-Zélande, où une belle corvette anglaise était au mouillage dans la baie des Iles, quand les trois navires parurent à l'horizon.

———————————————

XXII

DERRIÈRE LE RIDEAU.

Au point du jour, moins de douze heures après le tremblement de terre de Quiron, Taillevent et Parawâ, tout en fumant la pipe sur le gaillard d'avant, feuilletaient leurs vieux souvenirs et parlaient de la fameuse journée de la baie des Iles.

—Quelle entrée!... Quel branle-bas!... Quels coups de feu!... Te rappelles-tu la chose, mon vieux sauvage?

—Quand j'entendis le canon, quand je vis le pavillon de LEO l'*Atoua*, nous faisant à nous le signal du ralliement général à vos bords, je poussai le cri de guerre: «Pi-Hé!...» je me jetai dans ma pirogue...

Parawâ s'interrompit brusquement.

—J'entends le canon! murmura-t-il.

—Vrai? fit le maître.

—J'entends le canon, là-bas! répéta le Néo-Zélandais en désignant du geste le côté du sud-ouest.

Le maître d'équipage donna le coup de sifflet du silence; les matelots interrompirent leurs travaux du matin, le silence se fit.

Et chacun entendit fort distinctement le canon qui grondait au large, par delà les terres du sud-ouest.

—Ah! tonnerre du tonnerre! s'écria maître Taillevent, c'est notre pauvre frégate, je parie, qui est chassée par quelque croiseur espagnol. Un canot à la mer! Qu'on aille prévenir le capitaine!

Déjà une balse se détachait du rivage; Léon, qui la montait, faisait signe de lever l'ancre en larguant les voiles.

A peine était-il sur le pont que le brig prit le large.

Andrès, Isabelle et leurs serviteurs priaient pour Sans-Peur le Corsaire.

Du sommet du promontoire. Ils aperçurent bientôt *la Lionne*, qui fuyait chassée de près par une frégate espagnole. Le brig gouvernait sur elles.

—O mon Dieu!... dit Isabelle, il a voulu partir seul! et je tremble... Pourquoi ne suis-je point à bord avec lui?

—Ma fille, tu m'oublies, répondit le vieux cacique d'un ton de doux reproche; tu ne m'as été rendue qu'hier, chère enfant, et je serais déjà séparé de toi, et tu partagerais leurs grands dangers!... Prends pitié de ma faiblesse; je frémis, moi aussi, mais au moins je puis te presser sur mon cœur.

Isabelle, d'un regard enflammé, suivait les mouvements des trois navires; digne compagne de l'habile corsaire, elle expliquait leurs manœuvres aux Péruviens étonnés:

—Il ne veut que sauver sa frégate!... Il évitera un combat trop inégal!... Mais non!... Il s'avance toujours!... il se met en travers... L'espagnole court droit sur lui... elle va l'écraser!...

Une bordée éclata; un épais nuage de fumée enveloppait les trois combattants.

Le rideau qui s'épaississait à chaque bordée nouvelle, ne tarda point à cacher aux Péruviens les deux frégates et le brig *le Lion*. Aucun d'eux n'ignorait que la frégate espagnole, complétement armée en guerre, présentait une force bien supérieure à celle de Léon de Roqueforte. Les alarmes d'Isabelle s'étaient trahies; elle cessa de parler; alors le vieux cacique lui dit, avec un accent de tendresse:

—Ayons confiance, mon enfant, dans le Dieu qui, jusqu'à ce jour, n'a cessé de protéger ton époux. Admire l'enchaînement des faits providentiels qui l'ont successivement conduit à toutes les extrémités du monde pour y accomplir de grands devoirs. Tantôt sa valeur honore et fait respecter le pavillon de sa patrie; tantôt il embrasse la cause d'un peuple malheureux dont il relèvera le courage. Ici, tu le vois apparaître en libérateur; là, il venge des offenses ou punit des crimes. En Espagne, il t'arrache à une sorte de servitude; il change, par ses nobles exemples, la jalousie de don Ramon en une amitié généreuse, il te rend un frère. En France, malgré les troubles civils, il se fait glorifier par tous les partis; un roi lui lègue une de ses plus grandes pensées; une République le compte parmi ses plus braves citoyens. Un jour, guidé par un sentiment pieux, il aborde sur ces rives inhospitalières dont l'Espagne bannit tous les pavillons étrangers; il m'y retrouve, et jure de consoler ma vieillesse, en me ramenant la fille de ma fille;—hier, enfin, je t'ai serrée dans mes bras; et aujourd'hui, je tremblerais!... je douterais de la justice et de la bonté divines!

—Je suis pleine de foi, comme vous! interrompit Isabelle; mes espérances égalent les vôtres! Ce canon qui retentit dans mon cœur me dit: «Victoire! et salut!...» Mais aussi je ne puis oublier que le sort des armes trahit les plus braves!

—Ma fille, reprit le vieillard, étouffe ces craintes; ne te rappelle que le cri des peuples qui aiment ton époux: «*Le Lion de la mer* ne meurt pas!...»

—Les décrets de Dieu sont impénétrables, répondit Isabelle. José Gabriel périt ignominieusement, et le vainqueur de Sorata en est réduit à vivre caché dans des ruines!

Andrès courba le front en soupirant. Isabelle ajoutait à voix basse:

—Les revers, trop souvent, suivent les succès. Léon lui-même, après avoir eu sous ses ordres une escadre entière, a dû battre les mers avec une frêle pirogue.

—Sans cela, aurait-il jamais revu la France; aurait-il pu continuer son œuvre en temps de paix, comme en temps de guerre?

Andrès faisait allusion à l'un des plus dramatiques épisodes de la carrière du héros de l'Océanie. Pour inspirer à sa fille une confiance qui, par moments, lui manquait à lui-même, il citait tour à tour les principaux événements d'une vie de périls, thème des entretiens héroïques de maître Taillevent et du Néo-Zélandais Parawâ.

XXIII

HISTOIRE DE DIX ANNÉES.

Origines de la légende.

Après leur évasion du Pérou, Léon et Taillevent avaient successivement combattu aux îles Marquises et dans les principaux groupes de l'Océanie, peuplés par la belle race polynésienne, au teint légèrement bronzé, au front haut et intelligent, aux longs cheveux noirs, aux formes correctes.

Guidé par les précieux mémoires du vicomte de Roqueforte, son oncle, qui, fort souvent, l'avait associé au travail de sa relation du voyage, Léon, mûri de bonne heure par l'expérience des grandes aventures, avait un avantage immense sur tout autre Européen placé dans une position semblable à la sienne. Endurci à toutes les fatigues par ses campagnes dans les Andes et les Cordillères, il était habitué à exercer le commandement. Il possédait les éléments des principaux idiomes polynésiens, qui, d'ailleurs, se ressemblent beaucoup entre eux; il n'ignorait pas l'hydrographie des mers qu'il sillonnait, et se trouvait muni, depuis la prise du trois-mâts anglais, des meilleures cartes marines du temps.

Ainsi, tout concourut à le rendre apte aux entreprises dont il se chargea, un peu malgré lui,—devançant et dépassant de la sorte les instructions données par le roi au vicomte son oncle. Toutes les fois qu'il se mêla aux querelles des indigènes: à Taïti, où il se fit confondre avec Bougainville; dans l'archipel de Samoa ou des Navigateurs, aux îles Tonga, et enfin à la Nouvelle-Zélande, il ne se trompa jamais de voie. Partout il se fit des partisans, partout il recruta des matelots parmi les naturels.

Et la légende de LEO l'*Atoua* naquit comme un fruit de sa sagesse et de sa valeur.

Ce *Lion de la mer*, qui sortait du milieu des tempêtes pour soulever ou réconcilier les peuplades, semblait doué d'une science supérieure; son énergie, sa bravoure complétaient le prestige.

A la Nouvelle-Zélande surtout, Léon prit à cœur de se créer un point d'appui. Cette grande terre offrait des ressources précieuses. Nulle part en Polynésie, si ce n'est pourtant aux îles Tonga, les naturels ne sont plus avancés dans l'art de la navigation et aussi propres à devenir d'excellents matelots. Nulle part il n'était plus facile de trouver des alliés; il ne s'agissait que de les choisir parmi les ennemis invétérés des Wangaroas qui avaient attaqué Surville et massacré Marion du Fresne.

Parawâ, dès lors, reconnut Léon pour *Rangatira-rahi*, chef des chefs d'une ligue offensive et défensive, dont le centre fut la baie des Iles.

Déjà pourtant les Anglais avaient plusieurs fois mouillé dans cette vaste baie, explorée notamment par le capitaine Cook; mais Léon, en accordant son concours aux ennemis des Wangaroas, ne manqua pas de leur inspirer la haine ardente des Anglais.

La corvette de *la tribu de Touté* ne rencontra que des dispositions hostiles parmi les indigènes du littoral. Si elle ne fut point attaquée tout d'abord, c'est que Parawâ et les divers chefs de peuplades, après avoir compté ses canons, jugèrent impossible de la vaincre. Mais à peine eurent-ils aperçu le pavillon de LEO l'*Atoua*, leur *Rangatira-rahi*, que dans toutes les criques, sur tous les îlots, sur toutes les rives, le cri de guerre «Pi-hé!» fut poussé comme par un seul homme.

Cent pirogues chargées de combattants rallient la jonque chinoise, le trois-mâts et le brig enlevé devant Manille.

Une action sanglante s'engage aussitôt.

Léon ne pouvait avoir le dessus qu'en abordant la corvette, qui, par ses manœuvres de voiles et d'artillerie, évita longtemps le choc. L'artillerie du brig espagnol, et à plus forte raison celle de la jonque, ne portaient pas assez loin. Le trois-mâts était à peine armé en guerre. Il fallait se hâter de jouer quitte ou double, sinon la corvette parvenait à gagner le large.

Au risque d'être coulé, le jeune capitaine court droit sur l'ennemi, en ordonnant à ses deux conserves d'imiter sa manœuvre. Le brig et la jonque sont criblés, mais atteignent le but; le trois-mâts s'accroche enfin; malgré la fusillade, malgré la mitraille qui éclate à bout portant, les Néo-Zélandais montent à l'assaut.

Le dénoûment fut un carnage affreux.

Parawâ déploya toute sa férocité de *Rangatira* de haut rang; la hache de maître Taillevent rivalisa cruellement avec son casse-tête.

Les Anglais, trop certains de n'obtenir aucun quartier, se défendirent avec le courage du désespoir. Malgré tous les efforts du jeune capitaine français, aucun d'eux n'échappa aux fureurs cannibales de ses alliés. Les corps des officiers servirent à un banquet dont les horreurs empêchaient Léon de jouir de son triomphe.

Mais comment lutter tout d'abord contre les préjugés atroces des Néo-Zélandais? Comment les empêcher de se conformer à leurs coutumes fondées sur des croyances barbares? Pour sauver la vie d'un prisonnier, Léon n'aurait pas hésité à compromettre son autorité encore mal affermie, et il aurait succombé sans doute. Pour arracher des cadavres aux anthropophages, fallait-il compromettre l'avenir, périr obscurément aux antipodes, laisser ignorer au roi de France les progrès faits dans les autres îles, et laisser disparaître tous les résultats de la mission donnée au vicomte de Roqueforte?

Avec le deuil dans le cœur, Léon se retira sur sa nouvelle corvette, après avoir avisé aux plus urgentes réparations de ses navires. Le peu d'Européens qu'il avait sous ses ordres le secondèrent activement. On échoua en lieu sûr le brig et le trois-mâts; on lança la jonque au plein pour la démolir, afin d'utiliser ses matériaux.

Cependant, le repas triomphal des Néo-Zélandais, dont les chants d'ivresse retentissaient au sommet de leur *Pâ*, ou enceinte fortifiée, provoqua quelques grossières railleries parmi les rares matelots français ou les anciens contrebandiers péruviens qui travaillaient sous les ordres de Taillevent.

—Silence!... mille fois silence!... s'écria sévèrement le jeune capitaine. Quoi! ces usages atroces vous font rire!... L'aveuglement de Parawâ et des siens devrait tout au plus vous inspirer de la pitié; par moments, j'ai honte de m'être allié à ces êtres féroces...

—Pardonnerez! capitaine, dit le maître, nos sauvages nous ont tout de même paré une fière coque. Et quant aux Anglais, dame!... être mangés par les vers, les machouarans, les requins ou les amis de notre ami Parawâ, foi de matelot, je n'en fais pas la différence!... Tenez, franchement, là, si j'avais le choix,— un fichu choix, parlant par respect,—eh bien, j'aimerais mieux être mangé rôti que tout cru, et à la sauce aux piments, que tombant en pourriture comme un vieux fromage.

—Il ne s'agit point de toi, mon garçon, mais des Néo-Zélandais, dont le cannibalisme fait disparaître les meilleures qualités. Je veux que, dès demain, chacun de vous leur dise que LEO l'*Atoua* est irrité, qu'il réprouve, qu'il interdit pour l'avenir de semblables festins...

—On fera [NT1-5] ce que vous ordonnerez, mon capitaine, mais si les sauvages qui sont en goût se fâchent et nous mangent à notre tour, dame!... minute, avant d'être embroché, je répéterai que mon choix était un fichu choix!...

—Assez, Taillevent!... interrompit Léon.

Puis il rentra dans sa chambre, réfléchit longuement, reconnut le danger qu'il y aurait à s'aliéner les indigènes et songea au moyen d'opposer leurs coutumes à leurs coutumes, leurs superstitions à leur préjugé le plus féroce.

—Je me ferai *tabou*! s'écria-t-il enfin.

L'on nomme *tabou*, dans toute la Polynésie, depuis la Nouvelle-Zélande jusqu'à l'archipel d'Haouaï (Sandwich), une interdiction sacrée qui peut frapper tout être vivant ou tout objet inanimé, lequel dès lors devient le *tabou* proprement dit. «Le but primitif du *tabou* fut, sans aucun doute, d'apaiser la colère de la divinité, et de se la rendre favorable, en s'imposant une privation volontaire proportionnée à la grandeur de l'offense ou du courroux présumé de Dieu[12].» Un animal, une plante, une île, un cours d'eau *taboués* par l'*ariki* ou prêtre, sont inviolables sous peine de sacrilége.—«Le prédécesseur du roi d'Haouaï Taméha-Méha était tellement *tabou*, qu'on ne devait jamais le voir pendant le jour, et que l'on mettait à mort quiconque l'aurait entrevu, ne fût-ce que par hasard[13].» A la Nouvelle-Zélande, le *tabou* porte les naturels à s'opposer à l'importation dans leur île des bêtes à cornes, parce qu'elles ne respecteraient pas les lieux consacrés.

[12] DOMENY DE RIENZI.—*Océanie.*

[13] LESSON.

Dès qu'il eut pris sa résolution, Léon rassembla ses trois premiers subalternes et leur assigna leurs emplois. Le commandement du brig pris devant Manille fut donné à l'ancien patron des contrebandiers péruviens;—celui du trois-mâts enlevé à Nouka-Hiva échut au plus intelligent des matelots français, espèce d'aventurier cosmopolite qui répondait au sobriquet de Tourvif;—quant à la corvette, Taillevent en resta chargé, ainsi que de la direction supérieure.—Les ordres les plus précis concernant les réparations furent donnés à ces trois chefs.

—Maintenant, je vous quitte, ajouta Léon, et demain quand les insulaires vous demanderont LEO l'*Atoua*, vous leur direz qu'il s'est *taboué* par l'ordre de Maouï, le Dieu tout-puissant, qui règne sur le ciel et sur la terre.

Léon se jeta dans une pirogue et disparut, non sans avoir secrètement donné ses instructions au fidèle Taillevent.

Celui-ci, déjà grognard, quoique de dix ans plus jeune qu'à l'époque du tremblement de terre de Quiron,—grogna, mais obéit.

Le lendemain, la consternation se répandit parmi les amis de Parawâ et les autres Polynésiens des équipages. Les Européens eux-mêmes étaient fort inquiets de l'absence de leur capitaine. On n'en travaillait qu'avec plus d'ardeur aux réparations qui durèrent près d'un mois.

Pendant ce mois entier, Léon se tint caché dans un îlot déjà *taboué* pour une cause différente; de là, au moyen de sa lunette d'approche, il pouvait observer ses gens. La nuit il mettait sa pirogue à flot et communiquait, tantôt sur un point, tantôt sur un autre, avec Taillevent, qui lui apportait mystérieusement des vivres et le tenait au courant de toutes choses.

Or, les tribus de Parawâ et de ses alliés continuant à être en guerre contre les Wangaroas et les leurs, une expédition victorieuse revint ramenant des prisonniers qu'on s'apprêtait à immoler et à manger, selon les rites antiques.

La nuit était sombre, les indigènes dansaient le Pi-hé avec cet ensemble extraordinaire qui a toujours fait la surprise des navigateurs; les *arikis* allaient frapper les victimes; tout à coup, au-dessus des palissades du talus le plus élevé, un dieu leur apparaît tenant d'une main une torche rouge, de l'autre une épée flamboyante.

Des cercles de feu détonnent en tourbillonnant autour de sa tête et de ses bras, devant sa poitrine, devant sa face semblable au soleil. Par moments, des gerbes d'étoiles s'échappant de sa chevelure, retombent en pluie de feu sur les insulaires; des serpents de feu glissent sous ses pieds et rampent sur les palissades; des flammes bleues s'élèvent soudainement de tous côtés.

Tandis que ce spectacle magique émerveille les naturels, tous les Européens de la flottille pénètrent dans l'enceinte en criant:

—LEO l'*Atoua* redescendu du ciel!...

Il eût été plus vrai de dire que l'agile capitaine avait grimpé par le côté le plus escarpé du Pâ, mais cette version n'eût certainement pas obtenu le résultat désiré. Les Européens, à commencer par Taillevent, se prosternaient; les indigènes, *Rangatiras*, *Arikis* ou *Tangatas*, en firent autant.

Léon, débarrassé de son attirail de cerceaux et de fils de fer, que Taillevent fit disparaître avant le jour, s'avançait au milieu des Wangaroas prisonniers.

—Maouï, le Dieu tout-puissant, s'écriait-il, *le Rangatira-rahi* de la terre et de la mer, a dit à LEO l'*Atoua*:—«Va!... le meurtre des hommes de Marion est assez vengé.—La nourriture humaine est abominable devant Maouï.»

A ces mots, presque téméraires, Léon posant la main sur les têtes des prisonniers les déclara *tabous*.

Personne n'osa murmurer, tant les fusées, les pétards, les soleils et les moines, fabriqués sur l'îlot, avaient frappé de stupeur tous les indigènes. LEO l'*Atoua* n'eut qu'à faire un signe pour emmener les prisonniers jusqu'à son bord, où il ordonna de les mettre aux fers.

Dès le point du jour, il envoya de riches présents en étoffes chinoises et en ustensiles à ses fidèles alliés; puis il eut une longue conférence politique et religieuse avec Parawâ, qui se retira satisfait;—enfin, il mit sous voiles, laissant les insulaires sous une profonde impression d'admiration, de terreur, d'enthousiasme et de reconnaissance.

Le chemin de Versailles.

Les Néo-Zélandais sont ombrageux, vindicatifs et dissimulés; la haine se transmet parmi eux de génération en génération. Aussi le navigateur prudent ne doit-il se fier qu'avec une extrême réserve à ceux qui pourraient avoir quelques griefs contre sa nation ou contre lui. Mais d'un autre côté, l'état d'esclavage enlève aux vaincus presque toute leur dangereuse énergie.

Les Wangaroas, successivement retirés des fers, furent tout d'abord traités en esclaves. Maître Taillevent les instruisait au métier de matelots, les observait avec soin, et signalait à son capitaine ceux chez qui la reconnaissance prenait le dessus.

Grâce au prestige de LEO l'*Atoua*, la plupart devinrent de bons serviteurs. Les autres furent jetés sur les côtes de la Nouvelle-Hollande où Léon avait établi sa croisière, et où il eut l'occasion de faire quelques prises.

Malheureusement, faute de capitaines capables, il fut obligé de les brûler.

Deux années de navigations hardies et d'aventures étranges eurent pour résultat que dans tous les principaux archipels *le Lion de la mer* n'exerçait pas moins d'influence qu'à la baie des Iles.

Aux Marquises, comme à la Nouvelle-Zélande, il fut proclamé chef des chefs.

Aux Samoa, on lui éleva des autels.

Dans l'archipel Haouaï, malgré la légende qui faisait un dieu du capitaine Cook, il parvint à gagner la confiance des chefs, et contribua puissamment ainsi à l'excellent accueil qui attendait Lapérouse en 1786.

A Taïti, la reine régente Hidia, mère de Pomaré II, lui donna le nom de frère; elle lui facilita les moyens d'établir des chantiers de construction et de réparation pour ses navires.

Aux îles Tonga, un parti puissant avait embrassé sa cause.

Mais avec ses équipages polynésiens, il ne pouvait songer à regagner les mers d'Europe; ses matelots européens ne demandaient qu'à s'établir dans les îles; plusieurs fois il dut y consentir. Le défaut d'officiers le plaçait enfin, à chaque instant, dans les plus difficiles positions.

Il résolut de former à la grande navigation quelques indigènes intelligents, et jeta spécialement les yeux sur le Néo-Zélandais Parawâ, qui, dans ses pirogues de guerre, avait accompli déjà des voyages de plus de cent lieues hors de vue des côtes.

Comme tous les *Rangatiras*, Baleine-aux-yeux-terribles possédait des notions astronomiques fort remarquables.

«D'après le témoignage des explorateurs, durant l'été les Néo-Zélandais consacrent des heures entières à étudier les mouvements célestes et à veiller le moment ou telle ou telle étoile paraîtra sur l'horizon.»—«Ils savent très bien reconnaître leur direction pendant le jour par celle du soleil, et la nuit, par celle des étoiles. En mer, ils indiquent très exactement ainsi le gisement de leur île[14].»

[14] DUMONT D'URVILLE,—MARSDEN,—NICHOLAS,—D. DE RIENZI.

Plaçant son jeune fils Hihi (Rayons du soleil) à la tête de sa tribu, sous la tutelle d'un *Rangatira* fidèle à sa famille, Parawâ consentit à s'embarquer, et devint rapidement capable de manœuvrer un navire.

Alors, les pavillons du *Lion de la mer* acquirent une grande renommée dans toute la Polynésie. Les matelots qui avaient servi sous ses ordres, répartis dans les divers archipels, y représentaient fort ardemment son influence antibritannique. Mais, d'un autre côté, les Anglais, instruits de ce qui se passait dans ces parages lointains, commençaient à y expédier des navires de guerre.

L'escadrille de Léon de Roqueforte fut activement pourchassée.

Son brig s'échoua sur les récifs de Tonga; le patron, traité en pirate, fut pendu; les indigènes du parti de LEO l'*Atoua* sauvèrent les canons en plongeant, mais n'en tirèrent aucun parti.

Tourvif, dans les environs des îles Fidji, perdit son trois-mâts sur des écueils sous-marins.

Plusieurs bâtiments de rang inférieur, et entre autres une grande barque de cabotage montée par le vaillant Parawâ, coulèrent sous le feu des Anglais. Parawâ réussit à se sauver à la nage, et plus tard regagna son île dans une pirogue de Tonga,—voyage de près de cinq cent lieues, qui n'est pas sans précédents.

Cependant Léon avait appris à Taïti que la paix était conclue entre l'Angleterre et la France. Le droit des gens lui interdisait de continuer à faire la course; il s'abstint donc, à son grand regret, d'attaquer plusieurs bâtiments de commerce dont la capture eût été facile.

Mais les croiseurs envoyés à sa poursuite, considérant que la corvette était anglaise d'origine, montée par un équipage de Polynésiens et commandée par un aventurier sans commission régulière d'aucun gouvernement, ne daignèrent même point parlementer.

Ses signaux pacifiques ne reçurent d'autre réponse qu'une double bordée. Pris entre deux ennemis, n'ayant pour matelots que des indigènes fort aguerris, à la vérité, mais incapables de l'emporter sur d'excellents marins anglais, le jeune capitaine n'hésita pas à mettre le feu à son bord et à s'accrocher au navire de dessous le vent.

Cette terrible scène navale eut lieu vers la fin de 1785, au mouillage d'Ouléa, dans les Carolines.

—A la mer!... à la mer!... crie Léon.

Tous ses gens s'y précipitent et gagnent la terre à la nage.

Presque au même instant, Taillevent allume les mèches destinées à faire sauter la corvette. Une pirogue des Carolines est amarrée sous la voûte d'arcasse; Léon et Taillevent s'y affalent, et ont à peine le temps de déborder. Une double explosion a lieu coup sur coup; la baie se couvre de débris.

—Parés! dit Taillevent en saisissant une pagaie.

Léon en fait autant; leur frêle canot disparaît bientôt dans des bancs de rochers inabordables pour les embarcations anglaises.

—Eh bien, capitaine, dit Taillevent, nous voici tout juste aussi avancés qu'il y a six ans sur la côte du Pérou.

—Doucement, maître, nous étions à califourchon sur un espar, ne sachant que devenir, et nous sommes aujourd'hui dans une excellente pirogue parfaitement approvisionnée...

—M'est avis, malgré ça, que nous n'en valons guère mieux!... Les Anglais nous cherchent à terre...

—Nous gagnerons le large cette nuit.

—Comme vous voudrez, capitaine. Moi je dis seulement qu'après tous nos combats sur terre, sur mer, au Pérou, à la Nouvelle-Zélande, au diable vert, nous en sommes revenus tout net au commencement du rouleau.

—Comment! s'écria Léon avec feu. L'influence française est établie d'un bout à l'autre de l'océan Pacifique; nous avons des auxiliaires, des amis, des alliés dans toutes les îles principales; les instructions du roi ont été suivies et, j'ose le dire, dépassées...

—Le roi!... le roi!... murmura Taillevent, est-ce qu'il en saura jamais rien?

—Assurément, puisque je vais le lui dire.

—Vous y allez... avec cette pirogue?

—Sans doute!

—Sans doute... répéta maître Taillevent.

—Tels que tu nous vois, mon brave camarade, nous sommes sur le chemin de Versailles.

—Ah!... je n'aurais pas cru...

—Évidemment, car je n'ai plus d'autre parti à prendre.

Entortillé par le Roi.

Maître Taillevent se permit de penser que son capitaine se faisait de singulières illusions,—ce qui ne l'empêcha pas, à nuit tombée, d'établir la voile de la pirogue et de l'orienter selon ses ordres.

—Tant que j'ai eu des navires dont les équipages étaient polynésiens, je n'ai pu les abandonner, disait Léon. Tant que la guerre a été légitime, mes prises, bien que fort rares en ces mers peu fréquentées, m'ont suffi pour entretenir mes forces et solder mes gens; mon poste était ici. Mais la paix paralyse mes moyens d'action; la perte de mon dernier bâtiment me rend toute liberté d'agir. Avec ma corvette j'allais me risquer dans les îles de la Sonde et tâcher d'y recruter chez les Hollandais un équipage européen; y serais-je parvenu? n'aurions-nous pas encore été traités de pirates?—Ensuite, en bonne conscience, j'étais tenu, au risque d'être pris par les Anglais, de traverser encore une fois la Polynésie, pour rendre nos pauvres camarades à leurs îles. La force des choses me dégage de cette obligation... A Versailles donc! à Versailles! tout droit.

—Versailles!... tout droit! murmurait Taillevent médusé par la merveilleuse confiance de son capitaine, qui cependant eut raison de point en point, car,— au mois de mai 1780, exactement à l'époque où Lapérouse relâchait aux îles Haouaï,—le jeune comte de Roqueforte avait l'honneur d'être reçu en audience particulière dans le cabinet du roi Louis XVI.

Une ceinture de doublons d'Espagne, dont Léon ne se démunissait jamais, facilita singulièrement le retour en Europe. D'abord, atteindre avec la pirogue d'Ouléa l'établissement espagnol de Guaham ou San-Juan, aux îles Mariannes, ne fut que l'affaire de peu de jours et ne présenta aucune difficulté sérieuse, puisque les Carolins font fréquemment le même voyage.—Deux naufragés qu'il faut bien croire sur parole inspirent peu de défiance. Léon et Taillevent prirent passage sur un grand bateau-poste espagnol en partance pour les Philippines, où d'aventure se trouvait en relâche forcée pour cause d'avaries un trois-mâts anglais, qui, après ses réparations, devait retourner en Angleterre.

Taillevent fit une affreuse grimace quand il s'agit de s'embarquer sur ce navire.

—Tu n'es jamais content, fit Léon; eh bien, aurais-je le choix entre un bâtiment français et celui-ci, je n'hésiterais point...

—Ni moi non plus!...

—Tu prendrais le français?

—Parbleu, capitaine!

—Mais moi, je ne renoncerais pas à une excellente occasion de me perfectionner en prononciation anglaise.

—Au fait, ceci est une idée! murmura Taillevent. Parler anglais comme un Anglais pur sang, ça peut servir!... Compris la consigne: «Ouvrir l'oreille, dénouer sa langue à la mode *english*, cacher la fameuse boîte de plomb, et n'avoir jamais tant seulement connu le bout du nez d'un sauvage.»

Personne n'ignore que le roi Louis XVI avait une prédilection marquée pour la marine, les grandes découvertes maritimes et les études géographiques. Les rapports et mémoires du vicomte de Roqueforte l'intéressèrent au plus haut degré;—la curiosité royale fut singulièrement surexcitée par l'esquisse très succinte des voyages de Léon, qui ne parlait point de ses combats et sollicitait une audience très secrète pour causer de haute politique.

Des renseignements furent pris sur la personne du jeune comte de Roqueforte.—On acquit des preuves incontestables de son identité. Reconnu par les officiers de marine, ses anciens camarades, il l'avait été de même par tous les membres de sa famille et venait d'être mis en possession du double héritage du comte son père et du vicomte son oncle.

L'audience en tête à tête fut accordée et renouvelée plusieurs fois, à la grande surprise des familiers du roi, qui ne daigna jamais leur apprendre quel en avait été l'objet. Plusieurs fois, en l'espace de six semaines, le roi s'était enfermé dans son cabinet, durant trois heures consécutives, avec un jeune homme de vingt-quatre ans que l'on s'attendait à voir combler de faveurs.

Le tout se borna au grade *honoraire* de lieutenant de vaisseau et à la décoration de la croix de Saint-Louis.

On sut seulement qu'un soir, le comte de Roqueforte avait présenté au roi un grossier marin, qui était sorti de son cabinet les yeux remplis de larmes. Quelque valet curieux lui ayant demandé pourquoi il pleurait:

—Eh! tonnerre de chien! repartit le rustre, on pleurerait à moins; le roi m'a fiché au bec toute la tabatière de Monsieur!

Maître Taillevent, non moins discret que grognard, reprit le soir même la route de Normandie; il avait le cœur gros:—Dame! comme si son attachement à Léon de Roqueforte n'avait pas suffi, le roi en personne venait de l'*entortiller*.

—Adieu donc, encore une fois, ma vieille cabane et ma bonne femme de mère! et le petit cabotage tout tranquille entre Port-Bail et Jersey!... Adieu, Tom Lebon, mon matelot, mon vrai,—anglais de nation, français de cœur et de parole,—avec qui je fumerais une pipe trois fois la semaine à sa case, et qui, trois autres fois, la fumerait à Port-Bail dans la nôtre!... Adieu le brave maître Camuset de chez nous, qui m'envoyait des calottes si soignées du temps que j'étais mousse à bord du *Soleil royal!* Adieu le petit bonheur, la promenade grand largue, les amusettes et les braves filles du pays, pas sauvagesses, normandes, dont auxquelles je n'avais qu'à dire: «Ça y est!» pour avoir une femme à mon gré avec des petits enfants à l'effet de divertir ma vieille mère.—Et dire que le roi m'a nommé pilote d'emblée!... dire que j'ai de quoi m'acheter une barque et deux aussi!... sans compter la maison que je vous rebâtis à neuf dès l'arrivée à Port-Bail!... Dire que mon nid est fait, quoi!... et je vas le quitter, nom d'un tonnerre à la voile!... Allons! attrape à t'en retourner chez les sauvages, au tremblement du diable, aux Marquises de l'enfer, chez les Quichuas du cacique Andrès, chez les faces tatouées et les anthropophages. Attrape à se frotter le bout du nez contre les nez de ces oiseaux-là, qui est la mode dans leur nation de se donner une poignée de main. Il y a des braves et des amis partout; je n'aurai plus tant regret au voyage, quand je mangerai à la gamelle avec le prince Baleine-aux-yeux-terribles, *Rangatira Parawâ-Touma* en langage de l'endroit; mais qui est-ce donc qui me remplacera proche ma vieille mère?... Ce que c'est pourtant qu'un roi de France, bonhomme et pas fier, qui vous appelle: «—Mon brave, mon ami, matelot, vrai marin, *héros*, l'enflammé, volcan,» des noms à vous faire peter la tête.—On ne pense plus à rien.—Quand Sa Majesté me dit: «—Votre mère, camarade, je m'en charge!»—J'ai répondu: «Merci!»—Moi, camarade au roi Louis XVI!—Et je n'ai pas eu l'idée, tant seulement, de répondre: «—Pardonnerez, sire le roi, elle n'a qu'un fils, et se faisant vieille, elle aimerait mieux le garder.»—Non!... «Paré à tout!... Majesté, paré à se faire hacher à la minute!» Voilà ma parole, et ça y est!... J'ai été *entortillé*, voilà!... Et ma pauvre mère en pleurera toutes les larmes de ses vieux yeux, hormis que je fasse une invention... Ah! l'*idée*!... l'*idée*!... avoir de l'*idée*!...

Six lieues plus loin, Taillevent se traita d'imbécile:

—L'*idée*, parbleu! c'est Tom Lebon de Jersey!... Il me vaut bien, celui-là! Je lui donne ma mère, ma case, ma barque et la femme que je n'ai pas, et il sera le père aux enfants que j'aurais eus... Bon! je pensais qu'on ne peut pas se dédoubler, et j'avais mon matelot!... Attrape à faire la noce, vivement! Pour lors, je m'en vas à la volonté du roi avec mon capitaine... Mon capitaine!... En voilà encore un qui en avait bien fait assez pour demeurer à chasser le lièvre en Lorraine dans le château à papa, et pour s'y marier à son goût!... Non, il vous vend la moitié de ses biens pour les placer en navires de long cours chez M. Plantier du Havre, la perle des armateurs, par exemple!... Mauvais placement, tout de même. Sans être notaire, je m'y connais!... En avons-nous usé des navires!... Et ça va recommencer, après la noce, s'entend!

Le problème était résolu. Taillevent reprit les trois quarts de sa meilleure humeur; le quatrième quart demeura au regret de ne pouvoir rien changer à l'acte de naissance de son matelot Tom Lebon. Celui-ci, né natif de Jersey, étant sujet anglais, ne pouvait commander comme patron une barque française. En conséquence, le joli petit bâtiment caboteur acheté des deniers de maître Taillevent dut battre pavillon britannique. Mais sous tous les autres rapports, le programme du vaillant maître et pilote fut littéralement exécuté.

Tom Lebon bénéficia de toutes les munificences royales au lieu et place de son matelot Taillevent. Tom Lebon épousa la belle Normande que Taillevent se serait proposé de prendre pour femme. Tom Lebon habita la maisonnette neuve de la mère Taillevent. Tom Lebon jura d'être son fils comme l'était Taillevent. Tom Lebon commanda le caboteur appelé, comme de raison, *Taillevent*, et enfin, Tom Lebon, digne matelot de son matelot,—fut celui qui pleura le plus lorsque Taillevent, le cœur léger, partit en lui laissant tout son bonheur.

Dans le grand Océan.

Après un an de séjour en France, maître Taillevent appareillait du Havre à bord du trois-mâts de la maison Plantier, *le Lion*, armé en guerre par autorisation spéciale du roi, et commandé par le jeune comte de Roqueforte, lequel, voulant demeurer absolument indépendant, n'avait pas accepté de grade effectif dans la marine de l'État. Son titre honoraire, faveur exceptionnelle, lui donnait, avec le droit de porter l'épaulette, une assimilation dans l'armée navale, un rang utile en cas de conflit, et, par suite, une considération de la plus haute importance dans les ports étrangers. En outre tout navire monté par lui jouissait du privilége de *battre flamme*, c'est-à-dire d'arborer le signe distinctif des navires de l'État. Et cela, bien entendu, sans qu'il lui fût interdit de faire le commerce.

Léon de Roqueforte se trouvait donc, de par le roi de France, dans des conditions à peu près sans précédents, pourvu d'une commission qui devait le faire respecter par les bâtiments anglais, et jouissant de la liberté d'action la plus illimitée.

Il fit route par le cap de Bonne-Espérance, relâcha dans un certain nombre de ports anglais, hollandais, espagnols ou portugais des Indes orientales et des archipels de la Malaisie, et enfin, rentrant en quelque sorte dans ses domaines d'outre-mer, il jeta l'ancre à la baie des Iles, le 1er janvier 1788.

Du sommet de son *Pâ* fortifié, Baleine-aux-yeux-terribles reconnut les pavillons de son *Rangatira-rahi*, les couleurs de la France, la chape de saint Martin, les armoiries de Roqueforte, et la tête tatouée sur champ d'azur étoilé d'or, qui était l'emblème de LEO l'*Atoua* pour les Néo-Zélandais.

Alors, un cri qui ne devait pas tarder à être répété avec enthousiasme d'un bout à l'autre de la Polynésie, retentit pour la première fois:

«Le Lion de la mer ne meurt pas!»

—Non! non! hommes de *la tribu de Touté*, il n'est pas mort, le Lion de la mer!... et vous nous aviez menti.

«Le Lion de la mer ne meurt pas.»

—Il tue sous lui des vaisseaux,—il marche sur les mers,—il vole dans le ciel,—il vit dans le feu comme sous les flots de l'Océan.

«Le Lion de la mer ne meurt pas!»

Trois ans s'étaient écoulés depuis le combat naval d'Ouléa, dont les Anglais avaient répandu la fatale nouvelle; le retour de LEO l'*Atoua* fut assimilé à une résurrection, et sa légende grandit, prenant de proche en proche des proportions plus fabuleuses.

On lit textuellement dans le *Voyage de* LAPÉROUSE:

«Quoique les Français fussent les premiers qui, dans ces derniers temps, eussent abordé sur l'île de Mowée[15], je ne crus pas devoir en prendre possession au nom du roi. Les usages des Européens sont, à cet égard, trop complétement ridicules. Les philosophes doivent sans doute gémir de voir que des hommes, par cela seul qu'ils ont des canons et des baïonnettes, comptent pour rien soixante mille de leurs semblables; que sans respect pour les droits les plus sacrés, ils regardent comme un objet de conquête une terre que ses habitants ont arrosée de leur sueur, et qui, depuis tant de siècles, sert de tombeau à leurs ancêtres.»

[15] Maouvi, Mowi ou Mawi, aux îles Haouaï ou Sandwich.

Ce que l'infortuné Lapérouse rédigeait ainsi n'était autre chose que la pensée de l'infortuné Louis XVI.

Le sage navigateur et le roi vertueux, destinés tous deux à périr par des catastrophes à jamais déplorables, se prononçaient d'après les mêmes principes d'équité absolue.—Or, ces principes ayant servi de base aux instructions données, pendant la guerre d'Amérique, au vicomte de Roqueforte dont son neveu Léon continuait l'œuvre libérale, et l'Angleterre, s'étant toujours et partout conduite en vertu des principes opposés, il était fatalement nécessaire de lutter contre elle,—par la guerre, en temps de guerre,—par d'adroites négociations, des traités d'alliance et de protectorat en temps de paix.

Léon avait ardemment adopté les vues du roi;—ses précédents étaient irréprochables, car il s'était rigoureusement conformé au droit des gens. On pourrait bien lui reprocher d'avoir parfois usé de charlatanisme pour imposer aux naturels; mais les Anglais lui avaient donné l'exemple de cette ruse,—fort innocente, on en conviendra,—pourvu que le but final n'ait rien de contraire à l'humanité.

Et le but de la France était de civiliser l'Océanie sans porter atteinte à l'indépendance des indigènes,—d'utiliser, dans l'intérêt de toutes les nations, les ressources maritimes d'une partie du monde qui égale à elle seule tout le reste de notre globe, d'ouvrir des marchés nouveaux au commerce à venir, de défricher des champs immenses pour les livrer à l'industrie humaine.

L'œuvre commençait par des explorations et par l'établissement de relations ordinairement pacifiques, toujours d'une stricte justice. Léon de Roqueforte, en effet, ne prêta jamais son appui qu'à des causes légitimes, et après ses victoires ne négligea rien pour pacifier les querelles les plus invétérées.

L'œuvre devait se poursuivre en devenant commerciale, *d'une part*,—et *d'autre part*, religieuse. Alors la prédication de l'Évangile ferait disparaître l'échafaudage de fables héroïques sur lesquelles s'appuyait le précurseur de la civilisation.

En disant: *d'une part* commerciale, *d'autre part* religieuse, on a clairement exprimé que le projet éminemment français du roi Louis XVI n'avait rien de commun avec les missions mercantiles des Anglais.—Ce qui devrait toujours être distinct, n'y fut jamais confondu.

Personne n'ignore que les trafiquants en missions répandus par l'Angleterre dans les principaux archipels y distribuent leurs Bibles en prime pour faciliter l'achat de leurs pacotilles. Ils vendent des articles Birmingham ou du rhum des Antilles, et prêchent ou baptisent par-dessus le marché.

Cet amalgame indécent de la religion de Jésus-Christ avec l'exploitation usuraire des indigènes, à qui l'on achète par exemple la concession perpétuelle d'un vaste territoire pour une douzaine de couteaux, rappelle inévitablement l'évangile des marchands du temple.

Le mythe du *Lion de la mer qui ne meurt point*, ne porta du moins aucune atteinte à la dignité de la foi chrétienne.

A Paris, Léon avait eu soin de faire fabriquer chez un passementier habile un rouleau de petites franges d'or d'un travail presque inimitable.—A l'instar des Incas, il voulait que le moindre fragment de ce tissu métallique fût un témoignage de la véracité de ses messagers, car précédemment, dans des circonstances graves, on avait plusieurs fois menti en son nom. Tout ordre important fut accompagné de l'envoi d'une frange d'or qui, selon le cas, devait être détruite par le feu ou renvoyée à LEO l'*Atoua*. A défaut de l'usage de l'écriture, ce procédé offrait des garanties précieuses.

Les deux premières années de navigation du *Lion*, d'archipel en archipel, amenèrent les meilleurs résultats.

Il intervint dans les troubles de Taïti et parvint à les apaiser.

Il ouvrit les voies aux règnes glorieux de Finau Ier sur les îles Tonga, et du grand Taméha-Méha sur celles d'Haouaï.

A la Nouvelle-Zélande, il répandit des germes féconds de civilisation, de tolérance et de progrès.

De toutes parts, il plantait des jalons utiles, posant ainsi les bases d'une vaste confédération de princes insulaires unis sous le protectorat de la France.

Il avait l'art de se servir des instruments les plus dangereux et d'assouplir des natures en apparence indomptables.—Ainsi, la férocité de Parawâ et l'ambition effrénée de Finau Ier cédèrent devant lui.

En plusieurs points, d'anciens compagnons de Léon, tels que l'aventureux Tourvif, avaient été proclamés grands chefs. Sans efforts apparents, il les maintint dans sa dépendance; il fit comprendre aux plus intelligents la nécessité de laisser croire à la légende de LEO l'*Atoua*, l'immortel *Lion de la mer*; il imposa aux autres une crainte superstitieuse.

Partout, le cannibalisme était déjà considéré comme impie;—les prêtres indigènes n'osèrent qu'en peu d'endroits protester contre cette doctrine. Généralement, les naturels, honteux de leur abominable coutume, se cachaient pour dévorer leurs ennemis. Les banquets de chair humaine cessèrent d'être des fêtes triomphales. Parawâ lui-même en vint à céder sur ce point, quoiqu'il dût retomber à plusieurs reprises sous l'empire des préjugés de sa nation. Quelques peuplades renoncèrent solennellement et sincèrement à l'anthropophagie.

Léon chercha Lapérouse, n'eut pas le bonheur de le rencontrer, et, le croyant reparti pour l'Europe, ne put, selon les désirs du roi, entrer en rapports avec ce grand navigateur.

Les travaux de sa mission civilisatrice furent activement poursuivis.—Ainsi le *tabou*, dont les rigueurs sont parfois d'atroces barbaries, fut atténué en divers points, et notamment aux îles Haouaï, où Taméha-Méha Ier devait abolir la coutume de massacrer sur les autels des dieux tous les prisonniers de guerre et tous les violateurs des *tabous* les plus absurdes.

La condition des esclaves fut adoucie dans celles des îles où les mœurs n'étaient plus par trop féroces. Sans heurter de front les préjugés des naturels, Léon de Roqueforte les sapait ainsi avec une ténacité vraiment admirable.

Les constructions navales faisaient des progrès rapides.

Les communications avec la France s'établissaient peu à peu. Deux bâtiments envoyés par l'armateur Plantier étaient venus prendre les dépêches de Léon et lui apporter des marchandises européennes, pour lesquelles ils reçurent en échange de l'huile de baleine, de la nacre de perle, du corail et autres produits océaniens.

Le dernier de ces bâtiments transmit à Léon la nouvelle de la révolution de 1789, qui devait porter un coup fatal à ses généreux desseins. Il la reçut au mois de septembre 1790, à son mouillage de Nouka-Hiva, dans les îles Marquises, et sans en être trop alarmé, il crut pourtant nécessaire de retourner en France afin d'avoir un nouvel entretien avec le roi.

Toutefois, jugeant indispensable pour l'avenir d'avoir exploré avec soin les côtes inhospitalières des possessions espagnoles, il monte sur sa plus légère goëlette taïtienne; avec une prudente audace, il longe, la sonde à la main, tout le littoral du Pérou.

Comme s'il eût pressenti dès lors que le continent américain subirait les conséquences de la révolution française, ou plutôt dans la pensée qu'il aurait par la suite besoin d'y trouver asile, le jeune capitaine tenait à revoir Andrès avant de partir des mers du Sud. Cachant sa nationalité sous les couleurs de l'Espagne, il saura tromper la vigilance de tous les gardes-côtes, fera de précieux travaux hydrographiques et se munira d'une foule de notions maritimes de la plus haute importance.

Son atterrissage dans la baie de Quiron fut une véritable découverte.

Malgré toutes les protestations de Taillevent, laissé à la garde du frêle navire, Léon s'aventure seul dans l'intérieur; il se rend à Lima, déguisé en mineur métis, y voit Isabelle, ne peut parler à son noble père, et se met aussitôt à la recherche d'Andrès, qu'il trouve en butte aux premières persécutions du successeur du marquis de Garba y Palos.

L'anse de Quiron est, dès lors, le lieu de rendez-vous assigné au cacique de Tinta.

Non sans avoir affronté des périls de tous genres, Léon rejoint sa goëlette et vole à Nouka-Hiva, où son trois-mâts doit l'attendre. Une nouvelle fâcheuse, apportée par un léger bâtiment que monte Parawâ, l'empêche de prendre la route du cap Horn.

—Les Anglais, fondent une ville à la Nouvelle-Hollande.

Devant un tel événement, ce serait une faute que d'aller en Europe sans avoir conféré avec tous les principaux chefs, ou au moins sans leur avoir fait distribuer des franges d'or, avec l'ordre de résister à tous les envahissements des Anglais jusqu'au retour de LEO l'*Atoua*.

Et c'est pourquoi, au lieu de courir directement à la recherche d'Isabelle, Léon parcourt encore toutes les îles polynésiennes.

En 1791, il mouille à Botany-Bay, il voit de ses propres yeux la ville naissante de Sidney; puis, le deuil dans l'âme, il s'éloigne de Port-Jackson en se promettant de proposer au roi la fondation d'une colonie rivale.

Au milieu de 1792, il arrive en France, où son trois-mâts délabré doit aussitôt être livré au fer des démolisseurs.

L'équipage licencié se disperse.

Retour et chute du rideau.

Maître Taillèrent, tout joyeux, se rend à Port-Bail, où il retrouvera sa vieille mère, berçant les deux premiers enfants de son matelot Tom Lebon. L'aîné commence à balbutier, Taillevent se fait appeler *papa*, et en pleure presque de joie.

Léon, consterné, entre dans Paris pour être témoin des plus terribles scènes révolutionnaires.

Peu de jours avant le 10 août, il eut pourtant une heure d'entretien avec le roi captif aux Tuileries. Ses relations de voyage eurent le don de distraire l'infortuné monarque des terribles préoccupations qui l'empêchaient désormais de se livrer à l'étude de la géographie et de la marine.

Une carte de l'Océanie sous les yeux, Louis XVI écoutait avec intérêt. Charmé par les récits du jeune navigateur, il applaudissait à ses efforts; il l'encouragea vivement à poursuivre l'œuvre entreprise.

Le *Ça ira* se fit entendre sous les fenêtres.

—Hélas! je ne puis plus rien! dit le roi; j'ai encore des serviteurs fidèles, je n'ai plus de sujets. Apprenez, cependant, que sur la demande de l'Assemblée nationale, M. d'Entrecasteaux a reçu la mission d'aller à la recherche de M. de Lapérouse, dont nous n'avons plus de nouvelles. L'expédition, partie de Brest le 28 septembre de l'année dernière, a des instructions conformes à mes vues antérieures, car, n'ignorant pas que l'Angleterre s'établit à la Nouvelle-Hollande, j'ai devancé vos désirs en chargeant le général d'Entrecasteaux de choisir dans les mêmes parages un emplacement où nous fonderons une colonie.

Au moment où le roi parlait ainsi, d'Entrecasteaux avait exploré déjà une partie du littoral australien. Peu de mois après, pénétrant dans la rivière des Cygnes, qui lui doit ce nom, il en faisait l'étude approfondie; la position lui paraissait favorable à l'occupation projetée.

—Quant à vous, monsieur le comte, ajouta le roi, n'oubliez pas que votre premier devoir est de continuer à servir la France dans des mers que nul ne connaît aussi bien que vous. Évitez donc de vous mêler à nos troubles. Assez d'autres compliquent ma situation douloureuse. La cause de la civilisation est trop belle pour que vous l'abandonniez, serait-ce pour la mienne.

—Sire! dit Léon, la cause de Votre Majesté est sacrée. La servir c'est encore servir tous les peuples dont Votre Majesté est le père. Les États-Unis d'Amérique, qui lui doivent leur indépendance, le savent!... Et l'Angleterre s'en souvient cruellement quand elle soudoie les révolutionnaires de France, pour asservir le monde à la faveur de nos dissensions!... Les Anglais, Sire, sont vos implacables ennemis...

—Ah! plût à Dieu que je n'en eusse point d'autres! s'écria le roi avec une noble fierté. Plus d'hésitations dans ma conduite, alors!... J'irais moi-même commander mon armée navale...

Mais l'odieux *Ça ira* se fit entendre encore, et Louis XVI, découragé, congédia le jeune comte de Roqueforte, qui ne put s'empêcher de combattre pour lui à la journée du 10 août.

Laissé parmi les morts, Léon dut la vie à l'humanité d'un fougueux patriote, dont la femme le soigna comme un fils.

La République fut proclamée. La guerre avec l'Angleterre était imminente.

Léon se rend à Port-Bail, chez son fidèle Taillevent, qu'exaspèrent maintenant les événements politiques.

—Ah! mon capitaine, disait-il, les pires sauvages ne sont pas à la Nouvelle-Zélande... Mais, tremblement du diable! ces sans-culottes-là ne voient donc pas qu'ils font les affaires des Anglais!... Nous y perdrons nos colonies, notre marine, notre commerce...

Le jour de la déclaration de guerre, *le Taillevent*, monté par Tom Lebon, se trouvait par malheur du côté de Jersey. Par ce fait seul, le petit bâtiment était perdu pour la famille. Tom Lebon en personne, attendu ses relations trop intimes avec les Français, fut pressé comme matelot et enrôlé dans la marine britannique.

—Enfants! s'écria Léon, souffrirons-nous que la barque des Taillevent reste au pouvoir des Anglais? A moi, les gens de bonne volonté!...

Il ne fut fils d'honnête femme parmi les matelots et pêcheurs du canton qui ne se déclarât prêt à le suivre. Toutes les barques, toutes les armes à feu du pays sont mises à contribution. A nuit tombée, la flottille met sous voiles.

De cette nuit-là date le nom de SANS-PEUR, le nom de SANS-PEUR le Corsaire de la République.

La marée et l'obscurité sont ses auxiliaires.—Taillevent et la plupart des marins de Port-Bail connaissent d'enfance l'entrée du port et le lieu où est amarré le caboteur en litige.

Un garde-côte anglais hèle la première embarcation, elle répond: *Pêcheur*, et passe. Une seconde, une troisième passent de même; mais une quatrième plus grande se montre. Une défiance fort légitime s'empare des Anglais, qui sont armés et ordonnent au caboteur de mettre en panne.

A cet ordre, Taillevent donne un coup de barre à la barque; Léon s'écrie:

—SANS-PEUR!...

C'est le signal de l'abordage, de la mêlée, de l'incendie et d'un carnage affreux.

Les gens des trois premières barques de pêche ont déjà surpris l'unique gardien du *Taillevent* et démarré le fameux chasse-marée acheté des deniers dont le roi avait gratifié le maître d'équipage.—D'autres mettent le feu à bord des navires anglais du port.

Les forts se garnissent de soldats, le tocsin d'alarme sonne, le canon gronde bientôt.

Sans-Peur commande maintenant à bord du garde-côte enlevé; il dirige la retraite, et finit par ramener à Port-Bail le double de barques qu'il n'en avait au départ.

Ce coup de main improvisé fit un tort incalculable aux Anglais de Jersey, et ne coûta pas la vie d'un seul homme.

Le Taillevent n'étant pas susceptible d'armer en course, fut utilisé dans la rivière. Mais le garde-côte capturé, joli brig de dix canons, prit le nom de *Lion*, fut nationalisé français et transformé en corsaire.

La renommée de Sans-Peur grandit en peu de jours, grâce à un combat heureux suivi de la destruction d'un convoi et de quelques captures importantes conduites au Havre pour y être vendues par les soins du citoyen Plantier.

Le Lion, qui escortait ses prises, est attaqué non loin du Havre par une corvette de guerre.

Un combat inégal s'engage; tous les gens du pays accourent, on voit avec enthousiasme l'héroïque résistance du petit brig français, qui coule enfin, entraînant avec lui la corvette accrochée par ses grappins d'abordage.

Moins d'une heure après, une chaloupe triomphante, criblée de trous et dont il faut étancher l'eau avec les seilles, les chapeaux, les gamelles, ramène l'équipage vainqueur.

Sans-Peur le Corsaire est salué par les acclamations de toute la population maritime. On l'escorte jusqu'à la demeure du citoyen Plantier, son armateur.

Chemin faisant, on apprend le coup de main de Jersey, ainsi que le combat suivant.

Le surnom de *Sans-Peur* devient populaire. Qu'importe le vrai nom de celui qui l'a conquis si vaillamment? Personne, parmi les plus ardents clubistes, n'osa reprocher sa qualité d'aristocrate au brave Léon de Roqueforte, qui vengeait à sa manière, sur les Anglais, la mort du roi Louis XVI.

L'esquisse des courses de Sans-Peur dans la Manche, en vue des rivages britanniques, a été tracée; et l'on sait mieux encore comment, ayant assis sa réputation dans les mers d'Europe, il put, sans compromettre l'avenir, songer enfin à son mariage et à ses grands projets d'outre-mer.

Isabelle est enlevée du château de Garba.

Le cacique Andrès l'a revue.

La caverne du Lion s'est ouverte à miracle.

Un combat appelle au large Sans-Peur le Corsaire.

Un nuage de fumée l'enveloppe.

Mais tout à coup les canons se taisent, le nuage se dissipe, le rideau est tombé.

Un cri de joie s'échappe de la poitrine d'Isabelle.

—Non! non! le *Lion de la mer* ne meurt pas! Tel est celui des Péruviens, dont les clameurs montent vers le ciel.

Et le vénérable Andrès rend à Dieu de ferventes actions de grâce.

XXIV

LE SOMMEIL DE LA LIONNE.

Le front ceint d'un bandeau qui cachait une balafre faite par un éclat de bois et qui lui donnait l'apparence d'un Cupidon nautique, le jeune Camuset demandait à son mentor Taillevent:

—Mais pourquoi donc laissons-nous là cette frégate espagnole au lieu de l'achever?

—Ta ra ta ta ta! fit le maître. Je vas te le dire, mon gars, par la raison qu'à bord du *Soleil royal,* ton vieux père m'expliqua de même *le pourquoi-z-et le comment donc* d'une manœuvre de M. le bailli de Suffren, qui se contentait, cette fois-là, de mettre les Anglais en déroute sans leur prendre tant seulement un bout de fil de caret.

—Ah!... Eh bien?...

—C'est tout bêtement, comme disait ton père, vu que les petits poissons n'ont pas le gosier assez large pour avaler les gros.

Sur quoi l'intelligent Camuset, dont l'œil droit était sous le bandeau, ouvrit l'œil gauche comme un fanal de combat, et Taillevent alla fumer un calumet de consolation avec Baleine-aux-yeux-terribles.

—Quel guignon de n'être pas de force à vous amariner cette frégate! s'écriat-il en néo-zélandais.

—Mes amis, disait de son côté Sans-Peur le Corsaire, l'équipage ennemi est par trop nombreux; au lieu de tenter l'abordage, j'ai dû me borner à faire diversion pour sauver notre frégate à nous!... mais notre dernier mot n'est pas dit. Dès demain nous aurons pris notre revanche.

La manœuvre du *Lion* avait été magnifique.

Il commença par se mettre en travers à l'arrière de la frégate chasseresse, qui fut bien obligée de manœuvrer pour lui présenter le côté. Avec une adresse merveilleuse, *le Lion* tournait en même temps, évitant son feu tout en lui envoyant des bordées qui gênèrent bientôt ses mouvements. Cependant, la prise, d'après les signaux du jeune capitaine, continuait à gouverner sur la baie de Quiron.

Le commandant espagnol, furieux de voir que l'autre frégate lui échappait, n'essaya plus que d'aborder le brig, dont la fameuse pièce de bronze brisa son gouvernail et fit tomber son mât d'artimon.

Mais toute l'habileté de Sans-Peur ne l'empêcha point de recevoir à fleur d'eau une bordée entière au moment où il prenait chasse pour battre en retraite.

Or, c'était en faisant jouer les pompes que maître Taillevent répondait à l'intéressant Camuset; c'était en achevant d'établir les dernières voiles qu'il fumait la pipe avec son ami Parawâ-Touma.

La Santa-Cruz,—tel était le nom de la frégate espagnole,—une fois réparée, pouvait venir attaquer les deux navires français, à l'ancre dans la baie de Quiron. Mais on avait une nuit devant soi. Sans-Peur sut l'utiliser.

A bord du *Lion,* on pompe; on épuise l'eau de la cale avec tous les engins possibles; une voile est passée sous la carène, des plaques de plomb sont clouées sur les trous de boulets, on bouche les fentes et les éclats avec de l'étoupe et des coins de bois.

Cependant les balses péruviennes entourent la frégate *la Lionne*; elles transportent à terre les chevaux embarqués aux îles Malouines,—spectacle curieux qui transforme pour un instant les eaux de la petite rade en une sorte de cirque équestre.

Avant le coucher du soleil, tous les chevaux étaient parqués autour du vieux château. Mais ceux que possédait auparavant le cacique Andrès, montés par quelques fidèles serviteurs, se dispersaient le long du rivage, les uns courant vers le nord, les autres vers le sud. Sans-Peur avait donné l'ordre d'acheter autant de balses que l'on pourrait en trouver dans les ports, les anses et les criques de vingt lieues à la ronde.

Tandis que les cavaliers péruviens partent pour remplir cette mission, le brig est remorqué au fond de la baie, par delà le banc de récifs, dans un bassin naturel où la mer est presque calme. On lui fait une ceinture de balses qui le soutiendront à flot. Puis, son équipage l'évacue et passe sur la frégate *la Lionne.*

—Eh quoi! s'écrie Isabelle, encore un combat!...

—Si *la Santa-Cruz* ose venir nous attaquer, il faut être prêt à repousser ses attaques, répond Sans-Peur; mais si elle s'éloigne, il faut la poursuivre pour qu'elle ne répande point l'alarme sur les côtes du Pérou et qu'on ne découvre pas notre asile.

—Eh bien, je veux y être cette fois!... reprend la jeune femme.

—Je vous accompagnerai donc, moi aussi! ajoute Andrès. Le Lion de la mer ne refusera point une place sur son bord à celui qui fut autrefois son général.

Les Quichuas demandent à embarquer avec leur cacique.

Léon y consent.

Les blessés, confiés aux soins des femmes, restent seuls dans le château de Quiron. Au point du jour, tous les préparatifs sont achevés.

Mais de son côté, *la Santa-Cruz* a établi un gouvernail et un mât de fortune. Les voiles hautes, elle s'avance vers *la Lionne*, qui, les sabords fermés, semble dormir sur ses ancres.

L'équipage espagnol est composé de quatre cents marins aguerris. L'équipage de la frégate française est formé d'éléments divers; mais la disproportion des forces a cessé. Cent vingt corsaires normands, bretons ou aventuriers, embarqués les uns à Port-Bail, les autres au Havre, une centaine d'autres Français de provenances diverses, recrutés par force majeure depuis Bayonne jusqu'au bas de la Plata, et enfin soixante ou quatre-vingts Quichuas, en partie pêcheurs, tous pleins de bonne volonté, sont rangés sous les ordres de Léon.

Un rôle de combat est improvisé. On saura utiliser les plus inhabiles au métier de marin.

Après avoir bien examiné la situation des deux navires, le commandant de *la Santa-Cruz* disait à ses officiers:

—Les Français ont espéré que leur demi-succès d'hier sauverait leur frégate. Ils ont supposé que nous n'oserions pas les relancer jusqu'ici. Leur insolente audace n'aura servi de rien; leur prise sera reprise sous leurs yeux. Quant à leur brig, qui s'est retranché derrière des récifs dont nous ne pouvons approcher, il a beau avoir pris la meilleure position possible, il ne nous échappera point. Nous lui coupons la retraite avec la frégate, et nous débarquons six pièces de gros calibre que nous établissons en batterie sur la hauteur pour le foudroyer.

A bord de *la Lionne*, embossée tout près du rivage, régnait un silence de mort.

Le pavillon n'était pas arboré, mais frappé sur sa drisse, dont le bout pendait à l'arrière le long de la fenêtre; les rideaux cachaient Sans-Peur aux gens de la frégate ennemie.

Andrès et Isabelle, assis sur le canapé de la galerie, le questionnaient tout bas:

—Le piége est bien tendu, répondait-il; l'ennemi y donne tête baissée. Ah! nous avons affaire au plus imprudent fanfaron de toutes les Espagnes!

Un garde-marine posté dans la hune de misaine de *la Santa-Cruz* annonça qu'il n'y avait pas un seul homme sur le pont de la frégate française, où chacun l'entendit fort distinctement.—Si bien que le jeune Camuset faillit éclater de rire, mais un regard menaçant de Taillevent le contraignit à se mordre les lèvres.

Les gens de *la Lionne*, rassemblés dans sa batterie basse, voyaient *la Santa-Cruz* qui s'avançait témérairement, jetait l'ancre, carguait ses voiles et s'apprêtait à mettre ses canots à la mer.

—Attention! dit Sans-Peur à demi-voix.

—Attention! répétèrent les officiers et les maîtres, espacés de canon en canon.

La frégate espagnole, pivotant sur elle-même, se présenta forcément dans le sens de sa longueur.

Au même instant, le pavillon français se déploie comme par magie à l'arrière de *la Lionne*.

Le commandement FEU! retentit.

Les quatorze canons de tribord de la batterie basse vomissent chacun un double projectile. Le pont se peuple, et les pièces des gaillards mariant leur feu à celui des canons de la batterie, la mâture de *la Santa-Cruz* s'écroule.

Le câble était filé par le bout, les focs hissés; *la Lionne* abordait la frégate espagnole, où corsaires et Péruviens se précipitaient avec furie.

Surpris par cette brusque attaque, les gens de *la Santa-Cruz* ont à peine le temps de se mettre en défense; le jeune Camuset, pour sa part, a l'honneur de faire capituler leur commandant, qu'il saisit au collet en lui présentant la bouche d'un pistolet d'abordage.

Parawâ et maître Taillevent se signalèrent comme de raison; les Espagnols mirent bas les armes.

XXV

PROBLÈME RÉSOLU.

L'action impétueuse, dont Isabelle et le cacique Andrès furent témoins du haut de la dunette de *la Lionne*, ne dura pas plus d'un quart d'heure. Jamais Sans-Peur n'avait enlevé un navire ennemi avec moins de difficulté. Sincèrement, il en était au regret.

Isabelle s'aperçut de son impression;

—Eh, mon Dieu! rien de plus simple, répondit-il, nous voici sur les bras près de quatre cents prisonniers à nourrir et à garder, quand nous ne sommes que trois cents, et lorsque j'ai à conduire à bonne fin une foule d'importants projets. Je tenais à m'emparer des canons et des munitions de guerre; je me souciais médiocrement de la frégate; quant à l'équipage, il m'embarrasse au delà de toute expression.

—Eh bien, dit Isabelle, renvoyez vos prisonniers par terre ou par mer, sous parole de ne plus porter les armes contre la France.

Le cacique Andrès hocha la tête.

—Ce serait tout simple en Europe, répondait Sans-Peur, mais ici, puis-je exiger qu'on garde le secret de notre asile?

—Déportez vos prisonniers sur quelque terre déserte, dit Andrès. Nous leur fournirons tous les moyens d'y vivre jusqu'à la paix, et à la paix, vous irez les délivrer vous-même.

—J'y songeais... j'avais déjà pensé aux bords du détroit de Magellan, et à plusieurs de mes îles les moins connues; mais peut-être avons-nous mieux à faire...

Provisoirement, les prisonniers furent mis aux fers dans la cale de leur frégate, rase comme un ponton. Deux pierriers chargés à mitraille étaient braqués à l'ouvert de chaque panneau, et une garde de quarante hommes qui devait être relevée de vingt-quatre heures en vingt-quatre heures, fut chargée de leur surveillance. En outre, *la Santa-Cruz* se trouvait amarrée entre *la Lionne* et le brig *le Lion*, de manière à pouvoir être coulée bas au premier signe de révolte.

Toutes les mesures de sûreté une fois prises, il était juste d'accorder quelque repos aux corsaires, qui se répandirent gaîment sur le rivage, où les Quichuas de la petite colonie d'Andrès,—hommes, femmes et jeunes filles,—les fêtèrent de leur mieux.

L'anse désolée de Quiron retentit de chants de victoire. Il y eut un grand bal, rondes, cachuchas et festins, feux de joie et cavalcades,—on sait que les chevaux ne manquaient point.

Maître Taillevent ne se mêla point à la danse, car, de compagnie avec Parawâ, il explorait le canton et notamment la grande caverne.

—Je veux bien que le vieux Nick me croque, dit le maître, si je sais ce que mon capitaine veut faire de ce trou-là.

—Il veut y cacher sa frégate, dit Parawâ d'un ton confidentiel.

—Mais il n'y a pas d'eau, pas de chenal, pas de porte.

—Le Lion de la mer est un *atoua*. Comme la terre s'est ouverte, les rochers s'ouvriront et la mer remplira le bassin...

—A savoir! murmura le maître.

Tandis que l'incrédule Taillevent émettait des doutes incapables d'ébranler la foi robuste de Baleine-aux-yeux-terribles, Léon, de retour au château avec Isabelle et Andrès, rompit le silence en s'écriant:

—J'ai trouvé!... oui, j'ai trouvé!...

Le cacique et la jeune femme écoutaient attentifs.

—Je suis à trois mille lieues de la France, dont les Anglais bloquent les côtes. Je ne puis guère compter sur les envois de mon armateur; il faut donc que je me crée toutes mes ressources par moi-même. Les deux tiers de mes gens n'ont d'autre mobile que l'appât du gain; je leur ai promis d'immenses richesses pour les décider à me suivre dans ces mers, où nous ne ferons pourtant que d'assez tristes captures. Déjà mes hommes ont droit à leurs parts de prise sur les deux frégates; en outre, il faut les solder. Eh bien, pas de déportation! je traiterai mes prisonniers comme nous aurions été traités nous-mêmes, si nous avions eu le dessous.—La loi du talion est la loi de la guerre!... Je les condamne aux mines!...

—Aux mines? répéta Isabelle étonnée.

—Je comprends! dit Andrès.

—Indiquez-moi donc, mon père, la mine d'or la moins éloignée de la mer.

—A vingt lieues, sur le versant des montagnes qui font face au grand lac, les Espagnols exploitent plusieurs riches mines d'or et d'argent.

—Dès ce soir, Isabelle, j'irai à la recherche de celle qui sera la nôtre.

—Dès ce soir nous partirons, répéta la jeune femme.

—Le vieux chef des Condors est encore capable de monter à cheval! ajouta Andrès.

—Bien!... à ce soir, dit Léon.

Puis il se rendit à bord de *la Lionne* pour y écrire les instructions qu'il devait laisser à ses officiers.

Le soir même, sous sa conduite, une petite caravane de Quichuas sortait du territoire de Quiron et s'engageait dans les plaines habitées par les sujets espagnols. Maître Taillevent, Camuset et quelques autres matelots de Port-Bail, déguisés en *gauchos*, c'est-à-dire en cavaliers du pays, complétaient l'escorte du dernier successeur des Incas, Andrès, qui passait pour mort, et de sa fille Isabelle, la Lionne de la mer.

XXVI

L'ILE DE PLOMB.

En voyant maître Taillevent drapé dans un *poncho* péruvien, le chapeau à larges bords sur l'oreille, et se tenant à cheval aussi solidement que s'il eût été au bout d'une vergue, Camuset, accoutré de même, mais toujours sur le point d'être désarçonné, dit avec un accent admiratif:

—Eh! nom du nom d'une bouffarde! maître, vous savez donc aussi monter à cheval!... et vous n'en disiez rien à bord!...

—Le vrai moyen de ne pas trop parler, c'est de se taire; retiens ça, Camuset, ça peut servir.

—Pour ne pas déraper, maître, je n'en sais rien! Un voyage par terre, c'est amusant, je ne dis pas non, étant particulièrement charmé d'être de la compagnie, mais le cheval!... le cheval!... quel tangage!... Je croche les crins de l'avant et la queue, bah!... je ne suis pas solide pour deux liards!...

—Patience! on chavire une fois, deux fois et quatre aussi; j'ai connu la chose voici dix ans passés, du temps de nos anciens branle-bas dans ces montagnes; on tombe, on se ramasse, si tant seulement on ne s'est pas cassé le cou, et voilà!...

—Voilà!... merci! murmura Camuset, dont l'air emprunté faisait sourire la caravane.

Avant la troisième lieue, Camuset était tombé quatre fois; mais ensuite il lâcha la queue de sa monture, et ne s'en trouva que mieux assis.

—C'est tout de même amusant de naviguer par terre!... disait-il en dépit d'une foule d'autres inconvénients très douloureux pour un cavalier novice ou pour un novice cavalier, ce qui, cette fois, était tout un.

La lune éclairait la marche de la petite caravane divisée par groupes, dont le premier, composé de guides excellents, explorait le terrain et devait, en cas d'alerte, se replier sur le noyau central où Andrès, malgré son grand âge, exerçait le commandement.

Avant le jour, on se trouvait dans d'étroits défilés.

Les marins, pour la plupart, furent obligés de mettre pied à terre et de remorquer leurs chevaux, tandis que les Péruviens continuaient aisément leur route sur le versant des précipices.

—Malgré ça, disait Camuset, on serait plus commodément grand largue par une jolie brise dans une bonne embarcation.

—Bon! tu trouvais de l'agrément à louvoyer sur le plancher des veaux! dit Taillevent, qui, pour sa part, chevauchait en fumant sa vieille pipe.

—De l'agrément, maître, il y en a tout de même, répondit Camuset. Aïe!.... mon soulier est défoncé par ces cailloux sauvages.

—Connu!... sois calme, quand tu auras fait encore une couple de lieues, tu seras nu-pieds...

—Mais ça coupe pis qu'un rasoir.

—On ne les a pourtant pas repassés, mon gars! Tranquillise-toi, attends les ronces, les épines et les cierges du Pérou; tu m'en diras des nouvelles du charme de louvoyer dans les mornes.

—Vous voulez rire, maître; eh bien, là, sans mentir, j'y en trouve du charme. C'est que ça ne ressemble pas aux pommiers de Normandie, da!...

Sur ces propos, entremêlés de digressions de tous genres, on pénétra dans une gorge de rochers où l'on campa jusqu'à la nuit suivante. Une tente fut dressée pour Andrès et les femmes. Quichuas et matelots dormirent sur la mousse.

Sans-Peur avait organisé un service de vedettes. Elles signalèrent les rencontres fâcheuses et facilitèrent les moyens de les éviter, jusqu'à ce qu'on fût aux bords du lac de l'île de Plomb. La troupe s'arrêta enfin dans un canton habité par une tribu nomade d'Aymaras, dont le chef n'ignorait point qu'Andrès vivait encore.

Un messager lui remit, selon l'antique usage, une frange de *la borla* du vieux cacique.

Le chef aymara la reçut avec un profond respect.

—Qu'est-il ordonné au serviteur du grand chef des Condors? demanda-t-il.

—Le grand chef des Condors et le *Lion de la mer*, époux d'Isabelle, la fille des Incas, sont dans la vallée du Torrent.

—Dieu! l'heure est donc venue!

—Je l'ignore! Je suis chargé seulement de te dire de faire préparer des barques et d'envoyer des hommes fidèles à la garde de leurs chevaux.

Une heure après, la caravane, singulièrement réduite par le départ de messagers expédiés dans les divers cantons des alentours, voguait sur les eaux profondes du lac des Cordillères.

—A la bonne heure! ceci me connaît! s'était écrié Camuset en saisissant une rame.

Les barques montées par les compagnons du dernier successeur des Incas, les déposèrent bientôt sur l'île sainte, au milieu des ruines de l'antique temple du Soleil.

La nuit enveloppait les cimes des Cordillères et les eaux froides du grand lac. De toutes les rives, des pirogues se dirigeaient vers l'île de Plomb, berceau de la race des Incas, et maintenant son sépulcre.

Les pierres des tombeaux reflétaient les pâles rayons de l'astre des nuits.

Au milieu d'un silence funèbre, les barques touchaient les divers points de l'îlot sacré; un mot de passe était échangé entre les sentinelles et les rameurs. Les indigènes mettaient pied à terre; ils recevaient l'ordre de se coucher dans les ruines et d'attendre; puis les canots repartaient pour aller se charger d'autres indigènes des diverses tribus de la montagne.

Ainsi l'îlot solitaire se peuplait peu à peu.

Avant le jour, il fut couvert d'une multitude de chefs et de guerriers aymaras, chiquitos ou quichuas, dont quelques-uns avaient fait plus de cinquante lieues pour se trouver au rendez-vous national.

Le soleil, à son lever, éclaira une scène solennelle qui empruntait à son théâtre un caractère mystérieux.

Au centre d'une enceinte formée par des fûts de colonnes brisées, couvertes de végétation et ombragées par des arbres séculaires, se trouvait une tombe sur laquelle on lisait:

«Ici reposent les restes mortels d'ANDRES DE SAÏRI, cacique de Tinta, dernier grand chef des Condors.—*Dieu garde son âme!*»

Or la pierre du tombeau ne le recouvrait plus.

Elle avait été dressée de manière à faire face au peuple; son inscription funéraire était devenue celle d'un vaste piédestal, au-dessus duquel s'élevait le trône du vieillard.

Quand il fut permis aux Péruviens de s'approcher, ils virent avec un étonnement religieux la tombe ouverte et vide aux pieds du successeur des Incas.

Drapé dans le manteau royal, couronné de *la borla* aux franges d'or, Andrès tenait à la main un sceptre d'une forme antique. Sur un siège moins haut, était assise à sa droite Isabelle, la fille de l'héroïque Catalina, telle maintenant qu'on avait autrefois connu la compagne du marquis de Garba y Palos. Un groupe de chefs respectés les entourait. Au premier rang, on remarquait, portant le drapeau du Soleil, celui qu'on avait si souvent vu à la tête des plus braves, pendant l'insurrection de Tupac Amaru, celui qu'on avait pleuré comme un frère, et dont la légende célébrait encore les grands exploits sous le nom de *Lion de la mer*.

Il semblait qu'une triple résurrection eut lieu dans l'île sainte où le premier des Incas[16], le fils du Soleil, était jadis descendu des cieux avec sa compagne[17], pour répandre la lumière parmi les nations sauvages du Pérou.

[16] Manco-Capac.

[17] Mama-Oello.

La vaste surface du lac étant absolument déserte, on pouvait sans crainte se livrer aux plus brillantes démonstrations, puisque aucun Espagnol ne surprendrait les mystères de l'assemblée. Des cris d'enthousiasme éclatèrent de toutes parts.

Les indigènes réunis n'avaient pas été convoqués au hasard; la majeure partie d'entre eux ayant, douze années auparavant, combattu sous l'infortuné José-Gabriel Condor Kanki, la triple apparition dont ils étaient témoins n'était pour aucun d'eux une vaine parade. Les uns avaient fait le siège de Sorata, les autres avaient suivi la bannière de Catalina, la mère d'Isabelle; tous ils avaient connu le *Lion de la mer*.

Andrès fit un signe, le silence se rétablit.

Il étendit son sceptre, et montrant la fosse béante à ses pieds:

—Cette tombe est vide encore aujourd'hui, dit-il. Ceux que vous avez pleurés vivent pour vous aimer, pour vous servir. Le sang des Incas coule dans les veines de la fille de ma fille, et les mers nous ont rendu leur *Lion*, leur *Lion* qui n'a cessé de vaincre les Espagnols. Il y a peu de jours, sur nos côtes, une frégate du Callao amenait pavillon devant la sienne, qui porte les couleurs de la France. Le *Lion de la mer* vous dira lui-même quels sont ses desseins et ce qu'il attend de vous. Moi, sur le bord de cette tombe, où je ne tarderai pas à descendre réellement, je viens vous dire qu'il est l'époux d'Isabelle, la nièce de Tupac Amaru, la fille des Incas!... Je viens, en votre présence à tous, ceindre *la borla* de nos ancêtre au front d'Isabelle, votre reine et votre sœur. Si quelqu'un d'entre vous veut s'y opposer, qu'il prenne librement la parole!

Les Péruviens répondirent par mille cris de dévoûment.

—Vive la fille de Catalina!—Vive la nièce de Tupac Amaru!—Vivent Isabelle et le *Lion de la mer*!...—Vive à jamais la race des Incas!...

Andrès ajouta lentement:

—Pour plonger nos tyrans dans une sécurité profonde, j'ai dû leur faire croire qu'Andrès de Saïri n'était plus, et les peuples du Pérou ont suivi son cercueil, et cette pierre funéraire a reçu l'inscription que vous lisez. Cependant, caché dans une retraite inconnue, votre dernier seigneur attendait, sur les bords de l'Océan, le retour de sa fille bien-aimée qu'avait juré de lui ramener le *Lion de la mer*. Le *Lion de la mer*, triomphant de tous les dangers, a tenu son serment par la permission de Dieu. Le grand Condor du Pérou étend sur vous ses ailes immenses. La généreuse tige de l'arbre des Incas n'est point desséchée; elle poussera des rameaux verdoyants, elle refleurira, et votre antique indépendance vous sera rendue!...

—Gloire au vainqueur de Sorata! dirent les chefs dont le cri fut longuement répété.

Léon de Roqueforte, agitant le drapeau qui, de nos jours, est celui de la république péruvienne, s'avança le front haut. Ses regards assurés augmentèrent encore l'enthousiasme des chefs et des guerriers.

La bannière qu'il leur montrait représente le soleil se levant sur les Andes, dont le pied est baigné par la rivière de Rimac. Cet emblème, entouré de lauriers, occupe le centre de quatre triangles en diagonale dont deux rouges et deux blancs.

—Enfants des Incas! s'écria le *Lion de la mer*, voici le drapeau de votre indépendance! Avant peu d'années, il remplacera les couleurs de l'Espagne sur toute la surface de l'empire péruvien. Vous ignorez peut-être que la vieille Europe est en feu; vos maîtres ne veulent point que vous sachiez qu'une révolution géante commence au delà des mers. Cette révolution métamorphosera le monde!... Elle vous rendra votre liberté!... Vivez dans l'espoir du grand jour de l'affranchissement! Et en attendant que le soleil qui l'éclairera se lève sur ces montagnes, secondez mes efforts. Je suis le précurseur de votre délivrance! aidez-moi à remplir ma tâche. Conservez, avec votre prudence admirable, les secrets de l'avenir; secondez-moi dans le présent.

Isabelle, couronnée du bandeau royal, se leva et dit:

—Jurez de lui obéir comme à moi-même.

—Nous le jurons!

Et Sans-Peur ajouta:

—Les Espagnols vous condamnent aux travaux des mines; moi, j'ai condamné aux mines mes prisonniers espagnols. Vos maîtres vous obligent à retirer des entrailles de la terre l'or qui leur sert à forger vos fers; que mes captifs, gardés et surveillés par vous, arrachent de vos montagnes l'or qui doit servir à les briser!...

—C'est bien!... dit le chef des Aymaras. Tu auras de l'or! Nous garderons tes prisonniers. Nous connaissons des mines que les Espagnols ne découvriront jamais. Fermées pour eux, elle se rouvriront pour toi!

Léon continua:

—L'Espagne envoie par mer les troupes qui vous oppriment, c'est sur mer que je combattrai l'Espagne. J'arrêterai ses convois, je prendrai ses navires, je transformerai ses soldats en mineurs que je vous livrerai. Mais, d'un autre côté, si j'ai des vaisseaux, je manque d'hommes; que chaque tribu me fournisse donc quelques jeunes gens alertes et courageux pour compléter mes équipages.

Les acclamations de la multitude furent favorables à cette demande.

Électrisés par les discours d'Andrès, de Léon et d'Isabelle, plus de deux cents indigènes se présentèrent d'eux-mêmes. Les caciques des divers districts promirent d'en envoyer successivement au *Lion de la mer* autant qu'il lui en faudrait.

Le double but du voyage se trouvait rempli.

Un festin patriotique, des cérémonies religieuses et des conférences auxquelles prirent part les principaux chefs de peuplades occupèrent ensuite la journée.

Faut-il dire comment maître Taillevent renouvela connaissance avec une foule d'anciens compagnons d'armes? Faut-il relater les faits et gestes de Camuset, qui, mettant les instants à profit, raccommoda ses souliers, non sans s'instruire des traditions du pays?

—Eh quoi! les ruines qu'il voyait étaient celles d'un temple jadis recouvert en lames d'or!... Nom d'un faubert! ça vous avait tristement changé de mine!... Et, lors de la conquête du pays par les Espagnols, les Incas avaient jeté au fond du lac tous leurs trésors, dont particulièrement une scélérate de chaîne d'or plus grosse que le grand câble de la frégate!... Quel dommage!... Mais, voyons, au lieu de tant creuser la terre, est-ce qu'il n'y aurait pas moyen de repêcher ces richesses?

—Pas moyen, Camuset, le lac Titicaca n'a pas de fond.

—S'il n'a pas de fond, il a un drôle de nom tout de même, pour un lac sacré.

—Tu es bien de ton pays, mon gars, reprit Taillevent. Un nom qui n'est pas français t'étonne et te fait rire. Sais-tu ce que veut dire *camuset* chez les sauvages de Toyoa, où nous irons peut-être bien un de ces quatre matins?

—Eh bien, maître, qu'est-ce que ça y veut dire?

—Cornichon, potiron, ratapiat, gringalet, bavard et ver de cambuse.

—Merci!... Ils sont polis dans ce pays-là.

—Ici, *titicaca* veut dire *île de plomb*, voilà la différence, et l'innocent qui rit pour si peu n'est qu'un *camuset*, en langage de Toyoa.

—Bon! maître!... assez causé! Malgré ça, je vois bien que vous *blaguez à la coche*.

—Ça se pourrait encore, dit gravement le maître d'équipage.

XXVII

A LA POUDRE.

L'histoire signale, sans entrer dans aucun détail précis, quelques insurrections partielles qui eurent lieu au Pérou entre 1794 et 1802. La cause de ces mouvements de peu de durée est totalement inconnue. On les attribue plutôt à des bandits qu'aux habitants indigènes, qui n'acquittèrent jamais les impôts avec plus de régularité.

Les alliés du *Lion de la mer* se conformaient aux ordres de leur reine Isabelle.

Ils ne négligèrent rien pour mettre en défaut la vigilance des Espagnols. Ils avaient l'air soumis, payaient exactement les redevances, ne murmuraient point, et ne prenaient les armes que pour empêcher de découvrir les travaux exécutés dans les mines par les prisonniers de Sans-Peur.

Malheur aux troupes de la couronne qui s'aventuraient vers les points dont la connaissance devait demeurer secrète! Pas un soldat ne revenait d'une expédition semblable; mort ou vif, il disparaissait dans les entrailles de la terre.

Les Péruviens, poussant la ruse jusqu'aux dernières limites, avaient soin de changer plusieurs fois par an les ouvertures des mines, afin que les Espagnols pussent visiter sans obstacles, à peu de mois de distance, les lieux mêmes dont les abords venaient d'être le plus cruellement interdits. Des galeries souterraines, toujours creusées dans la direction de l'Océan, s'étendirent sous les montagnes à des distances incroyables. Souvent Andrès et Isabelle furent revus par leurs fidèles sujets, qui, profitant des travaux tous les premiers, avaient un puissant intérêt à suivre les instructions de leurs princes.

Des relations constantes furent entretenues entre la mine des Incas et le territoire de Quiron, centre maritime de la puissance de Sans-Peur le Corsaire; et l'exploitation de la mine d'or permit à Léon de soulager les souffrances des indigènes, de payer largement leurs services et de rémunérer en même temps avec toute la libéralité nécessaire les marins français qui servaient sous ses ordres.

Les prisonniers livrés aux chefs quichuas avaient successivement été emmenés, sous bonne escorte, dans l'intérieur des terres.—Une flottille innombrable de balses était à la disposition de Léon, dont les deux frégates et le brig, entièrement réparés, se balançaient maintenant sur leurs amarres.

Le Lion, placé sous le commandement de Paul Déravis, officier capable, à qui Sans-Peur avait cru pouvoir confier ses desseins, ne tarda point à mettre sous voiles avec Parawâ pour pilote. Il allait annoncer aux peuples de la Polynésie le retour de l'*Atoua*, Lion de la mer, transmettre d'importantes instructions aux principaux chefs, et combattre en corsaire les Anglais ou les Espagnols partout où il se sentirait de force à vaincre.

Le pavillon de Sans-Peur fut arboré à bord de *la Santa-Cruz*, dont l'équipage, composé des compatriotes de Taillevent et de Camuset, fut complété avec les jeunes Péruviens qu'il s'agissait de former au métier de la mer.

Quant à *la Lionne*, elle demeura presque déserte, ce qui motiva bien des discours homériques de maître Taillevent.

A peine le brig eut-il disparu au large avec tous les aventuriers dont la discrétion paraissait douteuse au capitaine, que d'étranges travaux commencèrent.

Des plongeurs ayant placé, sous les rochers qui barraient le fond de la baie, une énorme quantité de poudre, on y mit le feu; la brèche s'ouvrit; la mer se précipita dans les profondeurs de la caverne, où il ne s'agit plus que de faire entrer la frégate.

—Ah! l'idée, l'idée! s'écria Taillevent. Vous en a-t-il de l'idée, mon capitaine! Le reste se voit clair comme le jour. Les balses vont servir de chapelet pour soulever notre chère *Lionne*, à l'effet de la loger dans la caverne, où nous la retrouverons en cas de besoin... Camuset, et vous tous, enfants, ouvrez les yeux et les oreilles, c'est permis! mais fermez la bouche à tout jamais, voilà ma consigne!

Léon ne se borna point à cacher la frégate au fond du bassin voûté où elle fut introduite, il voulut encore que l'ouverture de l'antre fût dissimulée par un amas de rocs entassés de manière à pouvoir tomber en peu d'instants.

Enfin, après avoir suffisamment exercé son équipage, il annonça au vieil Andrès qu'il allait prendre la mer.

Le cacique jeta un regard sur Isabelle et lut sa résolution sur ses traits.

—Allez, mes enfants! dit-il, que Dieu vous garde et qu'il vous ramène pour me fermer les yeux. Lorsqu'à votre retour d'Europe vous alliez livrer combat à un ennemi redoutable, j'ai voulu partager vos dangers; aujourd'hui, d'autres devoirs me sont imposés, je n'y faillirai point. Je suis la sentinelle qui veille sur ces rives, le ministre de vos volontés, l'interprète de vos desseins; je me conformerai aux intentions de mon glorieux fils le *Lion de la mer*, en priant le ciel de vous protéger.

Léon et Isabelle, courbant le front, reçurent la bénédiction paternelle.

Moins d'une heure après, la baie de Quiron était redevenue silencieuse. La frégate qui remontait vers le nord perdait de vue le vieux castel où l'aïeul attristé méditait sur l'avenir de ses enfants et de sa patrie.

—M'est-il permis de demander où nous allons? dit la jeune femme.

—A la poudre! répondit Sans-Peur.

Dans l'école du canon, le commandement: *A la poudre!* ordonne aux pourvoyeurs de se rendre aux soutes avec leurs gargoussiers vides et d'en revenir avec des gargoussiers pleins. Isabelle comprit que l'objet principal de la campagne était de s'approvisionner de munitions de guerre aux dépens de l'ennemi.

—C'est donc au Callao, reprit-elle, que nous tenterons un coup de main?

—Tu l'as deviné.

—Et l'enfant de Sans-Peur en a tressailli dans mon sein, répondit Isabelle.

Liména, qui entrait dans la dunette meublée des mêmes meubles que la chambre nuptiale du brig *le Lion*, sourit en voyant le valeureux capitaine embrasser avec joie celle qui comblait enfin par ces paroles le plus cher de ses vœux.

—De crainte d'être laissée à terre, reprit Isabelle, je n'ai voulu parler qu'à bord, au large...

—Mais Andrès?...

—Une lettre d'adieu l'instruit de nos espérances.

—Bien! Et ne crains plus désormais que je te laisse à terre malgré toi. Il m'importe à moi-même que la compagne du *Lion de la mer* soit un marin et un capitaine, comme elle est déjà une héroïne!...

—Des compliments au bout de six mois de mariage!

—La vérité, toujours!

XXVIII

COUPS DE MAIN.

Au Callao et à Lima, on commençait à s'inquiéter de l'absence prolongée de la frégate de Sa Majesté Catholique, *la Santa-Cruz*, partie pour Valparaiso, où l'on savait qu'elle n'était point arrivée.—Avait-elle sombré au large? avait-elle fait naufrage sur quelque côte inconnue? Entraînée hors de sa route par un coup de vent formidable, était-elle en relâche dans des îles lointaines où elle se réparait? ou enfin, chose peu vraisemblable, était-elle tombée au pouvoir des ennemis? On n'ignorait plus, il est vrai, que l'Espagne avait déclaré la guerre à la République française, mais on n'admettait point que la République, en lutte avec toutes les puissances européennes, songeât à expédier un seul navire au Pérou.

Les meilleurs raisonnements sont susceptibles d'être démentis par les faits; la prise de *la Santa-Cruz* en fournit une preuve de plus.

Au coucher du soleil, la frégate battant flamme et pavillon espagnol fut signalée par les vigies de la côte. Les esprits se rassurèrent; on attendit patiemment le lendemain pour avoir l'explication de son retard.

L'explication devait se faire singulièrement attendre.

Au beau milieu de la nuit, deux cents hommes débarquèrent au fond de la baie du Callao, surprirent le poste qui gardait la poudrière de San-José, forcèrent les portes, s'emparèrent d'autant de munitions de guerre que les chaloupes et radeaux purent en charger, et en partant mirent le feu à la poudrière elle-même, qui fit explosion avec un épouvantable fracas.

Le lendemain la frégate avait disparu.

Or, d'après quelques-uns des soldats de garde, laissés à dessein dans la baie, les auteurs du coup de main parlaient espagnol.—En conséquence, on s'accorda bientôt à dire que l'équipage de *la Santa-Cruz*, s'étant révolté contre ses officiers, faisait la piraterie. Les navires de guerre dont disposait le vice-roi furent expédiés dans les divers ports intermédiaires pour y dénoncer *la Santa-Cruz* comme rebelle; et quant à la poudrière San-José, on n'eut garde de la reconstruire; aussi les magasins actuels sont-ils tous situés dans les forts et la citadelle du Callao.

Une petite corvette espagnole eut le malheur d'être rencontrée par la frégate de Sans-Peur, qui la prit, livra son équipage aux indigènes pour augmenter le nombre des mineurs, et démolit le navire, dont les voiles, l'artillerie et les munitions furent emmagasinées dans la vaste caverne de *la Lionne*.

Si l'on ne savait point, à Lima, quel était le mystérieux ennemi à qui l'on avait affaire, Andrès, Isabelle et Léon n'ignoraient aucun des bruits répandus au

Pérou, car ils avaient la ressource d'envoyer des gens sûrs dans les principales villes. A courts intervalles se succédèrent plusieurs coups de main non moins heureux que celui de la poudrière du Callao.

Sous pavillon indépendant, *la Santa-Cruz* prit ou rançonna plus de cinquante bâtiments de commerce, à l'ouvert des ports d'Arica, d'Arequipa, de Pisco et jusque dans le golfe de Guayaquil.

L'abondance régnait parmi les indigènes dévoués à la cause d'Isabelle; le vice-roi s'alarmait sérieusement et se proposait de mettre en mer une division destinée à pourchasser la frégate rebelle qui dévastait le littoral; la vieillesse d'Andrès était remplie de nobles espoirs qui furent accrus encore par la naissance d'un arrière-petit-fils.

_____

XXIX

NAISSANCES, MARIAGE ET BAPTÊMES.

A l'instant où, revenant de course, la frégate victorieuse mouillait devant le château de Quiron, l'enfant reçut le jour à bord.

Une salve d'artillerie et un pavois national célébrèrent cet événement heureux.

La frégate fut aussitôt entourée de balses chargées d'indigènes, à qui le vieil Andrès, du haut de la dunette, présenta le nouveau-né, qui, selon les désirs d'Isabelle, reçut les noms de Gabriel-José-Clodion-Tupac-Amaru.

Son bisaïeul y ajouta le titre de *Condor-Kanki*.

—Voici le nouveau grand chef des Condors! s'écria-t-il. L'enfant des Incas naît avec l'aurore de notre indépendance. Elle grandira comme lui, peuples du Pérou. Avant le midi de sa vie, elle illuminera l'empire de nos aïeux, elle sera le soleil qui dissipera les ténèbres de notre longue servitude en éblouissant nos oppresseurs! Gloire au prince nouveau-né; gloire au fils d'Isabelle et du Lion de la mer! Puisse le Dieu des opprimés lui accorder à jamais sa protection toute-puissante.

Ce fut peu après la naissance de Gabriel de Roqueforte que maître Taillevent prit enfin la résolution d'imiter son capitaine en demandant la main de l'aimable Liména.

—Tous mes plans à moi sont coulés, dit-il. J'avais du goût pour le petit cabotage et la pêche sur la côte de Normandie, avec un brin de contrebande en Angleterre, histoire de rire,—et me voilà courant la grande bordée à perpétuité. J'avais l'idée de demeurer le fils de ma bonne femme de mère à Port-Bail, et d'être le père de ses petits-enfants; mais le roi, la république, mon capitaine, le tremblement, le diable s'en sont mêlés; j'ai repassé la chance à mon matelot Tom Lebon, anglais de nation, français de cœur, ça, c'est connu! Donc bonsoir les Normandes de Normandie, faut que j'en prenne une ailleurs, pas vrai?

—Il me semble assez difficile d'être Normande ailleurs qu'en Normandie, dit Liména en riant.

—Eh bien, la mignonne, voilà ce qui vous trompe, à preuve qu'il ne tient qu'à vous de passer Normande en devenant la femme d'un Normand qui s'appelle maître Taillevent, soit dit sans vous offenser.

—Vous ne m'offensez pas du tout, bien au contraire, dit Liména en souriant.

—Bien au contraire? répéta le maître avec un certain trouble.

La démarche qu'il hasardait ne laissait pas que de lui avoir coûté, en réflexions et en monologues, plus de cinquante quarts de nuit.

—Je dis au contraire, reprit Liména, parce que je commençais à être offensée de votre long silence. Dès le premier jour, vous avez pu voir que j'étais dévouée à madame, comme vous vous l'êtes à votre capitaine...

—Il n'y a pas de temps perdu, interrompit Taillevent, M. Gabriel ne fait que de naître. Laissez courir, le mousse qui lui sera dévoué corps et biens ne sera pas longtemps dans les brumes du Pérou.—A demain la noce, avec votre permission!

—Mais madame ne sait encore rien...

—Ni mon capitaine non plus; soyez calme malgré ça; je réponds de la chose.—Enlevé! A demain la noce!

Le jour même du mariage de Taillevent eut lieu le baptême de Gabriel-José-Clodion-Tupac-Amaru de Roqueforte, intrépide enfant dont l'éducation se fit tour à tour à la mer, dans les gorges des Cordillères et dans les îles du grand océan Pacifique, où LEO l'*Atoua* fut successivement revu par tous les peuples.

La Santa-Cruz et *le Lion* se rejoignirent. De beaux combats furent livrés aux Anglais dans plusieurs archipels et jusque sous les murs de Sydney.

Parawâ s'y fit remarquer par sa vaillance à toute épreuve. Trop heureux de combattre sous le Lion de la mer, il s'était hâté de passer à bord de la frégate, dès qu'elle mouilla dans la baie des Iles.

Un jour vint où, confiant à Paul Déravis le commandement de *la Santa-Cruz* et la conduite d'un important convoi chargé de richesses, Léon remonta son brig refondu à neuf à l'île Taïti.

Le convoi fit route pour le Havre. Sans-Peur expédiait des captures opulentes au citoyen Plantier, son armateur; il se débarassait d'une foule de marins fatigués d'être hors de France depuis fort longtemps. Il ne voulait sous ses ordres que des gens de bonne volonté. D'ailleurs, il avait eu l'occasion de parfaire en Océanie plusieurs nombreux équipages, et se trouvait désormais dans une position excellente.

Le Lion en se dirigeant sur la baie de Quiron, captura sans coup férir *le Duff*, chargé de missionnaires méthodistes, parmi lesquels se trouvait le misérable Pottle Trichenpot, qui fut accueilli par les risées de tous les anciens de l'équipage.

—Si j'étais le capitaine, dit Taillevent à la vue du valet devenu missionnaire, je vous ferais pendre ce mauvais coquin-là pour ne plus le rencontrer.

—Ça nous ferait un mineur de moins, objecta Liména.

Mais quinze jours après, pendant une relâche dans l'archipel de Tonga, Pottle étant parvenu à s'évader, Liména convint de bonne foi que son époux avait eu bien raison.

Au large, peu avant le retour au château d'Andrès, Isabelle devint mère de deux jumeaux qui reçurent les noms de Léonin-Theuderic et Lionel-Clodomir.—Ces enfants de la mer atteignirent l'âge de trois ans sous les yeux de leur bisaïeul, tandis qu'avec des succès toujours nouveaux, Léon et Isabelle battaient l'océan Pacifique.

Le grand tueur de navires en avait usé trois sur les entre*-faites.

Le Lion,—jolie corvette de trente canons à cette heure,—ramenait un gros trois-mâts chargé de marins indigènes de l'Océanie, quand tout à coup une grande frégate anglaise se montre à l'ouvert de la baie. Un corps de cavalerie espagnole apparaît presque au même instant sur les hauteurs voisines du territoire de Quiron.

—Encore un branle-bas! Camuset, mon camarade, dit Taillevent, m'est avis qu'il va faire chaud!

XXX

POTTLE TRICHENPOT.

La biographie de Pottle Trichenpot, natif de Darmouth, mérite bien de distraire un peu la muse de l'Histoire, qui n'a pas souvent le loisir d'esquisser la silhouette d'un plus impudent rogneur de portions.

Fils d'un ex-cambusier devenu maître de taverne, Pottle employa ses premières années à sophistiquer les liquides offerts aux habitués du logis. Un beau soir, il s'empara de la recette de la journée et disparut sans que ses honorables parents s'inquiétassent de le rattraper.

—Excellent débarras! Qu'il aille se faire pendre ailleurs! dit en anglais monsieur son père à madame sa mère, qui fut absolument du même avis.

Cinq ou six autres fils ou filles suffisaient d'ailleurs à leur tendresse, et l'on peut affirmer qu'ils en auraient aisément donné deux ou trois pour être bien sûrs que Pottle ne reparaîtrait jamais. Ce sacrifice peu ruineux fut inutile. Pressé comme vagabond, Pottle avait l'honneur d'être logé aux frais de son gouvernement sur on ne sait quel vaisseau de Sa Majesté Britannique. Par l'intermédiaire de ses contre-maîtres de manœuvre, la même Majesté daigna former à coups de fouet l'esprit et le cœur de Pottle Trichenpot, sans parvenir toutefois à faire de lui un mousse passable.

Naturellement lâche, malpropre et filou, il était rempli d'intelligence pour les travaux occultes qui avaient enrichi ses chers parents. Tant d'aimables qualités réunies en sa seule personne devaient le faire distinguer par le munitionnaire en chef du vaisseau *le Warspit*; il se rendit, par un zèle à toute épreuve, digne d'une pareille distinction; nul ne pesait et ne mesurait plus mal que lui, nul ne décomptait mieux. Il savait ses quatre règles dès l'âge tendre, il apprit à lire et à écrire dans l'espoir de devenir un jour munitionnaire royal. Malheureusement, enhardi par trop de succés, il ne se borna plus à filouter l'équipage au profit de son protecteur, et voulut bénéficier de ses talents. Cette ambition le perdit.

Cent coups de fouet et deux ans de prison lui furent attribués en récompense de ses mérites; mais à quelque chose malheur est bon. Pottle fut attaché au service particulier du chapelain de la prison, estimable ministre qui, chaque soir, se faisait faire par lui la lecture de la Bible, et qui, plus tard, le donna pour valet à son neveu le master de la corvette *the Hope* (l'Espérance). On se rappelle comment cette corvette fut brûlée sur les côtes de Galice par le corsaire *le Lion*, et comment Pottle, mis en barrique, recueilli par *la Guerrera*, puis embarqué sur *la Dignity*, parvint à se faire accepter comme domestique par le loyal Roboam Owen.

Hypocrite formé par tant d'infortunes et devenu très habile à faire naître les occasions favorables, Pottle eut le talent de s'insinuer dans les meilleures grâces du spéculateur qui trafiquait à l'anglaise des revenus de la Bible dans les archipels de l'Océanie.

A Londres, il fut trouvé digne de toute confiance et en partit avec une pacotille dont il devait tirer les plus agréables profits.

Le catholicisme est abnégation, désintéressement, dévoûment allant jusqu'au martyre. Celles des sectes dissidentes qui exploitent les rives lointaines sont animées par l'esprit diamétralement inverse.

Pottle Trichenpot, marié à Sydney avec la fille d'un déporté, n'était rien moins que missionnaire anglican lors de la prise du *Duff.*

Possesseur d'une magnifique collection de spiritueux et de bibles, de ciseaux, de couteaux et de verroteries, il travaillait à l'édification, à la conversion et à la civilisation des Polynésiens avec un succès des plus rares. Sa pacotille fut perdue, hélas! mais en dépit du rancunier Taillevent, le missionnaire Pottle Trichenpot n'eut qu'à se louer des traitements de Sans-Peur le Corsaire.

En vérité, il fut acueilli en ancienne connaissance. Le capitaine lui demanda des nouvelles du brave lieutenant Irlandais Roboam Owen. Pottle, d'abord tout tremblant, se rassura et dit que M. Owen continuait à servir dans la marine britannique.

—Mais, ajouta le prisonnier, très peu de jours après notre débarquement au cap de la Higuera, nous nous séparâmes, et je n'ai jamais eu l'honneur de le rencontrer depuis.

Pottle mentait avec impudence.

Sans-Peur ne fut point tout à fait sa dupe; seulement son indulgence trop grande, combinée avec la terreur profonde qu'il inspirait à Pottle Trichenpot, fut cause que ce dernier s'évada au risque d'être dévoré par les requins ou par les anthropophages.

Pour qu'un tel poltron courût de gaîté de cœur autant de dangers, il devait avoir la conscience fort lourde et redouter à bon droit que, se ravisant tôt ou tard, Sans-Peur ne se conformât à la manière de voir de l'expéditif Taillevent.

Plus heureux qu'il ne méritait de l'être, Pottle Trichenpot fut recueilli par un autre navire de missionnaires anglicans et se retrouva bientôt dans une position meilleure que jamais.

Il faut lui attribuer la majeure partie des rapports alarmants que reçut le gouvernement britannique sur les progrès d'un aventurier français déjà signalé à son attention depuis longues années: «—Sous les noms principaux de LEO l'*Atoua*, Lion de la mer, ou Sans-Peur le Corsaire, cet odieux pirate, ligué avec les insurgés du Pérou, ne cessait de persécuter les missions anglaises, s'opposait en tous lieux à leur établissement, suscitait des révoltes et des massacres, capturait les goëlettes évangéliques, et menaçait d'expulser les Anglais de toutes les îles.»

Les missionnaires, en général, se plaignaient des partisans fanatiques de LEO l'*Atoua*; Pottle seul était en mesure de fournir de bons renseignements qu'il compléta par une foule de détails circonstanciés.

Cependant les gouverneurs des diverses audiences du Pérou étaient parvenus de leur côté à trouver quelques indices de la mystérieuse puissance exercée contre eux par un ennemi acharné, qui devait avoir des partisans jusque dans l'intérieur des terres.

XXXI

BATAILLE DE QUIRON.

La frégate anglaise *la Firefly* avait mouillé au Callao avant de se diriger sur la baie de Quiron. Son capitaine, qui apportait les documents fournis par les missions anglaises, se concerta naturellement avec le vice-roi. Les Espagnols agirent par terre, tandis que les Anglais allaient attaquer par mer.

Au moment même où Sans-Peur apercevait dans la direction du nord la frégate ennemie, il vit sur la pointe sud de la baie de Quiron un pavillon qui lui signalait des dangers à terre.

—Andrès est menacé, dit-il à Isabelle. La route suivie par cet anglais prouve qu'on a découvert notre asile.

—Ah! mon Dieu! s'écria la jeune mère de famille, je vois des troupes espagnoles sur la montagne!... et j'ai deux de mes enfants à terre!...

Léonin et Lionel, les deux jumeaux, âgés d'environ trois ans, se roulaient aux pieds de leur bisaïeul assis sur une sorte de palanquin, d'où il donnait à voix basse ses ordres transmis aussitôt à ses fidèles serviteurs.

Gabriel, sur le gaillard d'arrière de la corvette *le Lion*, avait pour compagnon de jeux un petit garçon d'un an plus jeune que lui, né en mer et baptisé à bord du nom euphonique de Liméno Taillevent.

Camuset, qui jouissait du privilége d'être spécialement chargé de la garde du petit Gabriel, était en tiers dans leurs récréations. Il les suivait dans la mâture, leur enseignait à faire toutes sortes de nœuds, était leur maître d'escrime, de bâton et de natation, trouvait ses fonctions charmantes, et avait cessé d'être tarabusté par maître Taillevent, qui le traitait de camarade.

—Ah! s'il pouvait un jour m'appeler son *matelot!* disait naïvement le vaillant garçon.

Mais le titre sacro-saint de *matelot* ne pouvait être décerné par maître Taillevent qu'à un seul homme dans le monde, c'est-à-dire Tom Lebon de Jersey, anglais de nation, français de cœur...

—Le mari de ma femme, le fils de ma mère, et le père de ses petits-enfants! disait encore quelquefois le brave maître par un reste d'habitude à laquelle Liména mettait bon ordre.

—Ta femme, c'est moi! et le seul petit-fils de ta mère, Liméno notre enfant.

—Doucement, madame Taillevent, répliquait le maître. Pour la première chose, j'ai tort; tu es ma femme, et l'autre est celle de mon matelot Tom Lebon. Mais pour la seconde chose, je dis et je répète que mon matelot est le fils de ma bonne femme de mère... par *substantation*, langage du notaire de chez nous.

—Pardonnerez, maître, objectait Camuset, le notaire de chez nous a dit *substitution*.

—Je n'en fais pas la différence, mon camarade, reprit Taillevent avec bonhomie, mettons *tanta*, *titu*, *touto*, *tuti*, tout ce que tu voudras; en néo-zélandais on dirait *papaï*; demande plutôt au vieux Parawâ.

Parawâ et bon nombre de ses compatriotes étaient alors, soit à bord de la corvette *le Lion*, soit sur la prise anglaise *l'Unicorn*, qui entrèrent de conserve dons la baie de Quiron.

La Firefly, chargée de toile, gouvernait sur elles, sabords ouverts, mèches allumées.

Le Lion et *l'Unicorn* hissèrent pavillon français, l'appuyèrent d'un coup de canon et s'embossèrent à l'extrémité la plus reculée de la baie.

Sans-Peur emmenant son fils Gabriel, Taillevent, Camuset et cinquante autres se jetèrent dans la chaloupe ou le grand canot.

Isabelle, suivie de Parawâ, se précipita vers le château de Quiron, où les serviteurs d'Andrès s'apprêtaient à opposer aux troupes espagnoles une résistance vigoureuse.

A bord de *la Firefly*, on observait les mouvements des embarcations qui se remplissaient de marins des deux navires. On crut nécessairement qu'ils prenaient la fuite.

—*Perfectly well!* parfaitement bien! dit le commodore anglais. Les drôles ne se doutent pas de ce qui les attend à terre!.. Allons prendre leur navires abandonnés. La cavalerie espagnole fera le reste.

Le commodore qui parlait ainsi ne pouvait voir qu'au même instant des masses de rochers se détachaient des flancs de la montagne où s'introduisait une nombreuse flottille des balses péruviennes.

La Firefly courait vers les deux navires embossés et qui, abandonnés ou non, lui présentaient le travers. Avec une prudence digne d'éloges, le commodore prit du tour de manière à leur offrir le côté, c'est-à-dire que sa manœuvre ne ressembla en rien à celle qui avait autrefois causé la prise de *la Santa-Cruz*. Toutefois, trouvant fâcheux d'endommager inutilement deux navires qui paraissaient en bon état, il mit en panne à petite portée de canon et fit amener quelques canots qui se dirigèrent vers la corvette et le trois-mâts *l'Unicorn*.

Les canots abordèrent; les officiers qui les commandaient montèrent sur le pont. On ne les vit pas redescendre. On ne vit pas non plus amener les couleurs françaises. Il était évident que les malheureux officiers de corvée venaient de se faire prendre au piége.

Le commodore se rapprocha en dérivant, et d'une voix menaçante:

—Amenez pavillon, cria-t-il, ou je vous coule!

Rien ne bougea.—Personne ne répondit à la menace.—Les canots anglais, rappelés à bord, revinrent sans leurs officiers, qui, à peine sur le pont des navires de Sans-Peur, avaient été brusquement terrassés, bâillonnés, garrottés et jetés à fond de cale. Autour de chaque canon se tenaient accroupis un nombre d'hommes suffisant pour le servir, et à l'arrière, caché par le bastingage, un officier corsaire donnait ses ordres par signes.

A bord du *Lion*, c'était Émile Féraux,—à bord de *l'Unicorn*, Bédarieux,—deux braves capitaines de prises demeurés fidèles à la fortune de Léon de Roqueforte.

—Canonniers!... à couler bas!... Feu!... commanda enfin le commodore de *la Firefly*.

Un nuage de fumée enveloppa la frégate anglaise.

Le Lion et *l'Unicorn*, se réveillant alors, ripostèrent par leurs volées; la fumée s'épaissit.

Avant qu'elle se fût dissipée, du flanc de la montagne sortit une frégate qui, sans un chiffon de toile au vent, s'élançait avec une rapidité magique sur l'arrière de *la Firefly*, prise inopinément en enfilade et puis entre deux feux,— car *la Lionne*, toujours sans avoir déployé une voile, tourna soudain sur elle-même, longea la frégate anglaise et la cribla d'une seconde bordée à bout portant.

Cette attaque était trois fois fantastique.

Sortie de sa caverne comme elle y était entrée, au moyen d'un chapelet de balses, *la Lionne* se hala sur un système d'amarres disposées à l'avance dans la prévision des deux manœuvres exécutées coup sur coup avec une admirable précision.

La bordée en enfilade jeta le désordre à bord de *la Firefly*. Son gouvernail brisé, ses vergues, ses mâts, ses cordages hachés par la mitraille, ses voiles déchirées et pendantes, la réduisaient à l'impossibilité de manœuvrer.

Et au même instant, *la Lionne* abandonnait ses amarres de fond en larguant ses voiles, tandis que la corvette *le Lion* et *l'Unicorn* continuaient à faire feu. Ces deux navires, si peu redoutables dans le principe, la secondaient maintenant d'une manière désastreuse pour *la Firefly*.

Cependant, à terre se passait une autre action qui préoccupait à trop juste titre l'intrépide Sans-Peur.

Isabelle, les deux jumeaux Léonin et Lionel, le noble Andrès et ses Péruviens étaient attaqués par des troupes nombreuses qui ne reculèrent pas devant quelques pièces d'artillerie assez maladroitement pointées.

La cavalerie espagnole s'empara même de plusieurs canons. Le vieux château de Quiron, battu en brèche, allait s'écrouler. Un incendie s'y déclarait.

—Bas le feu! commanda Léon en hissant pavillon parlementaire.

Le silence se fit sur la baie.

—Capitulez! ajouta Sans-Peur, je vous accorde la vie, la liberté, un navire et un sauf-conduit pour retourner en Angleterre!

Non!... répondit le commodore, je ne capitulerai jamais devant un pirate.

—Je suis corsaire français!

—Vous en avez menti!... Feu!... feu partout!

—A l'abordage, donc, et pas de quartier! cria Léon avec fureur.

Un triple choc suivit ce commandement.

La Lionne arrivait en grand sur *la Firefly* qui dériva sur la corvette *le Lion*, tandis que *l'Unicorn* s'accrochait par l'avant. Les quatre navires, qui se heurtaient et se brisaient l'un à l'autre espars et pavois, gémissaient en craquant de bout en bout. Ils ne formaient plus qu'une masse, théâtre de la désolation et du carnage.

Les lions, les tigres, les cannibales, les farouches Néo-Zélandais, les Polynésiens ou les Péruviens enrôlés comme matelots par Sans-Peur, déchaînés maintenant, égorgeaient sans pitié les anglais livrés à leur rage.

—Camuset, veille sur mon fils Gabriel!... A moi, mes canotiers! avait commandé Léon en lançant son monde à bord de *la Firefly*.

Puis il se jeta dans son canot. Taillevent y gouvernait.

Camuset demeura presque seul sur la dunette de *la Lionne*, où il fut obligé de retenir de vive force le petit Gabriel qui pleurait parce qu'on l'empêchait d'aller à l'abordage.

—Une autre fois, mon petit prince, une autre fois ce sera notre tour. Cette fois-ci, voyez-vous, faut obéir à papa Sans-Peur, qui va vous chercher maman et vos petits frères.

Gabriel trépignait.

Liméno, plus calme, regardait la bagarre avec un sang-froid juvénile qui eût assurément charmé maître Taillevent, son père, si maître Taillevent, à pareille heure, avait pu être charmé par quoi que ce fût.

Un mousqueton en bandoulière, une hache d'abordage et deux pistolets à la ceinture, noir de poudre et ruisselant de sueur, les yeux fixés sur le territoire de Quiron, où se livrait la bataille, la main sur la barre de son gouvernail, Taillevent grommelait ainsi:

—Toujours se bûcher! toujours se crocher, se manger, se défoncer!... User plus de navires que de paires de souliers!... se battre par mer, par terre, au large, en rade, dans les îles, chez les Espagnols, chez les sauvages, et, pour se reposer, faire faire l'exercice du fusil et du canon à tout ce qu'il y a de peaux tannées, tatouées et basanées entre les Carolines et les Marquises. Naviguer dans le feu, voyager dans les tremblements, creuser les montagnes, avoir en garnison dans les mines du Pérou des ennemis la pioche et la pelle en main, faire tous les métiers, hormis le bon petit cabotage entre jersey et Port-Bail! Miracle que d'avoir un pouce de peau sans avaries sur ses pauvres os!... vrai miracle!... mais, tant va la cruche à la fontaine, qu'elle y demeure en pantenne!... Va-t'en dire ça en douceur à mon capitaine, tu en seras pour ta peine!... En avant donc!... en avant le chavirement!...

Le canot abordait au milieu des balses échouées sur le rivage, car tout ce qu'il y avait de gens capables de porter les armes combattait autour du palanquin d'Andrès de Saïri.

Les femmes et les enfants quichuas couraient çà et là, sans but; sans savoir où aller, en poussant des cris de terreur.

—*Démonio!* tas de pécores! leur cria Taillevent en espagnol. Mettez-vous donc sur les balses et n'allez pas trop loin!... Allons! Concha, Pépita, Dolorès, Carmen! femelles endiablées, taisez-vous; attrapez-moi les pagaies!... Si ma femme était là, seulement!

Mais Liména ne s'était pas séparée d'Isabelle.

D'un signe, Taillevent ordonne à deux des canotiers d'organiser une flottille de balses, tandis qu'à la tête des autres il s'élance sur les pas de Sans-Peur.

Andrès venait de recevoir une balle en pleine poitrine et ne commandait plus.

Isabelle, à cheval, tenant ses deux enfants pressés contre son cœur, était menacée par les cavaliers espagnols. L'amour maternel redoublait son énergie. Plusieurs fois, tout en battant en retraite, elle déchargea ses pistolets d'arçon. Autour d'elle, on se massacrait.

Parawâ, son *méré* casse-tête au poing, abattait quiconque osait s'approcher d'elle; et Liména, montée sur une jument des Malouines, se comportait comme un homme.

Cependant, épuisés, décimés, hors d'état de résister davantage, les Quichuas allaient être enveloppés, lorsque Sans-Peur, Taillevent et leurs matelots arrivèrent en renversant tout sur leur passage.

A leur vue, Parawâ jette le cri PI-HE d'un accent si terrible que l'épouvante gagne les chasseurs espagnols.—Ils reculent.—Le chemin de la mer est libre.

—Au galop! Isabelle, au galop!... dit Sans-Peur.

Par malheur, la panique des cavaliers ne dura qu'un instant.

—Eh quoi! dix hommes à pied vous font reculer! A la charge!... commanda un de leurs officiers, qui se lança sur eux au triple galop.

La baïonnette de Taillevent et une balle de Sans-Peur arrêtent à la fois cheval et cavalier.

Parawâ tenait par la bride la monture d'Isabelle, une balse accosta.—La jeune mère, sans descendre de cheval, passe sur le radeau dont Liména saisit la pagaie.

Autour du palanquin d'Andrès se livrait un combat sanglant.

Mais les Espagnols, maîtres du rivage, n'eurent pas le temps d'en finir par une décharge à mitraille de leur artillerie.

Émile Féraux lâchait sur eux une bordée qui démonta leurs pièces. Bédarieux débarquait à la tête de tous les équipages vainqueurs de *la Firefly*. Et du versant des mornes, se précipitaient comme un torrent des cavaliers péruviens qui accouraient, trop tard, hélas! au secours de leur cacique.

Cette mêlée terrible fut appelée la bataille de Quiron.

XXXII

MORT DU CACIQUE DE TINTA.

Déjà, Gabriel-José-Clodion-Tupac-Amaru de Roqueforte, né le 15 mars 1794, a sept ans accomplis,—et, en l'espace de sept ans passés, une frégate ensevelie dans l'ombre sous une montagne, loin d'être en état de sortir victorieuse d'une bataille navale, aurait le temps de pourrir plusieurs fois.

Aussi bien *la Lionne*, qui venait d'écraser *la Firefly*, n'était-elle plus la même que Sans-Peur y avait cachée dans l'origine. Le grand tueur de navires avait, à diverses reprises, rouvert et refermé son arsenal mystérieux, où toutefois il eut toujours soin de tenir un grand navire en réserve.

Du reste, pendant que Léon et Isabelle sillonnaient les mers de l'Océanie, pendant qu'ils s'aventuraient jusqu'aux Philippines et capturaient aux Espagnols, aux Hollandais ou aux Anglais des navires de tous rangs, Andrès ne négligeait rien pour entretenir *la Lionne*, dont la cale se remplissait des richesses extraites de la mine des Incas.

Certes! si les circonstances ne permirent point qu'Isabelle entrât en jouissance des vastes domaines que le marquis son père possédait aux alentours de Cuzco, elle en fut amplement dédommagée.

Par une bizarrerie fort remarquable, les revenus de la fille des Incas, régulièrement perçus par un tabellion royal, continuaient à être adressés à don Ramon en son château de Garba.

De même l'armateur Plantier reçut à bon port divers bâtiments chargés d'opulentes dépouilles, lesquels furent vendus au Havre pour le compte du fameux corsaire Sans-Peur, le Surcouf de l'Océanie.

Si la France ignorait les exploits du *Lion de la mer*, les marins s'en entretenaient assez souvent, sans trop comprendre, il est vrai, par quels motifs un tel homme avait choisi pour théâtre des parages où l'on ne semblait avoir aucun grand intérêt, dans le présent ni dans l'avenir.

Les guerres continentales absorbaient l'attention de l'Europe.

A peine s'y occupait-on des faits accomplis dans l'Atlantique ou dans les mers de l'Inde; à plus forte raison, l'opinion publique ne s'émut jamais des courses dans les mers du Sud et de l'Océanie, de l'exécuteur des patriotiques desseins du pieux et libéral Louis XVI, qui voulait la civilisation par le catholicisme et par la France, *Gesta Dei per francos*, et conséquemment la lutte sans trêve contre l'influence de l'hérétique Angleterre.

Personne, si ce n'est l'armateur Plantier, n'était au courant des actes de Sans-Peur, aventurier en quelque sorte légendaire, car la distance produit presque les mêmes effets que le temps. Les matelots, de rares officiers du commerce, certains capitaines corsaires, Paul Déravis, entre autres, faisaient, à la vérité, des récits merveilleux; mais a beau mentir qui vient de loin: tout cela était trop fabuleux, romanesque, incroyable, impossible, absurde même!...

Si le mobile de Sans-Peur avait été ce qu'on appelle *la gloire*, il se serait singulièrement fourvoyé; mais son ambition était plus haute et plus noble, comme le prouva bien son discours au pied du lit de mort d'Andrès de Saïri.

Les Espagnols, enveloppés à leur tour, avaient mis bas les armes; Sans-Peur, maître de la situation, put, cette fois, s'opposer à un massacre inutile.

Les soldats prisonniers furent gardés dans les casemates de la montagne; les équipages retournèrent à leurs bords respectifs pour les déblayer, les nettoyer et réparer les avaries principales. Un bûcher se dressait sous le vent; on devait y brûler les morts. Une ambulance était improvisée sous les arbres du plateau; les femmes, dirigées par les chirurgiens des navires, pansaient les blessés des deux partis.

Sur les ruines du château, une tente, faite avec les voiles des chaloupes, abritait le vénérable cacique Andrès, qui venait de recevoir les derniers sacrements. Car, depuis bien des années, un prêtre, fils d'une Péruvienne, desservait l'humble chapelle de Quiron.

La population, assemblée sur le plateau, voyait Isabelle, ses trois enfants et son époux autour du vieillard mourant, qui les bénit sans avoir la force de prononcer une parole.

Ses derniers regards s'attachaient fixement sur Gabriel-José, son filleul, l'aîné de la famille.

Ces regards étaient tendres et pleins d'éloquence.

Léon de Roqueforte, étendant la main sur la tête de son fils, dit à haute voix:

—Mon père, en présence de votre peuple, je vous renouvelle solennellement ma parole. Je jure que cet enfant, qui porte les noms du dernier Inca, n'aura d'autre mission que de continuer, après moi, l'œuvre d'affranchissement du Pérou.

Le vieillard sourit avec reconnaissance.

Les indigènes péruviens brandirent leurs armes, faisant ainsi le serment sacré de reconnaître le premier-né d'Isabelle comme l'héritier de la race antique de leurs seigneurs.

—Grâce à Dieu! continuait le corsaire, j'ai deux autres fils qui se partageront le reste de ma tâche immense. A ceux-ci les mers! A celui-là les terres! Aux frères jumeaux mes peuples des îles, mes vaisseaux et l'honneur de servir la

France et la foi, en préservant à jamais de la domination anglaise les nations de l'Océanie. A Gabriel-José la gloire de délivrer le Pérou de la domination espagnole.—Noble Andrès, illustre ami de José-Gabriel Condor Kanki, vous qui avez abattu les murs de Sorata, vous n'avez jamais désespéré du grand triomphe. Et c'est après une double victoire que votre âme généreuse va se diriger vers les cieux! De là, elle verra l'accomplissement de ses vœux pour la patrie.—Et, je vous le dis hautement, hommes du Pérou, vos caciques et vos Incas, les fiers ancêtres de mes fils, glorifieront le Dieu tout-puissant, car l'Amérique du Sud tout entière redeviendra indépendante!

A ces paroles prophétiques, Andrès de Saïri sembla se ranimer un instant. Une flamme d'espérance brilla dans ses yeux.

—O mes enfants! disait Léon de Roqueforte, je vous aurai obscurément ouvert les voies de l'avenir!... Moi qui parle, je terminerai ma carrière ne laissant après moi que le vague renom d'un coureur de grandes aventures. Dans les champs séculaires de l'histoire, ceux qui défrichent et qui sèment ne sont jamais ceux qui moissonnent. Les germes se développent avec une lenteur décourageante pour les ambitions égoïstes; la mienne n'est point ainsi faite. Comme Andrès, votre bisaïeul, je mourrai sans regrets, pourvu que je voie les fruits prêts à mûrir pour les fils de ses petits-fils!

Andrès se souleva sur son lit de mort, et d'une voix éclatante:

—Je vois le Pérou libre! Dieu soit loué! s'écria-t-il.

A ces mots, s'affaissant sur lui-même, le vieux guerrier mourut.

Isabelle et ses enfants fondirent en pleurs.

L'âme du cacique de Tinta, dernier grand chef des Condors, déployait ses ailes. Elle dut planer longtemps au-dessus du peuple agenouillé qui répondait à la prière des morts récitée par le prêtre du territoire de Quiron.

Une grande pompe catholique fut déployée, et chose qu'il convient de signaler, les Polynésiens, à commencer par Baleine-aux-yeux-terribles, s'agenouillèrent pieusement devant le Dieu triple et un de LEO l'*Atoua*.

XXXIII

ROBOAM OWEN.

A la lueur des torches, on achevait d'ensevelir les restes mortels du bisaïeul de Gabriel-José de Roqueforte, lorsque deux officiers de *la Firefly*, préservés à grand'peine de la fureur des sauvages, furent amenés à terre par un peloton de marins français.

Le pilotin chef de corvée dit à Sans-Peur:

—Par les ordres du capitaine Féraux, je viens vous livrer les deux officiers de corvée pris à bord du *Lion* et de *l'Unicorn*. Nos matelots indigènes ont failli les massacrer, mais nous nous y sommes opposés en votre nom.

—Vous avez bien fait! s'écria vivement Sans-Peur. Sans les dangers courus à terre par ma femme, mes enfants et nos malheureux alliés, je n'aurais jamais commandé l'abordage qui a suivi l'insolente réponse du commodore.

—Plût à Dieu que notre infortuné commodore eût consenti à me croire! dit l'un des officiers anglais dont Sans-Peur reconnut la voix.

—M. Roboam Owen! s'écria-t-il.

—Moi-même, commandant; votre prisonnier pour la seconde fois!

—Et pour la seconde fois à la veille de sa délivrance, dit Sans-Peur en lui tendant la main.

—Commandant, répondit l'Irlandais, malgré toute ma reconnaissance envers vous, je ne saurais accepter un traitement différent de celui qui sera fait à mon camarade.

—Qu'à cela ne tienne! répliqua Sans-Peur; qu'il soit donc comme vous prisonnier sur parole, jusqu'à ce que je puisse vous rendre la liberté.

Le compagnon de Roboam Owen fit un geste de surprise.

—Je vous le disais bien, Wilson, Sans-Peur le Corsaire n'est pas un pirate, mais un loyal gentilhomme français; tous les odieux récits auxquels notre commodore croyait si fermement ne sont que des calomnies.

—Je joindrai donc mes remercîments à ceux de M. Owen, mon collègue, dit en s'inclinant le capitaine Wilson, dont la raideur ultra-britannique contrastait avec la franchise irlandaise de son compagnon de fortune.

—Ah! je suis bien heureux, monsieur Owen, ajouta Sans-Peur le Corsaire, que votre tour de corvée vous ait préservé de notre abordage.

—Mieux vaudrait peut-être avoir péri, murmura l'Irlandais avec mélancolie.

—Pourquoi ce découragement? Brave et loyal comme vous l'êtes, vous méritez un bel avenir; vous l'aurez!

Roboam Owen ne répondit point. Sans-Peur ordonna que les deux officiers anglais fussent bien traités, et ne s'occupa plus que de ses nombreux devoirs.

Le lendemain, Roboam Owen lui fit demander un moment d'entretien.

—Hier soir, capitaine, lui dit-il, en présence de mon camarade et de vos gens, je ne me suis point permis de parler de don Ramon, que j'ai revu au château de Garba d'abord, et tout récemment à Lima.

—Don Ramon à Lima! s'écria Sans-Peur avec un vif intérêt mêlé d'étonnement. Mais il risque d'y être gravement compromis!

—Peu de jours avant notre départ du Callao, il fut jeté dans la même prison où le marquis son père a été si longtemps enfermé.

—Merci, monsieur Owen, s'écria Sans-Peur avec un accent de colère véhémente.

—Je ne vous cacherai point enfin, ajouta le lieutenant irlandais, que don Ramon, dont je m'étais séparé dans les meilleurs termes, me fit à Lima l'accueil le plus blessant. Aussi lui avais-je envoyé une provocation en duel, et nous devions nous battre ensemble, le matin même où il fut arrêté.

—Ce que vous me dites est inconcevable!

—Je n'y ai rien compris moi-même. Aux injures, aux menaces, aux gestes les plus violents, le marquis de Garba y Palos mêlait, je ne sais pourquoi, le nom d'un certain Pottle Trichenpot, misérable valet que j'ai eu quelques instants à mon service.

A ces mots, Sans-Peur pâlit; il avait tout deviné, la cause du voyage de don Ramon au Pérou comme celle de l'évasion presque téméraire du lâche Trichenpot.

—Le misérable, pensait-il, commande en mon nom!... Il détruit mon édifice par la base!...

Le Lion de la mer se prit à rugir. Il appela à l'ordre tous les capitaines de navires et tous les chefs péruviens.

—Bon! fit Taillevent, encore quelque grand tremblement du diable, c'est sûr!... je connais ça rien qu'à la voix du capitaine.

XXXIV

LES FRANGES D'OR.

Ramené au sentiment de la justice par la noble conduite de Léon de Roqueforte, don Ramon avait abjuré les haines de sa famille maternelle. La lecture des correspondances et des mémoires posthumes du marquis son père acheva de modifier ses idées; il aurait sincèrement voulu que l'Espagne traitât en sujets et non en ilotes les descendants de la race autochtone; mais il était Espagnol et n'admettait en aucun cas les droits du Pérou à l'indépendance absolue.

Sans-Peur, le *Lion de la mer*, français de nation, compagnon d'armes de José-Gabriel et d'Andrès, époux d'Isabelle, ancien officier de la guerre d'Amérique, et, comme tel, ardemment épris du principe de l'indépendance des peuples, n'était retenu par aucun scrupule; il avait arboré le drapeau péruvien.

Don Ramon, malgré sa modération actuelle, ne reconnaissait que le drapeau de l'Espagne.

Dès l'instant où ils se séparèrent, le frère et la sœur étaient donc dans des camps opposés.

Heureusement, la lutte aurait lieu aux extrémités du monde, et don Ramon, persuadé qu'il ne quitterait jamais l'Espagne, comptait bien n'y prendre aucune part. La destinée en décida tout autrement. Le beau-frère de Léon de Roqueforte, le fils de l'ancien gouverneur de Cuzco, devait subir lui-même les atteintes de la politique ombrageuse qui avait autrefois persécuté le marquis son père.

Après la bataille des corsaires de Bayonne, le lieutenant Roboam Owen crut s'acquitter d'un devoir en se rendant au château de Garba. Il allait y annoncer qu'Isabelle et son valeureux époux avaient triomphé de tous les obstacles. Non sans déplorer l'insuccès des armes anglo-espagnoles, il ne manqua point de faire un pompeux éloge de la loyauté de Sans-Peur le Corsaire.

Don Ramon lui en sut gré.

Don Ramon lui offrit une hospitalité cordiale qui s'étendit forcément à son valet Pottle Trichenpot.

Mais, par malheur, ce dernier n'ignorait pas les vertus attachées aux franges d'or de *la borla* du *Lion de la mer.*—Léon de Roqueforte avait commis une grave imprudence en donnant publiquement une poignée de ces talismans au marquis son beau-frère, qui fut touché de sa confiance, mais n'attacha qu'une importance médiocre au présent du corsaire. Dès lors, pourtant, si l'on s'en souvient, maître Taillevent grommela en disant qu'on a connu des Anglais qui entendaient l'espagnol.

Pottle Trichenpot ne perdit pas un mot du discours de Sans-Peur.

Et c'est pourquoi, peu de jours après le départ de Roboam Owen, don Ramon s'aperçut que les franges d'or avaient disparu. Il supposa que leur valeur intrinsèque avait seule tenté la cupidité du voleur, et ne s'inquiéta guère de leur perte.

Puis, s'écoulèrent six années, pendant lesquelles don Ramon se maria en Espagne, eut plusieurs fils, devint veuf durant un voyage qu'il fit en Andalousie, et vécut, du reste, dans une complète ignorance du sort de sa sœur Isabelle. Il supposa seulement qu'elle n'était pas au Pérou, car il continuait de percevoir la totalité des revenus des domaines qu'y avait possédés leur père.

Or, tout à coup, à Cadix, il apprit de la bouche d'un officier espagnol, récemment arrivé des îles Philippines, l'histoire étrange du *Lion de la mer* et des missions anglaises de l'Océanie.

—Tandis qu'en Europe, disait l'officier, la révolution française et les victoires du général Bonaparte tiennent tous les esprits en éveil, les Anglais fondent à petit bruit un futur empire dans ces mers lointaines. Ils bâtissent à la Nouvelle-Hollande des villes qu'ils peuplent du rebut de leur population; ils créent de grandes colonies pénitentiaires, et répandent en outre dans les divers archipels des missionnaires protestants qui sont autant de pionniers destinés à préparer leur domination. Je dois ajouter pourtant qu'ils ont trouvé un rude adversaire dans la personne d'un certain aventurier français, généralement connu sous le nom de *Lion de la mer.*

—Le *Lion de la mer*! répéta don Ramon.

A ce nom romanesque, les dames qui chuchotaient à l'extrémité du salon firent silence et se rapprochèrent. Une foule de questions charmantes furent adressées à l'officier, qui se trouva bientôt entouré d'un cercle de jolies femmes jouant de l'éventail.

Don Ramon, relégué au second plan, écoutait avec une ardente curiosité.

Le galant officier reprit en ces termes:

—Le *Lion de la mer* passe à Manille pour un cavalier accompli. Une femme d'une admirable beauté l'accompagne dans toutes ses aventureuses expéditions, et fait les honneurs de son bord avec une grâce exquise. On assure, d'ailleurs, qu'elle a toutes les qualités d'un valeureux corsaire. Souvent elle commande la manœuvre, même pendant le combat.

—L'auriez-vous vue, seigneur capitaine?

—Non, mesdames, pour mon bonheur, sans quoi je n'aurais pas en ce moment l'inappréciable avantage d'être au milieu de vous. Jamais prisonnier masculin n'a été rendu à la liberté par le *Lion de la mer*.

—Il épargne donc ses passagères?

—Précisément, mesdames. J'ai connu à Manille plusieurs de ses prisonnières, qu'il relâcha sans rançon; elles se louaient toutes de ses procédés excellents, de sa courtoisie et de l'affabilité de dona Isabelle, car tel est le prénom de sa très gracieuse excellence la Lionne de la mer.

Don Ramon ne douta plus de l'identité du personnage en question. C'était bien l'époux de sa sœur, Sans-Peur le Corsaire, l'heureux vainqueur de *la Guerrera*.

—La prétention constante de notre aventurier, continua l'officier espagnol, est d'être corsaire français; il repousse avec colère la qualification de pirate, et ne fait la guerre, dit-il, qu'aux ennemis de sa patrie.

—Pourquoi mentirait-il? dit don Ramon.

—Ses équipages sont un composé de barbares effroyables, parmi lesquels les matelots français se trouvent en minorité. Il y a des Carolins, des Taïtiens, des Néo-Zélandais, des blancs, des noirs, des mulâtres, des métis de toutes les espèces. Les anthropophages y sont en nombres, et, entre nous, je crains bien que son bord même ne soit parfois le théâtre d'horribles festins.

—Ah! monsieur, interrompit don Ramon, comment concilier une pareille opinion avec le traitement courtois fait à ses prisonnières?

—La Lionne Isabelle protège sans doute son sexe.

—Oui!... oui!... s'écrièrent toutes les dames en battant des mains, cela doit être!.. c'est cela!

—Toujours est-il qu'on ne sait ce qu'il fait de ses prisonniers. Les anglais assurent que son équipage les mange.

—Oh! l'horreur!

—Il se fait adorer comme un dieu par un grand nombre de peuplades, qui le vénèrent sous le nom de LEO l'*Atoua*. Vous devez concevoir qu'il déteste la concurrence des marchands de Bibles. L'un de ceux-ci, pourtant, passe pour lui avoir joué un tour impayable.

—Voyons!... quoi donc?

—Je dois dire d'abord que le *Lion de la mer* a longtemps séjourné au Pérou;— on assure qu'il a de nombreux indigènes péruviens dans ses équipages, et qu'il se laisse traiter par eux de gendre du soleil.

—Allons! il ne suffit pas à votre héros d'avoir une femme brillante, il lui faut un beau-père éblouissant.

—A l'imitation des Incas, le Lion, qui, s'il est dieu, est grand chef ou roi à bien plus forte raison, aurait adopté l'usage de *la borla* péruvienne. Il se ceint le front de ce diadème à franges d'or tombant sur ses épaules comme une crinière.

—Ce doit être superbe.

—Eh bien, chacune des franges de sa borla est un signe au moyen duquel on peut donner des ordres aux plus farouches cannibales. Or, on racontait à Manille, avant mon départ, qu'un missionnaire anglais s'était procuré, l'on ne sait comment, une provision de ces franges merveilleuses, et que, grâce à leur possession, il faisait égorger les alliés du Lion par ses meilleurs amis, allumait la guerre entre les peuplades, et ruinerait avant peu toute la puissance de notre écumeur de mer.

Don Ramon pâlit.

—Oh! ceci est affreux! dit une Andalouse en souriant. Sur ma foi, je commençais à m'intéresser à votre galant pirate. Il se fait adorer; tant mieux pour lui. Quant au fripon d'Anglais, il m'inspire plus de répugnance qu'une chenille.

—Monsieur l'officier, dit don Ramon, l'histoire des franges d'or est-elle bien authentique?

—Je la tiens d'un missionnaire anglais qui est revenu en Europe sur le même navire que moi.

—Et vous rappelleriez-vous le nom du voleur?

—Vaguement... *Pott Tripot...* quelque chose dans ce genre. Du reste, le nom ne fait rien à l'histoire, qui commence à vieillir; car il y a bien trois ans que les navires du Lion n'ont paru aux Philippines. D'après certains bruits, il devait être du côté du Pérou quand je suis parti de Manille.

Quels contes fit ensuite le disert officier espagnol? Continua-t-il à captiver l'attention de l'essaim de Gaditanes qui l'écoutaient en minaudant? Il suffit de dire que don Ramon, consterné, s'était retiré avec le deuil dans le cœur.

—J'ai été dupe de M. Roboam Owen, s'écriait-il. Sous des semblants d'amitié, il n'est venu à Garba que pour me faire dérober par son valet Pottle Trichenpot les précieuses franges que me donna Léon. Eh bien, réparons ma négligence, s'il en est temps encore! Affrétons un navire, allons empêcher ma sœur et mon valeureux beau-frère de se faire prendre aux piéges d'un misérable.

A son arrivée à Lima, le fils de l'ancien gouverneur de Cuzco ne parut pas suspect. On trouva fort naturel qu'il vînt s'occuper de sa succession paternelle, dont il s'occupait en effet. On ignorait qu'il fût le beau-frère du *Lion de la mer*, et l'on croyait sa sœur Isabelle en Espagne.

Don Ramon fut prudent; il fréquentait dans les lieux publics des gens de toutes conditions, questionnait fort peu, écoutait beaucoup, et se proposait, après avoir fait un voyage dans l'intérieur, s'il ne découvrait rien au Pérou, de se rendre à Manille en traversant tous les archipels de la Polynésie.

Mais *la Firefly* mouilla au Callao. Dans l'intérêt de ses recherches fraternelles, il se mit en rapport avec les officiers de la frégate, où il se trouva tout à coup en présence de Roboam Owen.

L'Irlandais s'avança vers lui la main ouverte.

Don Ramon lui refusa la sienne et quitta le bord.

L'injure était sanglante. Les camarades du lieutenant irlandais lui demandèrent quelle avait été la nature de ses rapports avec l'insolent hidalgo. Owen raconta tout ce qui s'était passé au château de Garba, et descendit à terre pour exiger une réparation.

Don Ramon, exaspéré, le traita d'hôte parjure, de traître et de voleur.

—Oui, voleur!... ajouta-t-il avec sa violence des plus mauvais jours; car Pottle Trichenpot n'était que votre instrument.

Sans comprendre la portée de ces paroles, Roboam Owen, à bout de patience, envoya des témoins à don Ramon.

Mais ce qui s'était dit à bord de la frégate fut officiellement communiqué le jour même par son commodore au vice-roi du Pérou.

Don Ramon, marquis de Garba y Palos, fils de l'ancien gouverneur de Cuzco, avait pour sœur une métisse, laquelle était la femme du corsaire Sans-Peur, s'intitulant le *Lion de la mer*. Don Ramon devait être le complice des rebelles.

Ceci s'appelle presser les conclusions.

L'embargo fut mis sur le navire de don Ramon, qu'on incarcéra sur-le-champ. Des visites domiciliaires faites à terre et à bord amenèrent la saisie de papiers prouvant l'alliance, non contestée d'ailleurs par le prisonnier, de la petite-fille d'Andrès de Saïri avec le comte de Roqueforte, dit Sans-Peur le Corsaire et Lion de la mer, qui avait autrefois pris part à l'insurrection de Tupac Amaru. Aucune autre charge ne pesait sur le jeune marquis de Garba, mais les anciens ennemis de son père se réveillèrent de toutes parts. Les bruits monstrueux répandus par les Anglais, et notamment par Pottle Trichenpot, s'accréditèrent au Pérou comme à Manille. On y dit que les prisonniers de guerre de Sans-Peur étaient livrés aux appétits de ses anthropophages.

Roboam Owen eut beau protester; *le Lion de la mer* fut traité de pirate, d'ogre et de cannibale. On s'indigna contre don Ramon, qui pactisait avec un être pareil, et don Ramon, malgré son innocence, ne tarda pointa être sérieusement compromis.

Le commodore de *la Firefly,*—marin anglais de l'école impie de Nelson,—haïssait les Français jusqu'à la démence. Il réprimanda vertement Roboam Owen pour avoir dit du bien d'un forban ennemi de l'humanité tel que Sans-Peur le Corsaire. Il admettait sans exception les plus absurdes calomnies. Il crut que les équipages du prétendu cannibale le dévoreraient sans miséricorde, et préférant périr les armes à la main, il fût, par son entêtement, le véritable auteur du massacre.

Sans-Peur avait tout compris.—Il sentait la nécessité d'aller combattre en Océanie la néfaste influence du missionnaire Pottle Trichenpot, coupable du larcin des franges d'or. Il voulait délivrer don Ramon, le réconcilier avec Roboam Owen, et ajourner toutes choses au Pérou, puisque Andrès était mort et son fils Gabriel trop jeune encore pour se mettre à la tête des Péruviens.

Enfin, il considérait comme un devoir sacré de rendre avec pompe les honneurs funèbres au dernier des Incas.

A ses ordres, les officiers de mer et les chefs quichuas accoururent.

—Mes amis, leur dit-il, une crise nouvelle commence. Elle va nous priver du repos auquel nous avions tant de droits. Mais d'impérieuses nécessités m'obligent à ne point perdre un instant. Notre double victoire d'aujourd'hui ne porterait aucun fruit, si nous tardions d'agir. A l'œuvre donc, et que chacun rivalise de zèle! Qu'on répare en toute hâte les navires capables de prendre le large.—Et qu'à terre, hommes, femmes, enfants, chacun soit prêt à partir dès le point du jour pour les bords du grand lac de Chicuito, car nous évacuons tout à la fois le territoire et la baie de Quiron.—Allez!... employez bien la nuit... et que Dieu vous garde!...

—Vois-tu ce que je te disais, Camuset, mon camarade! disait maître Taillevent. Après cette journée de batailles, pas plus de hamacs que de musique. Attrape à calfater, clouer, regréer et jumeler nos barques!... Et demain, en route, pour changer!... Et voici tantôt vingt ans que ça dure!... sans compter que, peut-être bien, nous ne sommes pas plus avancés qu'au premier jour.

—Maître, m'est avis pourtant qu'au Havre, chez l'armateur, il y a des piastres pour nous, dit Camuset. Votre bonne femme de mère, la mienne et mon vieux père en profitent. C'est autant de pris sur l'ennemi, comme vous dites des fois.

—Camuset, tu es matelot, dit Taillevent en prenant la route du bord.

Et Camuset, fier et pensif, le suivait d'un pas délibéré.

—Matelot!... il m'a dit que je suis matelot!... Voilà un éloge, et un crâne!... Mais j'aurai beau me faire couper en morceaux pour lui, sa femme Liména et son fils Liméno, il ne m'appellera jamais *son matelot*, vu que je ne suis pas personnellement dans la peau de Tom Lebon de Jersey, anglais de nation, français de cœur...

Sur quoi Camuset poussa un soupir profond.

Sans-Peur le Corsaire, donnant l'exemple d'une infatigable activité, passa la nuit à surveiller les travaux de ses gens à terre et à bord.

La frégate *la Lionne*, la corvette *le Lion* et le transport *l'Unicorn*, convenablement réparés, se répartirent comme lest l'artillerie de *la Firefly*, dont la carcasse, criblée de boulets, fut abandonnée sur les roches, où la tempête devait achever de la détruire.

XXXV

DOULEUR ROYALE.

Quand tout fut prêt, Léon permit à ses gens de se livrer au sommeil pendant quelques heures; mais il n'essaya même point de prendre un instant de repos.

Un calme profond, qui eût mis obstacle à l'appareillage, régnait sur la baie. Dans les plaines et les mornes régnait un calme profond.

Quelques rares sentinelles immobiles aux avant-postes veillaient en cas d'alerte.

Le silence avait succédé au tumulte des combats, des travaux maritimes et des préparatifs de départ.

Isabelle, agenouillée, priait auprès du corps de son aïeul. Ses trois enfants dormaient.

Les regards de Léon s'arrêtèrent sur la couchette des deux jumeaux endormis dans les bras l'un de l'autre.

—Grandissez! grandissez! murmura-t-il, et lorsqu'un jour vous vous trouverez dans quelque situation semblable à la mienne, point d'embarras pour vous. N'ayant qu'une pensée, vous serez deux pour vous partager les rôles; vous pourrez être à la fois unis et séparés, agissant aux deux extrémités du monde, et votre aîné, je l'espère, coopérera puissamment à l'œuvre qui sera votre partage!

Puis, avec une émotion paternelle, il fixa les yeux sur Gabriel endormi:

—Mais toi, malheureux enfant, tu seras seul aussi!... Vais-je donc en être réduit à t'abandonner sans pitié!... Tu ne m'appartiens plus, hélas!... Un peuple entier exigera que je te livre à son dangereux amour!... Il leur faut un gage vivant de notre sincérité... Ils veulent un otage, et moi, je ne puis le leur refuser, sous peine de trahison. Oh! le fardeau m'accable!... mon esprit et mon cœur sont brisés!...

La complication des événements était telle que, malgré la promptitude énergique de son coup d'œil, Léon ne savait à quel parti s'arrêter.

Un homme couvert de poussière s'arrêtait alors dans la gorge du nord, donnait le mot de passe à la sentinelle, et pénétrait dans le territoire de Quiron. Il était porteur d'une dépêche en chiffres adressée au *Lion de la mer* par un de ses agents secrets en résidence à Lima. Léon brisa le cachet et lut:

«Un sourd mécontentement règne dans la ville, où l'arrestation du marquis don Ramon de Garba y Palos, récemment arrivé de Cadix, a produit un fâcheux effet.—Personne n'ignore désormais qu'en Europe la France et l'Espagne font cause commune contre l'Angleterre. Un officier anglais de la frégate *la Firefly*, entrée au Callao sous pavillon parlementaire, ayant dit hautement que vous êtes un corsaire français, et non un pirate, une partie du conseil a blâmé les mesures prises par Son Excellence.—On trouve surtout le vice-roi coupable d'avoir accepté le concours de la frégate anglaise, et d'avoir combiné ses opérations avec celles d'un navire ennemi de Sa Majesté Catholique.

«Les nouvelles de l'audience de Cuzco sont, en général, très alarmantes pour le gouvernement. Il paraît que de toutes parts les caciques se refusent à subir l'autorité des corregidores. On s'attend à une insurrection des indigènes. On ajoute que le fils du marquis de Garba y Palos est seul capable de conjurer le péril. Les créoles, prêts à se prononcer en sa faveur, demandent tout bas qu'il soit appelé au gouvernement de Cuzco; mais le vice-roi compte sur le succès de la frégate anglaise, et des troupes envoyées contre votre seigneurie pour agir ensuite avec vigueur.

«Plaise à Dieu que nos armes aient triomphé!»

Après avoir médité sur le contenu de cette dépêche, Léon de Roqueforte en saisit toute la portée.

—Andrès n'est plus! La politique étroite des Péruviens indigènes peut désormais s'élargir sans obstacles. Un parti créole se forme donc enfin!... L'avenir est là!

Les créoles, c'est-à-dire les descendants des Espagnols établis dans le pays depuis la conquête, constituaient la majeure partie de la population européenne. S'ils imitaient jamais les citoyens des États-Unis, la cause de l'indépendance du Pérou serait gagnée. La question se réduirait donc à empêcher que les intérêts des populations aborigènes ne fussent sacrifiés.

—A vrai dire, Isabelle et mon propre fils Gabriel sont créoles. Les deux races fusionnées ont produit un nombre considérable de métis, et le Pérou, déjà civilisé sous les Incas, n'est pas du tout dans les mêmes conditions que la Nouvelle-Angleterre, où les Indiens se sont toujours retirés devant la civilisation. Mais il faut encore beaucoup de temps pour vaincre les répugnances réciproques, et l'heure presse, et la moindre faute aujourd'hui retardera d'un siècle peut-être le succès des Péruviens.

Léon n'ignorait plus les bruits infâmes répandus à Lima sur son compte. La disparition totale de ses prisonniers confirmait ces bruits, qu'il était sage de démentir. A la veille de quitter le Pérou pour plusieurs années sans doute, et lorsque le vénérable chef des Condors n'imposerait plus aux naturels, pouvait-on continuer à exploiter une mine d'or qui, depuis sept ans, avait produit assez de richesses? Enfin, l'Espagne et la France étant alliées, la guerre que le corsaire français faisait à une colonie espagnole cesserait d'être conforme au droit des gens, du jour où le vice-roi le reconnaîtrait pour un loyal serviteur de la France.

Léon écrivit en conséquence au vice-roi du Pérou:

«J'ai l'honneur de faire part à Votre Excellence de la destruction complète de la frégate de Sa Majesté Britannique *la Firefly*, par la division navale rangée sous mes ordres.

«En même temps, un corps de troupes espagnoles, imprudemment expédié contre mes généraux auxiliaires, a été contraint de mettre bas les armes.

«Je déplore la nécessité où Votre Excellence ne cesse de me placer contrairement aux intérêts et à l'alliance de nos deux gouvernements. Et après une double victoire, mû par des sentiments de conciliation qu'elle voudra bien apprécier, je lui adresse la présente dépêche dans l'espoir que, cessant de croire à d'exécrables calomnies, elle voudra bien unir ses efforts aux miens pour la pacification générale.

«Dans le cas où Votre Excellence consentirait à donner à mes fidèles alliés toutes les garanties suffisantes, les prisonniers espagnols que je viens de faire sur le territoire de Quiron lui seraient renvoyés avec armes et bagages. Quant aux autres, beaucoup plus nombreux, que je retiens en captivité depuis le temps où nos deux gouvernements étaient en guerre, ils devraient être expédiés directement en Espagne.

«Mais dans le cas où Votre Excellence, continuant de me considérer comme un pirate, dédaignerait d'entrer en négociations, elle me réduirait à user du droit de légitime défense, à déployer contre elle, avec la dernière rigueur, toutes mes forces de terre et de mer; à soulever les populations péruviennes au nom même de Sa Majesté Catholique, alliée de la France, et à ne pas reculer devant les moyens désespérés qui sont la ressource de tout adversaire injustement mis hors la loi.

«Cela, nonobstant les plaintes que les agents diplomatiques de la France feraient valoir auprès de Sa Majesté Catholique pour faire retomber sur Votre Excellence toute la responsabilité des événements.»

Cette réponse fut scellée d'*or au lion rampant de gueules* qui est Roqueforte, et signée:

LE COMTE DE ROQUEFORTE,

Capitaine de frégate honoraire, commandant la division des corsaires français stationnée dans la baie de Quiron.

Les prisonniers espagnols furent répartis à bord des trois navires; les blessés hors d'état d'être transportés par terre, recueillis à bord de *l'Unicorn*, dont on fit une sorte d'hôpital, et à midi sonnant, la division, pourvue des ordres de Sans-Peur, appareilla sous le commandement d'Émile Féraux.

Roboam Owen et son camarade le capitaine Wilson, remis en possession de tout ce qui leur appartenait, quoique *la Firefly* eût été livrée au pillage, devaient être traités en passagers du gaillard d'arrière.

—Ces messieurs, avait dit Léon, ne débarqueront que lorsqu'il leur plaira, car je ne leur ai pas rendu la liberté pour les faire tomber au pouvoir des Espagnols.

Une copie de la dépêche officielle était destinée à don Ramon, ainsi qu'une lettre explicative et fraternelle dont fut chargé l'émissaire de l'agent secret du *Lion de la mer* dans la ville de Lima.

Enfin Parawâ reçut confidentiellement la promesse que LEO l'*Atoua* ne tarderait point à reparaître dans ses îles de l'Océanie. Le Néo-Zélandais l'accueillit avec joie; mais Taillevent, en tiers dans cette conférence secrète, ne put réprimer un grognement.

—Et nous voici à terre... laissant filer au large nos trois navires!... murmurait-il.

—Puis-je me dédoubler? dit vivement Léon, ou croirais-tu M. Émile Féraux indigne de ma confiance?

—Non, non!... M. Féraux est un brave... Non! mais... dame!... on a vu partir tant de navires qui ne sont pas revenus... Et m'est avis que nous aurions grand mal à nous déhaler d'ici à la nage...

—Eh bien, regrettes-tu de n'être pas à bord... avec ta femme et ton fils?... Je n'ai qu'un signe à faire... Sois libre... s'écria Sans-Peur avec colère.

Il ne sentait que trop le danger de se séparer de ses trois bâtiments à la fois; mais sa baie et sa caverne étant désormais connues, il préférait, après mûres réflexions, les faire naviguer de conserve à les isoler. *La Lionne* et *le Lion* réunis constituaient une force imposante, car *l'Unicorn*, gros transport, ne pouvait guère compter comme bâtiment de combat. Les trois navires ensemble résisteraient plus aisément aux attaques, et mieux au large qu'au mouillage.

Cependant les observations du maître étaient justes; elles répondaient aux appréhensions du capitaine, qui s'emporta et ne tarda point à s'en repentir.

Taillevent s'était découvert le front; silencieux comme une statue, les yeux fixés sur son capitaine, il essayait en vain de retenir ses larmes. Ses joues bronzées et sillonnées de cicatrices en étaient baignées.

—Il pleure!... dit Parawâ.

L'emportement de Léon se calma soudain; il prit avec vivacité la main de son fidèle matelot:

—Pardon! mon vieil ami; pardon mille fois... J'ai tort!... j'ai tous les torts!...

Taillevent dit alors d'une voix douce:

—Je croyais, mon capitaine, avoir le droit de grogner, c'est ma mode... mais soyez calme, une autre fois on se taira!...

—Non! non!... grogne! je le veux, je l'ordonne, je le désire... Grogne, mon fidèle grognard!... mon ami, mon compagnon des jours de misère, grogne tant qu'il te plaira, car c'est ton droit, comme tu l'as bien dit.

—Merci, capitaine, mais le vôtre est de vous mettre en colère quand ça vous soulage; seulement, tenez, ne me parlez plus de ramasser ma peau à l'abri quand vous risquez la vôtre... ou bien Taillevent en fera tant d'eau par les yeux qu'il en coulera au fond.

Baleine-aux-yeux-terribles, Parawâ-Touma l'anthropophage, fut touché par cette scène et dit sentencieusement:

—Taillevent a remué le cœur d'un grand chef.

La caravane funèbre se mit en marche.

Un nombreux escadron de *gauchos*, métis ou Péruviens pur sang, armés comme pour le combat, formait l'avant-garde.

Le cercueil d'Andrès, escorté par ses principaux serviteurs, s'avançait ensuite.

Léon de Roqueforte, Isabelle et ses enfants vêtus de deuil, le suivaient de près, ainsi que Liména, son fils Liméno et quelques domestiques des deux sexes, accompagnés par un peloton de marins entre lesquels on ne signalera que maître Taillevent, l'alerte Camuset et Baleine-aux-yeux-terribles.

Vieillards, femmes, enfants, tous les habitants de Quiron formaient un groupe considérable que protégeait une vaillante arrière-garde composée de mineurs et de cavaliers indigènes.

On ne rechercha point cette fois les chemins écartés.

On s'avançait à découvert, sans craindre de traverser les cantons occupés par les Espagnols ou les créoles.

A diverses reprises, les corregidores assemblèrent leurs milices en armes ou envoyèrent des troupes en reconnaissance; toujours la fière attitude du convoi le préserva de toute attaque.

—Qui vive? criaient les éclaireurs espagnols.

—Laissez passer un mort illustre, répondait l'un des chefs aymaras, chicuitos ou quichuas de la tête de colonne.

—Où allez-vous?

—A l'île de Plomb, pour rendre à la terre les dépouilles du dernier des Incas.

—Vous vous avancez comme une armée sous un drapeau inconnu.

—Ce drapeau est celui de notre nation et de notre chef. Il se déploie librement, mais ne menace personne. Voulez-vous la paix? laissez passer les restes du cacique de Tinta. Voulez-vous la guerre? nous sommes prêts à repousser la force par la force.

Le belliqueux cortége grossissait en chemin. Des tribus entières, descendant des montagnes, s'adjoignaient aux cavaliers quichuas. Les corregidores, instruits des résultats de la bataille de Quiron, jugeaient prudent de ne point entraver leur marche.—Mais des estafettes expédiées au vice-roi de Lima devaient singulièrement accroître ses inquiétudes.

«Une femme de la race antique des seigneurs du Pérou, dirigeait vers le grand lac une multitude d'Indiens armés et d'aventuriers encore plus terribles. Les tribus de la province accouraient de toute parts autour d'elle. La fille de Catalina venait imiter sa mère et soulever les indigènes contre l'Espagne. On demandait de prompts secours.»

Voulant laisser supposer qu'il était à la tête de son escadrille, Léon s'effaçait.

Isabelle seule exerça le commandement de la petite armée qui accompagnait les restes d'Andrès de Saïri. Seule, elle répondit aux rares corregidores qui eurent le courage de se présenter en personne.

L'un d'eux, au nom du roi d'Espagne, ordonnait aux Indiens de se disperser.

—Au nom de Gabriel-José Tupac Amaru, en avant! s'écria Isabelle l'épée en main.

Et le corregidor écrivit au vice-roi que la fille de Catalina évoquait la mémoire du fameux chef de l'insurrection de 1780.

Isabelle pourtant ne parlait qu'au nom de son fils aîné. La pauvre mère le compromettait, hélas! sans prévoir qu'il faudrait le livrer aux nations réunies autour d'elle.

Mais Léon de Roqueforte sentait cette nécessité fatale, et son front s'assombrissait à mesure qu'on approchait des bords du grand lac. Son cœur paternel saignait.

Ce corsaire républicain était vraiment roi, puisqu'il ressentait une douleur royale.

Les peuples qui le reconnaissaient pour leur grand chef et leur *atoua*, menacés par les perfidies des Anglais, couraient les plus grands périls; son devoir était de les secourir. Un devoir non moins sacré l'obligeait à ne point déserter la cause des indigènes du Pérou. Pouvait-il payer d'ingratitude leur inaltérable dévoûment? et à la veille de conclure la paix avec le vice-roi, dans des pensées de haute politique, il est vrai, quelle preuve leur donner de la sincérité de ses intentions, quel gage leur laisser?... N'avait-il pas permis de ceindre du diadème des Incas le front de son fils Gabriel?...

Tandis qu'Isabelle commandait comme un chef de guerre, Sans-Peur se faisait attentif comme une mère pour Gabriel, son jeune fils. Jamais il ne s'était montré aussi tendre, jamais il n'avait paru aussi triste.

—Mon capitaine a du gros chagrin, disait Taillevent à Camuset. J'ai relevé la chose dans le coin de ses yeux. Il a du gros chagrin, et je gagerais ma vieille pipe finement culottée contre le quart d'une chique de tabac, que notre cher petit M. Gabriel court un mauvais bord.

—Tonnerre!... pas possible, maître!

—Possible... trop possible... Risquer sa peau, bon!... mais se couper à soi-même un morceau du cœur! dame!... Ah! je ne grogne plus aujourd'hui, tout ça me fait trop de peine.

—Vous avez donc idée de la chose, maître?

—Oui et non!... non et oui... Assez causé!... Mais, vois-tu, j'aime bien Tom Lebon, mon matelot...

—Oh! Oui, que vous l'aimez, cet Anglais de nation, Français de cœur! murmura Camuset en soupirant.

—On n'a qu'un matelot, un vrai, un autre soi-même, et celui-là, pour Taillevent, c'est Tom Lebon, du depuis notre temps de mousse à bord de *la Grenouillette*, entre Port-Bail et Jersey!... On n'a qu'un matelot... Eh bien, malgré ça, celui qui soulagera mon capitaine rapport à son fils Gabriel, quand même celui-là serait le dernier des *ratapiats*, je l'appellerais de même mon matelot!... Oui, Camuset, je le jure, foi de Taillevent!... et il serait pour moi le frère jumeau de Tom Lebon, anglais de nation, français de cœur!...

—Pour lors, maître! interrompit Camuset avec enthousiasme, ne cherchez pas; j'en connais un paré à tout, et qui n'est pas le dernier des *ratapiats*, on s'en flatte, ayant été particulièrement, personnellement et paternellement éduqué par maître Taillevent du *Lion*.

—Je m'y attendais, mon fils, dit le maître d'équipage en serrant la main de son digne élève. Et puisque ça y est, attrape à doubler et cheviller ton tempérament en cuivre, en fer, en corail, en diamant et en plus dur encore!... Tu sais l'espagnol, l'anglais et la cavalerie comme le matelotage; tu as du courage, de la patience et de l'idée aussi!... Tu es paré!...

—Oui, parole de Camuset!

—Ah! mon brave enfant, quand tu vas passer frère jumeau à Tom Lebon, tu pourras pour longtemps dire adieu à la mer jolie.

—C'est vrai! je comprends ça!... Mais je servirai M. Gabriel, comme vous, vous servez son père, et je serai pour la vie le matelot à maître Taillevent!

Plusieurs vastes radeaux, construits à la hâte par les tribus riveraines, transportaient alors le cortége funèbre dans l'îlot sacré des Incas.

Léon avait la main droite posée sur l'épaule de son fils Gabriel, couronné de *la borla* péruvienne. La victime était ceinte du bandeau. Un grand sacrifice ne devait pas tarder à s'accomplir.

Liména gardait Léonin et Lionel, émerveillés de tout ce qu'ils voyaient.

Isabelle conduisait le deuil.

A la même heure, au Callao, le tocsin sonnait, la garnison courait aux armes, et la population alarmée répétait de toutes parts le nom formidable du *Lion de la mer.*

Les vigies signalaient une division française composée d'une frégate, une corvette et un transport.

Émile Féraux fit arborer au grand mât des trois navires le pavillon parlementaire, qui fut appuyé de trois coups de canon.

XXXVI

LE JEUNE PRINCE.

L'île de Plomb n'était pas assez vaste pour les multitudes réunies autour du cortége funèbre.—Sur les rives du lac demeurèrent à cheval, et prêts à repousser toute attaque, les pelotons d'avant-garde et d'arrière-garde. Sur le lac même, les barques et radeaux chargés d'Indiens formaient autant d'îlots flottants dont le nombre ne cessait de s'accroître.

Les cérémonies chrétiennes furent accomplies avec pompe; les prières des morts répétées par dix mille voix entrecoupées de sanglots. Puis la pierre tombale fut replacée sur les restes mortels d'Andrès de Saïri, cacique de Tinta, grand chef des Condors, homme vaillant qui, n'ayant jamais pris le titre d'Inca, ne laissait pourtant pas que d'en avoir exercé l'autorité depuis vingt ans sur toutes les nations fidèles.

Son grand manteau de guerre aux vives couleurs avait été enlevé de dessus le cercueil, au moment de l'inhumation. Les caciques demandèrent qu'on le partageât entre eux.

Par les ordres d'Isabelle, Liména le découpa en bandes étroites, et Gabriel procéda aussitôt à leur distribution solennelle. Il commença par sa propre mère, qui s'en fit une ceinture dont la nuance tranchait sur sa robe de deuil. Toutes les femmes l'imitèrent.

Depuis,—et de nos jours encore,—il est d'usage que les Péruviennes portent le deuil du dernier Inca, en cousant une bande d'étoffe de couleur sombre sur le côté de leurs jupes.

Les caciques se décorèrent des lanières du *poncho* de leur vénérable doyen et seigneur.

Mais lorsque Gabriel, qu'on voyait entre la reine Isabelle et son époux le *Lion des mers*, se passa autour du corps comme une écharpe la dernière bande d'étoffe, des clameurs enthousiastes retentirent, longuement répétées par les échos des montagnes.

—Vive le jeune Inca!... Vive Gabriel-José!... Vive à jamais notre prince!...

—Vive Tupac Amaru, grand chef des Condors!...

—Vive le Pérou!... Vive l'indépendance!...

Isabelle s'aperçut que Léon avait pâli.

Car à l'instant où, sur les bords du lac sacré, un véritable cri de guerre était poussé par les nations indigènes,—à l'instant où son fils en était proclamé le chef, il savait que des négociations pacifiques devaient être entamées entre sa division navale et le vice-roi du Pérou.

De longues années d'efforts avaient été nécessaires pour opérer la fusion des tribus rivales, et pour faire renaître leurs antiques espérances. Mais à cette heure, lorsque d'une seule voix elles ne demandaient qu'à secouer le joug, une haute raison d'État exigeait qu'on calmât leur effervescence.

—O mon ami! dit Isabelle, quelle est ta crainte ou ta douleur? Jamais, dans les plus grands dangers, je ne t'ai vu pâlir ainsi... Parle! A quoi penses-tu donc?

—Ils demandent la guerre, et je veux la paix maintenant. Ils veulent reconquérir l'indépendance que nous leur avons toujours promise; et si nous cédons à leurs vœux, la cause de l'avenir est perdue pour eux comme pour nous!

—Mais alors, pourquoi être venus, pourquoi les avoir rassemblés ici?

—Parce que je ne sais trahir, ni me parjurer; et dût ce peuple nous massacrer à l'instant même, nous et nos trois enfants, je préférerais périr ainsi, à m'être enfui avec mes navires, en le livrant à ses oppresseurs.

—Après avoir déchaîné la tempête, espères-tu donc la calmer? Le peuple est partout le même; celui qui nous entoure est moins civilisé assurément que le peuple français. Et tu m'as dit cent fois que si ton roi Louis XVI a succombé, c'est pour avoir fait imprudemment de trop généreuses promesses qu'il n'a plus ensuite pu tenir.—O Léon, ne reculons pas!... Il est trop tard!... Aux armes!...

—Émile Féraux propose la paix en mon nom au vice-roi du Pérou.

Isabelle pâlit à son tour.

—O mon Dieu! murmura-t-elle, par quel motif m'as-tu caché tes desseins?

—Pardonne-moi, Isabelle!... Car ce ne fut point à une mère que l'Éternel demanda le sacrifice d'Abraham!...

Isabelle, éperdue, se précipita sur son fils Gabriel, et l'embrassant avec force:

—Non! non!... jamais!... non! je ne l'abandonnerai pas!...

Léon se plaça entre elle et les deux frères jumeaux.

—J'y consens!... nous nous séparerons!... mais ceux-ci m'appartiendront, et je les emmènerai...

—Eux!... ils sont à moi aussi! s'écria la jeune mère courant vers eux avec amour. Non! non! je ne veux pas qu'ils me soient arrachés!

—Il faut choisir pourtant! dit Léon avec un calme terrible. Il faut choisir, madame!... Et voilà pourquoi mon cœur brisé a gardé le silence; voilà pourquoi, me défiant de mes forces, je me suis mis en présence de ces peuples à qui appartient notre fils Gabriel.

—Restons tous ensemble!

—Femme!... croyez-vous donc votre époux capable d'une lâcheté?

C'eût été une lâcheté, en effet, que de déserter à la fois la division navale engagée dans des négociations délicates, et les îles de l'Océanie où, par suite du vol des franges d'or, des ennemis commandaient maintenant au nom de LEO l'*Atoua*.

Isabelle en savait assez pour comprendre dans toute son étendue la foudroyante réponse de son mari. Pressant ses trois fils contre son sein maternel, elle s'agenouilla en demandant à Dieu d'avoir pitié de ses angoisses.

Cependant, les caciques chefs de tribus, rassemblés en conseil dans les ruines du temple, non loin de la tombe d'Andrès,—étonnés, immobiles, muets et saisis d'un respect profond,—ne savaient comment interpréter cette scène douloureuse.

Les peuples faisaient silence.

Alors, Léon s'avança et dit d'une voix ferme:

—Par la mémoire de Tupac Amaru, l'illustre Inca, mis à mort avec ignominie,—par la mémoire de l'aïeul de mes enfants, le glorieux Andrès, dont la tombe vient de se refermer sous vos yeux,—par le sang de mon fils aîné Gabriel, votre grand chef, écoutez-moi, peuples du Pérou! Écoutez, et veuille le Dieu tout-puissant que vous ne doutiez pas de la sincérité de mes paroles!... Andrès et moi, nous vous avons promis l'indépendance!... nous avons combattu pour votre liberté!... nous n'avons cessé de vouloir que votre gloire antique, s'élevant vers le ciel comme un immense palmier, étende ses rameaux sur tout l'empire des Incas. Ces desseins, ces vœux n'ont pas changé, ils ne changeront jamais!... Et pourtant, ici, tandis que vous criez: «—Aux armes!»—le *Lion de la mer*, votre ancien allié, osera vous dire: «Patience!»

Les caciques tressaillirent. Le silence ne fut point troublé. Mais, comme une étincelle électrique frappant à la fois tous les cœurs, le mot *patience*, les fit tous bondir.

Isabelle, tremblante, tenait Gabriel plus étroitement embrassé. Camuset armé jusqu'aux dents s'était glissé près d'elle. Maître Taillevent fit des signes mystérieux à ses camarades; mais Parawâ-Touma, la Baleine-aux-yeux-terribles ne sembla pas les comprendre.

Pour servir le *Lion de la mer*, n'avait-il pas dix fois laissé à la Nouvelle-Zélande son fils Hihi, Rayon-du-Soleil, tous ses autres enfants et ses femmes, au risque de ne plus trouver à son retour d'autres vestiges de sa famille que des têtes desséchées sur les palissades de quelque peuplade ennemie, secondée par les hommes de la tribu de Touté? La fille des Incas n'était à ses yeux qu'une femme dont les douleurs maternelles n'émurent point son naturel farouche. Il approuvait, il n'admirait pas, la conduite de LEO l'*Atoua*, chef suprême ou pour mieux dire Rangatira-Rahi de la Polynésie.

—J'ai dit: Patience, répéta Léon d'une voix ferme, mais je ne demande que huit jours pour trancher la question de paix ou de guerre.

De sourds murmures se firent entendre.

Dans tous les groupes, sur l'île, sur les radeaux, sur le rivage, les paroles de Léon, transmises de proche en proche, ne trouvaient d'autre réponse que le désir de la guerre immédiate.

—La paix! au lendemain d'une victoire!... quand nous sommes en forces, pourvus d'armes et d'argent, transportés d'enthousiasme à la seule vue de notre jeune chef, et prêts à nous précipiter comme un torrent sur nos oppresseurs!

Des cris: Vive Gabriel! s'élevèrent de toutes parts.

L'enfant couronné se redressa fièrement en souriant à ses peuples.

Isabelle, frémissante, contempla non sans orgueil l'expression des traits de son fils; ses angoisses redoublèrent.

—Lorsque, pour la première fois, j'ai combattu dans vos rangs, reprit Léon, j'étais un adolescent sans expérience. Vingt ans de combats sur terre et sur mer, vingt ans d'études et de travaux m'ont mûri sans refroidir mon cœur. J'embrassai avec amour votre cause, qui m'était étrangère; elle est mienne aujourd'hui. Ma femme est la fille de vos anciens seigneurs, et vos acclamations saluent mon propre fils. Puis-je ne pas rechercher la meilleure voie pour vous faire triompher? ou bien douteriez-vous du *Lion de la mer*?

—Non! non!... Vive l'époux d'Isabelle!

—Lorsque je me jetai au milieu de vous en simple aventurier, je ne jouais que ma vie; je n'avais aucune ambition élevée; je m'avançais au hasard à travers les chances de la guerre, bravant le danger sans but, sans aucun des intérêts sacrés qui me guident à présent. Nous combattions pour délivrer le marquis de Garba y Palos, pour venger Tupac Amaru et Catalina; mais aujourd'hui nous avons de plus vastes desseins. Il s'agit de fonder un empire sur les ruines des domaines de l'Espagne... Malheur aux imprudents qui bâtissent sur le sable!... Déjà maîtres de plusieurs provinces vos pères ont succombé faute d'alliances et d'auxiliaires puissants. Ces alliances, je vous les ménage; ces auxiliaires, je les donnerai à mon fils Gabriel; et sans vous épuiser en combats prématurés, vous marcherez à pas de géants vers l'avenir avec un présent meilleur. Les jours paisibles du gouvernement du marquis de Garba vont renaître, et pendant cette trêve, vous verrez avec une joie profonde la plupart de vos ennemis déserter le drapeau de l'Espagne pour épouser votre cause. Voilà ce que ma longue expérience me révèle, et c'est pourquoi, peuples du Pérou, je vous supplie, au nom de mon fils, votre seigneur, de ne point contrarier mes efforts.

Cent opinions contradictoires, bruyamment émises dans les groupes, interrompirent Léon; mais de sa voix la plus sonore, de sa voix des branle-bas de combat et de l'abordage.

—Hommes du Pérou, s'écria-t-il enfin, permettez que le conseil de vos caciques décide entre nous... Tuteur naturel de votre prince, j'aurais le droit de commander peut-être; je ne demande qu'à obéir.

Léon l'emporta. Le peuple, naturellement prédisposé en faveur d'un héros tel que lui, jura de s'en référer à l'opinion du conseil des caciques, dont la séance commença sur-le-champ.

La question posée, le Rubicon était franchi. Dans le conseil l'influence du *Lion de la mer* devait évidemment avoir plus de poids que dans l'innombrable assemblée des peuplades indigènes. Plusieurs caciques vieillards remplis de modération et de sagesse, avaient accueilli avec faveur l'espoir d'un dénoûment pacifique.

L'un d'eux voulut savoir ce que Léon entendait par ces futurs alliés qui viendraient, disait-il, des rangs ennemis.

Sans heurter de front les préjugés des indigènes en nommant tout d'abord les créoles, Léon parla des métis, et ajouta que leur nombre était immense dans les familles coloniales.

—La fusion s'opère dans la personne de mon fils Gabriel. Vous tolérez qu'il soit issu d'un gouverneur espagnol et fils d'un officier français. Eh bien, de même le jour approche où tous ceux des créoles qui ont dans les veines du sang *indien*, comme ils disent encore, se glorifieront, d'y avoir du sang *péruvien*, comme ils le diront; et alors vos rangs se grossiront de plus de la moitié de vos ennemis. Quelle est donc la famille créole qui ne soit un peu péruvienne?

Après de longues précautions oratoires, Léon fut bien obligé d'avouer qu'en sa qualité de corsaire français, il serait forcé de retirer aux Péruviens le concours de ses navires, puisque la paix était conclue entre la France et l'Espagne.

A ces mots, le plus impétueux des jeunes chefs se leva en s'écriant:

—Ah! ah! enfin, nous comprenons... Écoute, *Lion de la mer*, tu t'es servi de nous et tu nous abandonnes! tu as déployé le drapeau du Pérou et tu le fuis! tu avais épousé nos intérêts, tu divorces!... Ma colère n'ira pas jusqu'à demander ta mort... mais je te maudirai comme un allié perfide!... Va donc, sois libre... signe la paix; nous, nous ferons la guerre!...

Sans-Peur rugit de courroux.

—Qui m'appelle perfide?... qui prétend ici me faire grâce?... Eh quoi! vous ai-je jamais caché ma nation et mon origine?... Est-ce moi qui décide de la paix ou de la guerre entre la France et l'Espagne?... Voudriez-vous que les peuples civilisés eussent le droit de me traiter de pirate?...

—Notre frère a eu tort de t'insulter, dit le doyen de l'assemblée; mais ton fils nous appartient, et tu ne l'emmèneras pas.

Sans-Peur demeura calme et ferme, ce coup était prévu.

Isabelle poussa un cri de douleur.

—Serez-vous donc sans pitié pour moi? s'écria-t-elle.

—Madame, votre place est au milieu de nous.

—Isabelle, dit Sans-Peur, sois leur reine; garde nos trois enfants... je partirai seul!...

Ce ne fut pourtant pas seul que partit Léon de Roqueforte. Cent hommes déterminés l'escortaient. Les uns étaient des Quichuas de Quiron, les autres, ses marins, dont à coup sûr maître Taillevent et Parawâ, mais non l'honnête Camuset, qui avait dit:

—Capitaine, avec votre permission, je reste à la garde de M. Gabriel.

—Merci, mon brave garçon! dit Sans-Peur touché de son dévoûment.

Taillevent lui ouvrit les bras en s'écriant, selon sa promesse:

—Tu es mon matelot, Camuset, mon matelot comme Tom Lebon!

Parawâ-Touma dit enfin d'un ton majestueux:

—LEO l'*Atoua* est un grand chef!

Isabelle, affligée, vit son époux qui s'en allait traverser, à la tête d'une poignée de braves, un pays ennemi, où l'alarme était répandue; mais, pour consolation suprême, elle n'avait été séparée d'aucun de ses enfants.

Liména et son fils Liméno, l'excellent Camuset et la plupart des serviteurs de son aïeul, restaient avec elle. Les peuples du Pérou lui obéissaient comme à la mère de leur Inca. Or, elle était énergique à l'heure du péril et n'ignorait point l'art de commander.

Connaissant à fond les desseins de son mari, elle priait Dieu de permettre qu'il pût les accomplir.

Maître Taillevent, n'ayant plus Camuset sous ses ordres, aurait bien pu échanger ses pensées avec Parawâ, mais le cannibale n'était pas assez sensible pour comprendre ses mélancoliques regrets. Taillevent en fut donc réduit à la ressource d'un monologue qui se prolongea deux cents lieues durant, au galop, sur les versants des Cordillères et des Andes, dans les plaines, les lits des torrents, les vallées, les terres cultivées ou les déserts, sous le soleil ardent ou la pluie glacée, en dépit de quelques embuscades et d'un certain nombre d'alertes assez chaudes.

—Port-Bail! Port-Bail! ah! mon pauvre cher Port-Bail! où as-tu passé?... murmurait le vieux grognard avec la permission expresse de son capitaine. Le petit cabotage, sa bonne vieille mère, sa case, sa femme et son gars en tranquillité!... Mais ici, ma Liména et mon Liméno sont restés parmi les sauvages avec madame et nos petits messieurs. Oh! la terrible histoire! toujours du nouveau, jamais du repos, des branle-bas en pleine terre, comme si ça manquait au large. Le chamberdement du chavirement à faire trembler les volailles à pattes jaunes!

L'escadron de Sans-Peur, presque d'une seule traite, fit quelques centaines de kilomètres au grand dam des chevaux, dont un bon tiers demeura en chemin. La charge des autres en fut augmentée d'autant. Ils étaient tous poussifs et bons à écorcher quand on aperçut au loin, dans la plaine, les clochers de la ville de Lima, et au large les mâts chargés de toile de la division française.

Le soleil se levait.

—En croisière, dehors! dit Léon; le vice-roi aurait-il donc repoussé mes propositions?

—Ce n'est pas tout que de voir nos navires, fit Taillevent, nous ne sommes point ce qui s'appelle à bord.

—Pied à terre!... dispersons-nous!... commanda Sans-Peur. Et à nuit tombante, rendez-vous général sur la place Majeure.

Les harnais furent empilés dans le premier trou venu; on les recouvrit de terre, de branchages et de feuilles. Quelques *gauchos* conduisirent les bêtes à l'abattoir, où ils les oublièrent pour aller boire au cabaret voisin.

Enveloppé dans un *poncho* qui cachait sa face tatouée, Parawâ suivit Léon et Taillevent jusqu'à la demeure de l'agent secret que le cacique Andrès n'avait cessé d'entretenir au centre du gouvernement espagnol.

XXXVII

L'OPINION PUBLIQUE A LIMA.

La défiance de la police liménienne,—fort affairée d'ailleurs,—ne pouvait guère être éveillée par l'arrivée d'une centaine d'hommes vêtus comme les campagnards des environs et entrés dans la ville pêle-mêle avec ceux qui approvisionnaient le marché.—Ce n'était point aux portes de terre qu'on veillait, mais bien à celle qui conduit au Callao.

L'opiniâtre croisière des trois navires français, louvoyant bord sur bord devant les passes, défrayait toutes les conversations.

A midi, le vice-roi fut officiellement informé qu'une barque de pêcheurs, trompant la surveillance des chaloupes gardes-côtes, avait gagné le large et abordé la frégate française.

Son Excellence poussa un juron de la gorge. Une estafette alla porter sur-le-champ quinze jours d'arrêts forcés à tous les gardes-marines de service.

A deux heures, le vice-roi reçut un rapport du commandant de la citadelle du Callao, l'avisant que les corsaires se rapprochaient audacieusement, que les canonniers des forts étaient à leurs postes et qu'on s'attendait à une attaque.

Son Excellence jura plus fort en frappant du pied et donna charitablement à tous les diables les insupportables navires qui, depuis quelques jours, l'empêchaient de prendre aucun repos.

A trois heures, le vice-roi fut averti que les Français, en panne devant les passes, déployaient à leurs mâts des pavillons de toutes les couleurs et paraissaient faire des signaux.

—A qui?... *demonio de la damnacion!* hurla Son Excellence, qui manda son secrétaire de police, l'accabla de reproches et n'en fut pas plus avancée.

A quatre heures, la sieste du vice-roi fut troublée par la nouvelle que les Français mettaient leurs chaloupes à la mer. On craignait un débarquement, et l'on supposait que l'ennemi avait des intelligences dans la place.

Son Excellence tonna, jura pis qu'un possédé, mit sous les armes toutes ses troupes, infanterie et cavalerie, les harassa par des ordres et des contre-ordres sans fin, mais en fut pour ses dispositions militaires, car les Français se bornèrent à garder à la remorque toutes leurs grosses embarcations.

Des dépêches de l'intérieur achevèrent d'exaspérer le vice-roi:

«Tous les villages indiens étaient abandonnés par leurs habitants, qui s'en allaient, caciques en tête, se grouper sous les ordres du *Lion de la mer*!...

«Sur les flancs del Fondo, une troupe de cavaliers, commandée par le *Lion de la mer*, avait passé sur le corps à un escadron de chasseurs royaux.

«Dans la vallée de la Pinta, l'on avait vu courant au triple galop une bande de *gauchos* servant d'escorte au terrible *Lion de la mer*.»

Le gouverneur de la prison où était enfermé don Ramon se présenta chez le vice-roi. On venait de saisir entre les mains du prisonnier un document signé par le *Lion de la mer*.—C'était la copie de la note adressée au vice-roi lui-même.

Le secrétaire de la police entra et dit que cent copies de la même note circulaient dans Lima, que tous les conseillers royaux venaient d'en recevoir une, et que dans les cafés et autres lieux publics on se permettait de discuter hautement les mesures prises par Son Excellence.

Son Éminence le cardinal-archevêque descendit de carrosse à la porte du palais du vice-roi et, accompagnée des principaux membres de son clergé, annonça qu'elle venait de recevoir la nouvelle d'un *pronunciamiento* en faveur des Français. Tous les fidèles se proposaient de venir processionnellement demander qu'on fît la paix avec eux.

—Mais, monseigneur, d'où vient l'intérêt subit que l'on porte à ces bandits? s'écria le vice-roi [NT1-6].

L'archevêque dit que la victoire des corsaires sur les Anglais hérétiques avait rempli de joie tous les couvents. Mais il n'ajouta point que les frères, secrètement menacés de pillage et d'incendie, se souciaient fort peu de courir les dangers de l'expérience.

Un mois auparavant, lorsque *la Firefly* entra au Callao, tout le monde voulait qu'on agréât son concours pour exterminer l'exécrable pirate et cannibale se disant le *Lion de la mer*;—tout le monde, à présent, semblait vouloir qu'on l'accueillît en ami.—A la vérité, la double victoire de Quiron était connue.— Un officier irlandais, M. Roboam Owen, débarquant de *la Lionne*, en avait fait connaître les détails, et la réputation de Sans-Peur le Corsaire terrifiait la population. En outre, une liste des prisonniers retenus à bord circulait par la ville, et toutes les familles intéressées à leur délivrance demandaient qu'on traitât avec l'honorable comte de Roqueforte.

Au nom des dames de Lima, la vice-reine fit prier son illustre époux d'envoyer au comte Léon et aux principaux officiers de la division française un sauf-conduit avec une invitation pour le bal qui devait avoir lieu, le soir même, au palais du gouvernement.

—Poignard et potence! peste et famine! trombe et volcan d'enfer! s'écria le vice-roi crispé de fureur. Ma femme elle-même s'en mêle!... Eh bien! non! cent fois non!... mille fois non!... Je ne faiblirai point! je ne pactiserai jamais avec ce monstre!...

Sur quoi le petit bossu bronzé qui servait de bouffon à Son Excellence partit d'un éclat de rire moqueur en disant:

—Monseigneur sait-il l'histoire de cet ivrogne qui jurait de ne jamais boire d'eau, et qui, le lendemain, en paya un seul verre au prix d'une once d'or?

—Le fouet à ce drôle! s'écria le vice-roi.

Le nain, fort peu intimidé, sortit en haussant les épaules, et Son Excellence, laissée à ses réflexions, reprit avec colère:

—Mais enfin, ce démon maudit ne peut être partout à la fois: aux bords du grand lac, en croisière devant Callao, dans la plaine, sur la montagne et jusque dans ma bonne ville de Lima!

Ceci était la version fantaisiste du barbier de monseigneur, qui fit, en la recueillant, un mouvement tellement brusque, qu'un morceau de taffetas d'Angleterre, taillé en croissant, figurait maintenant en guise de mouche au beau milieu de son menton.

Le bal faillit être décommandé.

Mais en de pareilles conjonctures, les hâbleurs n'auraient pas manqué de dire que Son Excellence, intimidée par les menaces des Français, n'osait plus même recevoir.

Le bal eut lieu.—Et tout d'abord, les belles Liméniennes s'empressèrent de demander à leur vice-reine si l'on y verrait le célèbre commandant de la division française, sa femme, l'illustre fille des Incas, et messieurs ses officiers.

—Hélas, non! mesdames, répondit-elle; mon mari n'a jamais voulu me permettre de leur adresser notre invitation.

XXXVIII

ENTRÉE AU BAL.

Une rumeur générale interrompit la vice-reine et fit tressaillir le vice-roi, car l'huissier annonçait:

—Son Excellence le comte de Roqueforte, Lion de la mer.

—Son Excellence le marquis de Garba y Palos.

—Sa Seigneurie la Baleine-aux-yeux-terribles.

—Sa Grâce maître Taillevent.

Le vice-roi bondit, pâlit, étrangla vingt jurons gutturaux d'origine arabe et finit par devenir cramoisi comme un homard. En même temps il se précipita vers Léon de Roqueforte, qui s'inclinait respectueusement devant la vice-reine.

—Madame, lui disait-il, j'ai su de source certaine que Votre Très Gracieuse Excellence avait daigné penser à inviter son très humble serviteur à la fête de ce soir, et ses aimables intentions m'ont enhardi au point que j'ose me présenter devant elle avec mon noble beau-frère don Ramon, marquis de Garba y Palos, fils de l'ancien gouverneur de Cuzco, et deux de mes plus vaillants compagnons d'armes: Sa Seigneurie *Parawâ-Touma, rangatira para parao*, ou, pour parler en bon espagnol, Baleine-aux-yeux-terribles, prince souverain, grand chef ou cacique de la baie des Iles, à la Nouvelle-Zélande, et Sa Seigneurie Taillevent de Port-Bail, mon meilleur ami. Ai-je été trop audacieux, madame la vice-reine, et puis-je espérer que Votre Excellence agréera notre présence dans ses salons?

Enchantée de faire pièce à son mari, dont les yeux roulaient dans leurs orbites de manière à méduser Parawâ-Touma en personne, la vice-reine répondit par une approbation charmante.

La fureur rendait le vice-roi muet. Des sons rauques se pressaient dans sa gorge, il passait du cramoisi au pourpre, du pourpre au violet et du violet au bleu. Ses veines se gonflaient, et, sans contredit, il aurait étouffé sur place, sans un bienheureux verre d'eau que son bouffon lui offrit à point.

—Monseigneur, lui disait Léon avec courtoisie, madame la vice-reine daignant nous admettre à son bal, nous nous félicitons de pouvoir y présenter nos hommages à Votre Excellence!... Fête charmante!... On ne m'avait pas assez vanté la grâce et la beauté des dames de Lima! Leurs éloges, qui retentissent sur toutes les mers, ne peuvent approcher de la réalité. On nous parlait de fleurs, de perles, de diamants; que ces comparaisons sont faibles, monseigneur, dès qu'il s'agit des adorables Liméniennes!... Mes compliments sur votre palais!... L'avenue du côté de Callao est superbe, elle donne bien l'idée d'une capitale et rappelle nos Champs Élysées de Paris... Votre Excellence serait-elle allée à Paris, monseigneur?

Monseigneur avait bu, monseigneur respirait; ses yeux reprenaient forme humaine; ses traits exprimèrent un étonnement encore plus grand que son courroux; la voix lui revint.

Léon de Roqueforte portait l'uniforme de capitaine de frégate, les épaulettes et les broderies éclatantes auxquelles lui donnait droit une ordonnance royale. La croix de Saint-Louis brillait sur sa poitrine auprès de quelques décorations en diamants de formes inconnues, l'une imitant un lion, la seconde un condor, une troisième dessinant un palmier, une autre un poisson volant,— toutes représentant son emblème dans tel ou tel des archipels polynésiens où l'on reconnaissait son autorité. Il avait alors environ trente-huit ans et paraissait plus jeune. Sa belle tête, qui avait quelque chose de léonin, était encadrée par une chevelure blonde et soyeuse qui se déroulait sur ses épaules. Son cou était découvert à la matelote. Son frac déboutonné laissait voir un gilet blanc à lisérés d'or, sur lequel s'agrafait le ceinturon d'une légère épée de bal à fourreau de satin.

Don Ramon, en costume de cour, brun, pâle, aux traits aquilins, aux yeux noirs, caves et rougis par les insomnies du cachot, n'avait de même qu'une épée de bal.

Mais Taillevent et Parawâ étaient mieux armés.

Le maître, en grande tenue de haute fantaisie corsairienne, habit, veste et culotte galonnés d'or à profusion, portait ostensiblement une paire de pistolets d'abordage et un sabre de cavalerie. Il cachait en outre, dans les plis de sa ceinture rouge, un biscaïen estropé au bout d'une corde, arme terrible aux mains d'un vaillant matelot.

Parawâ-Touma, équipé en Rangatira de rang supérieur, s'appuyait sur son *méré* de pierre dure, couleur d'émeraude, sorte de hachoir à deux tranchants qu'il savait manier avec une effroyable adresse. Il devait, à la fréquentation des Européens et aux mœurs maritimes, des habitudes de propreté fort rares parmi ses compatriotes. Celui de ses deux pagnes de formium qui, fixé au milieu de son corps par une ceinture, descendait sur ses genoux, était d'une blancheur éblouissante. L'autre, bariolé de noir et de rouge, était noué autour de son cou et tombait de ses épaules sur ses talons. Un collier de dents de requin, de longs pendants d'oreilles, une figurine de jade vert suspendue sur sa poitrine, et plusieurs bracelets de métal complétaient sa parure. Sa chevelure noire, dure, mais peignée avec le plus grand soin, formait comme un cadre d'ébène au blason de sa face tatouée. Blason est ici le mot propre et correspond exactement au terme *moko*, qui est à la Nouvelle-Zélande le nom des hiéroglyphes honorifiques gravés sur le visage des hommes de haut rang.—Parawâ-Touma, par sa valeur, avait conquis tous ses *mokos*. Pas un point de sa figure n'était à l'état naturel: son nez, ses joues, son front, et jusqu'à ses tempes étaient couverts d'ornements dessinés avec une symétrie, une finesse et une élégance qui constituent un art fort estimé en son pays.

Si le *Lion de la mer* séduisit de prime abord toutes les dames et plut à la majorité des cavaliers réunis chez le vice-roi, Parawâ-Touma inspira le sentiment opposé; mais la curiosité l'emporta bientôt, et l'on sut presque gré au commandant français d'avoir introduit dans l'assemblée son sauvage compagnon.

—Sur mon âme, seigneur comte, vous êtes bien audacieux, et vous, seigneur marquis, vous êtes bien imprudent! dit enfin le vice-roi.

—Audacieux, moi! répliqua Léon d'un ton gai, rien de plus certain, et que Votre Excellence me permette d'ajouter, rien de plus rebattu, car ce ne peut guère être pour ma timidité que les Péruviens m'ont surnommé le *Lion de la mer*, et les Français, Sans-Peur le Corsaire. Mais l'imprudence de mon très cher beau-frère le marquis de Garba y Palos me paraît moins prouvée. Il s'ennuyait au cachot, il vient se distraire au bal; sans être docteur en médecine, je suis sûr, et toutes ces dames partageront mon avis, que sa précieuse santé s'en ressentira favorablement.

Derrière tous les éventails on riait.

Taillevent et Parawâ s'étaient postés près d'une fenêtre ouverte; ils disposaient, pour échanger leurs pensées, de l'harmonieux dialecte néo-zélandais.

Sur la place Majeure, au delà des équipages, allaient et venaient parmi la foule des hommes drapés dans *le poncho* péruvien.

—Ils nous voient! dit Taillevent.

—Et nous les voyons! répondit Parawâ.

—Où as-tu mis la longue corde? demanda le maître.

—Sous mon pagne de derrière, répliqua le Néo-Zélandais.

—Ouvrons l'œil!... ouvrons les oreilles!...

—Chien de quart, tout de même! continua Taillevent en monologue. Encore une invention satanée de mon capitaine, que ce bal!... Ah! Camuset, mon matelot, si tu étais ici, tu t'amuserais tout de même. Vous en a-t-il de l'aplomb, de l'idée, et sans gêne... sans gêne, au lieu que moi... Baste! Qu'est-ce que je me dis donc? Quand on a palabré avec le roi Louis XVI dans son cabinet, les coudes sur la table, on peut bien être à son aise chez un vice-roi de colonie...

Taillevent se fourra dans la bouche une énorme chique de tabac.

—Eh! eh! mais... ça se gâte, m'est avis, dit-il bientôt en néo-zélandais. Veillons au grain, Parawâ.

Le vice-roi voulait des explications, Léon lui avait dit en souriant:

—De grâce, monseigneur, laissons là les choses sérieuses. Le silence de l'orchestre finira par attrister ces dames... Je serais ravi de danser une valse...

—Mort de mon âme!... me prenez-vous pour un pantin de carton? interrompit le vice-roi. Au nom de Sa Majesté Catholique, à moi, mes officiers!...

Don Ramon porta la main à la garde de son épée, mais Sans-Peur, avec une parfaite courtoisie, se tournait vers la vice-reine:

—Mille pardons, madame, disait-il, vous me voyez au désespoir; je suis bien malgré moi un affreux trouble-fête, et j'en adresse mes humbles excuses à toutes vos aimables invitées.

—Assez de pasquinades!... qu'on arrête ces hommes! s'écriait le vice-roi.

Les officiers espagnols tirèrent leurs épées.

XXXIX

VIVE LA PAIX!

Depuis le départ de Bayonne, hommes et navires s'étaient renouvelés plusieurs fois sous les ordres de Sans-Peur le Corsaire, dont la plus saillante qualité fut toujours le talent avec lequel il se créait des ressources. Un assez faible noyau de son équipage primitif et quelques officiers seulement restaient attachés à sa fortune.

Parmi ces derniers, se trouvaient Émile Féraux, qui montait la frégate *la Lionne*; Bédarieux, capitaine de la corvette *le Lion*, et le pilotin à qui *l'Unicorn* était confié.

A l'ouvert du Callao, Émile Féraux, commandant en chef par intérim, hissa pavillon parlementaire, mais ne reçut point de réponse. Le cas était prévu par les instructions de Sans-Peur. On s'y conforma.

Le premier caboteur du pays qui parut gouvernant sur le port, fut chassé, pris et chargé des dépêches à l'adresse du vice-roi,—dépêches adressées par terre, d'autre part, à l'agent secret résidant à Lima.

Or, au moment de relâcher le caboteur trop heureux d'en être quitte à si bon compte, Émile Féraux fit appeler le lieutenant Roboam Owen et son camarade Wilson. Il leur laissait le choix de rester à bord ou de débarquer, mais au second cas, sous la condition d'honneur qu'ils ne révéleraient point aux Espagnols l'absence de Léon de Roqueforte.

Les deux officiers anglais, ayant opté pour leur débarquement, furent invités au bal du vice-roi, où, à la vue du *Lion de la mer*, ils tinrent une conduite fort différente.

Esprit droit, cœur loyal et reconnaissant, Roboam Owen s'avança la main ouverte. Sans-Peur la lui serra cordialement et la plaça dans celle de don Ramon, qui s'excusa de ses torts avec la plus chaleureuse courtoisie.

Le capitaine Wilson salua comme à regret, ce qui n'échappa point aux regards de Sans-Peur.

—Ingrat!... c'est bien!... tant pis pour lui! pensa le corsaire, trop occupé d'ailleurs pour lui donner sur-le-champ une leçon méritée.

Lorsque, par l'ordre du vice-roi, les Espagnols tirèrent leurs épées, Roboam Owen se précipita entre eux et Léon de Roqueforte. Wilson demeura neutre.

Le lieutenant Owen disait à haute voix:

—Pas de violences, monseigneur!... De grâce, messieurs les Espagnols, point de combat!... Le comte de Roqueforte est l'ennemi de ma nation; deux fois il m'a fait prisonnier de guerre, deux fois il s'est noblement comporté à mon égard. Je ne crains point de jurer devant Dieu que sa vie entière est irréprochable!...

—Oh! oh!... sa vie entière... ceci est beaucoup, osa dire le capitaine Wilson, imbu de tous les préjugés britanniques et qui péchait surtout par un jugement faux.

Cependant, Sans-Peur avait empêché don Ramon de tirer l'épée; mais il ne put empêcher Taillevent ni Parawâ, postés à quelques pas derrière lui, de se mettre sur une menaçante défensive.

Le maître d'équipage arma ses deux pistolets; le Néo-Zélandais brandit sa massue tranchante.

Les dames, terrifiées, poussaient des cris et voulaient fuir.

Sans-Peur se :noulɘɒɹɹ[NT2]

—Du calme, mes amis! dit-il à ses compagnons. Oubliez vous donc que nous sommes au bal avec l'agrément de madame la vice-reine?

Puis, s'adressant aux Liméniennes, chez qui la curiosité l'emportait déjà sur la peur:

—Rassurez-vous, mesdames, je vous en supplie. Il n'y a qu'un petit malentendu entre Son Excellence et moi. Prenez donc la peine de vous rasseoir. Monseigneur s'irrite de n'avoir pas d'explications, il voudrait me faire arrêter pour en obtenir, et il vous met en fuite!... Je ne me pardonnerais jamais de vous avoir privées d'un plaisir! La galanterie m'oblige à donner toutes les explications qu'on voudra. Ce sera peut-être un peu long, Vos Grâces daigneront me le pardonner; je tâcherai au moins de n'être pas trop ennuyeux, et notre cher bal, je vous le promets, finira le mieux du monde.

Tout cela fut dit avec une aisance admirable, d'un ton simple et conciliant qui plut aux officiers espagnols eux-mêmes.

—Voyons! monsieur le corsaire, voyons! expliquez-vous, dit le vice-roi.

Wilson haussa les épaules; Sans-Peur lui lança un regard de mépris; puis, avec un sourire:

—Je veux la paix, j'apporte la paix. La France et l'Espagne sont non-seulement en paix, mais étroitement alliées, et lorsqu'en Europe elles combattent ensemble contre les ennemis communs, nous continuerions ici à nous faire la guerre!... Non, non! je tiens trop à la paix; aussi me suis-je bien gardé de croiser l'épée avec celle de ces messieurs. Ils ont déjà pu voir à ma seule attitude combien mes intentions sont pacifiques.

Léon de Roqueforte, à ces mots, s'assit en face de la vice-reine.

—Son Excellence vient de me donner le nom de *corsaire*, je l'en remercie. Elle reconnaît donc que l'honorable lieutenant Owen a dit la vérité en me défendant contre la méchante qualification de pirate. Comme corsaire français, je n'attaque jamais que les ennemis de la France. Seulement, quand on m'attaque, moi, quand on me menace, je ne fais pas toujours comme ce soir, et mon épée sort volontiers du fourreau. C'est ainsi que naguère, à Quiron, j'ai eu la douleur de me battre contre les troupes de Son Excellence, à qui je rendrai mes prisonniers dès demain, si elle veut bien y consentir.

—Elle y consentira, nous l'espérons toutes, dit la vice-reine.

—Madame! interrompit son époux avec aigreur; je consens... je consens...—et c'est déjà beaucoup trop!...—à écouter monsieur le comte!...

Le titre de comte, publiquement accordé à l'homme que monseigneur n'avait cessé de traiter de forban, était une concession évidente. Léon salua et poursuivit:

—Quand je fais la guerre, je la fais de mon mieux. Quand je veux la paix, je la veux bien; monsieur le marquis de Garba y Palos, mon noble beau-frère ici présent, pourrait l'attester. Il pourrait vous raconter, mesdames, comment il m'accueillit lorsque j'allai lui demander la main de sa sœur. Il était au milieu d'un peloton de miquelets qui me mirent en joue; il me traitait, lui aussi, de pirate; il m'insultait gravement, mais je voulais la paix, et mieux que la paix,— mon cœur était plein de sympathies chaleureuses,—je fus calme, et don Ramon finit par m'écouter. Le soir même, j'étais l'époux de votre digne compatriote, Isabelle la Péruvienne, dont je m'épris, mesdames, dans votre ville, à Lima, en la voyant traverser cette place...

Léon montrait la place Majeure; les Liméniennes, intéressées par son récit, souriaient sous leurs éventails.

—... Cette place, où à l'instant où je parle, monseigneur le vice-roi, d'innombrables amis attendent mes ordres.

A ces mots, Léon se leva et fit un signe de la main. Une fusée rougeâtre sillonna les airs.

—Regardez bien, regardez! dit-il. Une autre fusée semblable va répondre à mon signal... La voyez-vous dans le lointain, à gauche?... Mes officiers savent maintenant que je suis au bal chez Son Excellence, et que j'espère fermement l'amener à conclure la paix.

Wilson causait depuis quelques instants avec un colonel espagnol, qui, ayant été fort bien reçu à bord de *la Firefly*, partageait la haine des Anglais pour Sans-Peur le forban.

—Qu'est-ce qui nous prouve que cet homme dit la vérité? s'écria le colonel. Faites cerner la place, monseigneur!...

—Prenez garde, messieurs, à ce que vous allez tenter, interrompit Léon en se croisant les bras sur la poitrine.—Mais vous, mesdames, n'essayez pas de sortir. Vous n'êtes en sûreté que dans ce palais.—Ah! l'on doute de moi!... Je veux la paix, je la veux avec la population de cette ville et le Pérou tout entier! mais je suis prêt à la guerre, sur terre et sur mer!

Léon prononça quelques mots d'une langue inconnue. Parawâ leva perpendiculairement son *méré* casse-tête. Deux flammes bleues parurent dans les airs.

—Écoutez! écoutez maintenant.—Trois coups de canon vont retentir au large.

Les trois coups de canon furent distinctement entendus.

—Ma division s'avance en branle-bas de combat; dans une demi-heure, elle sera devant le fort de Callao.

—Cet impudent étranger sera-t-il supporté ici plus longtemps? interrompit avec violence le colonel espagnol.

Un excentrique Anglais serait fier du sang-froid que déploya Léon de Roqueforte. Il regarda son interrupteur d'un air dédaigneux, et demanda curieusement le nom de ce colonel mal élevé.

—Il s'appelle Garron y Quizâ, lui répondit-on.

—Eh bien, monseigneur le vice-roi, je prierais volontiers Votre Excellence d'accorder au colonel Garron y Quizâ le droit de conclure la paix, tant je suis sûr que tout finirait au mieux.

—Par la sainte croix! vos partisans seraient bientôt en poussière! s'écria le colonel.

—Parlez vous sérieusement, monsieur le comte? demanda le vice-roi devenu fort soucieux.

Ses idées se modifiaient singulièrement depuis que le corsaire parlait et agissait en sa présence. Après avoir tenu tête avec une opiniâtreté systématique à toutes les autorités de la ville, le vice-roi ne voulait point reculer, mais il se sentait dans son tort à tous les points de vue. Un faux-fuyant s'offrait a lui;—il s'en saisit d'autant plus volontiers que le colonel venait, par deux fois, de s'exprimer avec insolence.

—Monseigneur, répondit Léon, je parle sérieusement, très sérieusement, foi de gentilhomme français. Je ne vous demande plus la paix, maintenant; je vous prie d'accorder vos pleins pouvoirs au colonel Garron y Quizâ. Ce sera fort gai, mesdames...

Le colonel rougit, pâlit, et s'avança menaçant.

—Monsieur! dit le vice-roi, vous avez ici même blâmé ma modération; eh bien, pour vous en punir, je vous ordonne de traiter avec M. le comte de Roqueforte.

—J'ai l'honneur de vous entendre, monseigneur, mais ai-je bien vos pleins pouvoirs? Ai-je le commandement de vos forces de terre et de mer, le droit de vie et de mort?...

—C'est ainsi que je fais ma demande, monseigneur, ajouta Sans-Peur le Corsaire; je supplie Votre Excellence de se décharger pour quelques heures de toute sa responsabilité, mais de vouloir bien ensuite ratifier les décisions du pétulant colonel Garron y Quizâ.

—Accordez! accordez! dit la vice-reine.

—Accordez, monseigneur! ajoutèrent toutes les dames.

—J'abdique donc pour trois heures, c'est-à-dire jusqu'à minuit, dit le vice-roi, et je veux que l'on obéisse au colonel Garron y Quizâ comme à ma propre personne.

Sans-Peur, qui s'était avancé vers la vice-reine, disait en même temps:

—Si Votre gracieuse Excellence daigne le permettre, madame, mes jeunes officiers finiront leur soirée au bal.

—De grand cœur, monsieur le comte.

Un signe imperceptible du corsaire fut suivi d'un coup de sifflet aigu de Taillevent. Dix fusées de diverses couleurs serpentèrent dans le ciel bleu.— Une bordée entière leur répondit du large.

—A moi, messieurs!... En haut la garde!... criait le colonel l'épée à la main.

Les officiers espagnols, cette fois, ne se laissèrent pas arrêter par Roboam Owen; ils fondaient sur Sans-Peur le Corsaire. La garde pénétrait dans le salon du vice-roi. De nouveaux cris d'effroi retentirent.

Mais tout à coup, comme à miracle, les cinq principaux acteurs de cette scène violente disparurent par la fenêtre au milieu d'un immense éclat de rire dont le vice-roi prit sa part.

Taillevent et Parawâ s'étaient baissés. Le colonel fut escamoté comme une muscade, tandis que Sans-Peur et don Ramon passaient du balcon sur l'impériale d'un carrosse. Le carrosse partit au grand galop; toutes les voitures des belles invitées le suivaient.

—Dansez, mesdames, dansez jusqu'à notre retour!... Vive la paix! criait Sans-Peur.

—Vive la paix! répéta la populace.

—Où vont tous ces carrosses? demandait-on.

—Ils vont au Callao chercher les danseurs de la division française.

La vice-reine fit un signe à son orchestre; le bal commença. Son Excellence le vice-roi était d'une gaîté folâtre. Trop heureux d'avoir échappé au ridicule d'être enlevé de chez lui par la fenêtre, monseigneur trouvait ravissant le joli tour du corsaire.

—Ce pauvre colonel! disait-il, quelle drôle de mine il doit faire dans son carrosse entre M. le comte et Sa Seigneurie la Baleine-aux-yeux-terribles!...

Au coup de sifflet de Taillevent, les cent compagnons du *Lion de la mer* s'étaient emparés de toutes les voitures à la fois et les cris répétés de Vive la paix! étouffant ceux des cochers, le cortège se mit en route sans obstacles.

Le colonel Garron y Quizâ, garrotté et bâillonné, fut obligé, deux lieues durant, d'écouter Sans-Peur le Corsaire, dont les arguments péremptoires le décidèrent bon gré mal gré.

Le commandant du Callao reçut avis que la paix était faite.

La division française mouilla en rade.

Les jeunes officiers des trois navires,—déjà en costume de bal, selon l'ordre qu'ils en avaient reçu à midi par une barque de pêcheurs,—trouvèrent sur le quai plus de vingt voitures dans lesquelles il y eut également place pour les officiers de chasseurs faits prisonniers à la bataille de Quiron.

Le colonel plénipotentiaire occupait seul le dernier carrosse.—A bord de *la Lionne*, il avait signé non-seulement la paix, mais encore toutes les conditions exigées par Sans-Peur, et entre autres la nomination de don Ramon au gouvernement de Cuzco.—Il se garda de reparaître au bal; mais désespéré d'être voué à la dérision publique, il voulut se réhabiliter par un duel, s'en prit au capitaine Wilson, son malencontreux conseiller, et mourut d'une balle reçue en pleine poitrine.

Quant au capitaine anglais, immédiatement après le duel, le vice-roi le fit incarcérer dans la même prison d'où quelques onces d'or bien employées avaient fait sortir le futur gouverneur de Cuzco. Personne n'employa pour sa délivrance la clef de fer ni la clef d'or. Seulement, Roboam Owen, en partant pour l'Europe avec un sauf-conduit, lui promit de faire demander son échange à la cour d'Espagne,—car sa qualité de duelliste trop heureux n'empêchait point le capitaine Wilson d'être prisonnier de guerre.

En lettres roses comme l'aurore, l'histoire constate que le bal qui se prolongea jusqu'au jour chez Son Excellence le vice-roi du Pérou, est le plus charmant dont mesdames les Liméniennes aient gardé souvenance. Il s'appelle *le bal de la paix.*—De nos jours, les grand'mères en parlent encore.

XL

ESQUISSE A GRANDS TRAITS.

Huit jours durant, le *Lion de la mer* fut le lion de Lima et du Callao.—On illumina en son honneur. Le vice-roi ne jurait plus que par lui et par don Ramon, marquis de Garba y Palos, à qui était réservée la mission de pacifier l'intérieur.

Sous l'escorte des *gauchos* de Quiron, le frère d'Isabelle alla prendre possession de son gouvernement, qu'il occupa jusqu'en 1808,—époque à laquelle une politique maladroite fit remplacer par la métropole tous les hauts fonctionnaires du Pérou.

Une seconde trêve de sept ans succéda ainsi aux troubles qui n'avaient guère cessé depuis la retraite de l'époux de Catalina. Durant ces sept années, Gabriel grandit sous les yeux des caciques, non sans prendre quelquefois la mer à bord des navires de son père. Mais, par une convention tacite, le fils des Incas ne s'embarqua jamais en même temps que sa mère et ses deux frères jumeaux.—Ainsi, des gages vivants de l'alliance secrète du *Lion de la mer* avec les indigènes péruviens, demeurèrent toujours au milieu d'eux.

Soumis à un régime doux et juste, patients, discrets et certains d'être noblement secourus dès que l'Espagne changerait de conduite à leur égard, les chefs les plus éclairés approuvaient hautement la sagesse d'Isabelle et de son époux.

Gabriel, salué du titre de Condor-Kanki, était élevé dans le palais du gouverneur espagnol, mais il n'y vivait point en prisonnier. Au retour de ses campagnes de mer, entreprises du consentement des caciques, son oncle ne mettait aucun obstacle à ses excursions chez les diverses tribus de la plaine et des montagnes.

Don Ramon tolérait qu'on l'y reçût comme le dernier héritier de la race seigneuriale. Et nul doute que l'Espagne n'eût fini par conquérir l'amour des peuples indigènes, si, après le deuxième marquis de Garba y Palos, Gabriel de Roqueforte eût été successivement appelé au gouvernement de Cuzco et à la vice-royauté du Pérou.

Mais il n'en fut pas ainsi.—Don Ramon, brusquement destitué, fut rappelé en Europe et obéit en fidèle sujet espagnol.

La guerre éclatait de nouveau entre l'Espagne et la France.—Tout d'abord, dans les possessions d'outre-mer, au Mexique, à la Nouvelle-Grenade, à Buenos-Ayres, au Chili, au Pérou, les créoles se prononcèrent pour Ferdinand VII contre l'empereur Napoléon; mais bientôt, selon les prévisions du Lion de la mer, la grande insurrection de l'indépendance domina tous les mouvements politiques. Lasse du joug séculaire de l'Espagne, l'Amérique méridionale se soulevait tout entière.

L'heure de la délivrance avait sonné.

Napoléon, en franchissant les Pyrénées, donna au nouveau monde le signal de la liberté.

Cependant l'Océanie avait revu son infatigable champion.

Les années de trêve qui ouvraient enfin au Lion de la mer tous les ports du Pérou furent glorieusement remplies.

Les ruses cruelles de Pottle Trichenpot retombèrent sur ses complices; mais, hélas! l'adroit coquin parvint toujours à s'échapper.

Aux îles Marquises, où il avait fait merveilles avec les franges d'or du Lion de la mer, ce ne fut qu'après de sanglants combats que son influence put être détruite.

Il venait de s'évader en pirogue, lorsque les Nouka-Hiviens, consternés, reconnurent qu'ils avaient été ses dupes.—Une alliance solennelle fut jurée alors. Léon, proclamé de nouveau chef des chefs, laissa un agent fidèle à Nouka-Hiva, et poursuivit sa course.

A Taïti, commençait la guerre fameuse connue dans les annales de l'archipel sous le nom de *Tamaï rahi ia Arahou-Raïa*, c'est-à-dire la grande guerre de Arahou-Raïa.—Sans-Peur prit nécessairement fait et cause pour ceux des indigènes que les relations anglaises traitent de rebelles et d'insurgés.

Depuis longtemps déjà il secondait et protégeait très efficacement plusieurs prêtres catholiques français émigrés ou patriotes péruviens, qu'il avait déposés dans le petit archipel de Manga-Reva.

Ce fut le premier point occupé par des missionnaires catholiques.

Parawâ n'ouvrit pas de trop grands yeux.—Au Pérou, il avait souvent assisté à la messe, et l'aumônier de Quiron, conformément aux instructions de Léon de Roqueforte, n'avait cessé de lui prêcher des croyances que l'on concilia tant bien que mal avec les traditions de son peuple, sur les mystères de la sainte Trinité, sur l'immortalité de l'âme, les interdictions sacrées telles que *le tabou* et le rachat des péchés par la pénitence.

Taillevent, Camuset et les jeunes lionceaux de la mer tenaient semblable langage.

L'influence du catholicisme devait dans l'Océanie entière être opposée à celle du mercantilisme biblique des missionnaires anglicans et à leurs actes despotiques.

Le roi Pomaré II avait embrassé le parti anglais.

Son ministre Tanta, le guerrier le plus redouté de tout l'archipel, valeureux compagnon du Lion de la mer, découvrant le premier que les franges d'or ont été dérobées par Pottle Trichenpot, proteste et se retire dans les montagnes. Une faction puissante, fidèle aux grandes traditions d'indépendance, se rallie sous la bannière libératrice de LEO l'*Atoua*.

A l'instigation de Pottle Trichenpot, Pomaré II attaque Tanta et ses partisans.—Or, chose bien remarquable, constatée par les écrivains anglais eux-mêmes, et qui prouve bien que la lutte fut politique et non religieuse,— le grand prêtre du dieu Oro était du même parti que les missionnaires protestants, et fut un des plus ardents instigateurs de la guerre civile. On ne peut dire conséquemment qu'elle fut allumée entre les chrétiens et les idolâtres. Loin de là, Pomaré II, ayant tout d'abord obtenu par surprise un succès sanglant, des sacrifices humains eurent lieu sur les autels du dieu Oro.

Tanta eut soin de faire annoncer dans tout l'archipel que de telles exécutions étaient en abomination devant LEO l'*Atoua*, esprit supérieur, seul vraiment chrétien, car il avait toujours interdit le cannibalisme et les holocaustes de prisonniers.

A peine cette proclamation était-elle répandue dans les îles de la Société, que la division française parut.—Pomaré II, chassé de Taïti, se retira dans l'île de Huahiné. Les indigènes de plusieurs autres îles embrassèrent avec transport la cause de Tanta et du *Lion de la mer*.

Les missionnaires anglicans se réfugient à bord du navire *la Persévérance*. Mais tandis qu'à la tête des équipages de *la Lionne* et de *l'Unicorn* Léon de Roqueforte combat en terre ferme, *le Lion*, chargé d'appuyer la chasse aux fugitifs, s'échoue sur un banc de coraux.

La Persévérance, emportant Pottle Trichenpot, fait voile pour l'Europe. Parawâ et Taillevent déplorèrent à l'unisson l'évasion de ce maudit fauteur de troubles.

L'équipage du *Lion* fut sauvé; mais le navire, démantelé par la mer, fut perdu pour Sans-Peur le Corsaire.

Peu de temps après, par compensation, le schoner anglais *la Vénus* fut pris à l'abordage par les insulaires taïtiens[18].

[18] Historique.

Léon s'opposa aux massacres qu'allait ordonner le ministre Tanta.

—Non, jamais de représailles semblables! s'écria-t-il; n'imitez point vos ennemis, ne déshonorons par notre cause!

Maître Taillevent, comme on pense, grogna selon son droit.

—Si le Trichenpot avait été pendu la première ou seulement la seconde fois, il n'aurait pas eu la chance de nous échapper la troisième!

Le Néo-Zélandais Parawâ ne se permit point de grogner, mais ne tarda pas à trouver fort justes les réflexions de son ami Taillevent, car la frégate anglaise *l'Urania*, profitant d'une diversion opérée par les partisans de Pomaré II, reprit *la Vénus* et délivra son équipage.

Laissant au brave Tanta le soin de finir la guerre, Sans-Peur, avec sa *Lionne*, se met à la recherche de *l'Urania*; mais la frégate anglaise, ayant fait fausse route pendant la nuit, atterrit, fort heureusement pour elle, à Port-Jackson.

Des courses continuelles, des missions et des prédications qui ne furent pas toutes sans fruits, des tentatives civilisatrices très diverses, des combats de terre et de mer, des aventures souvent invraisemblables, des succès, des revers, des négociations et des entreprises de tous genres occupèrent Sans-Peur le Corsaire et ses alliés pendant les sept années pacifiques du gouvernement de don Ramon.

Léon de Roqueforte, par son activité dévorante, rétablissait, non sans d'immenses difficultés, l'influence bienfaisante de la France, qu'il représentait sous le nom de LEO l'*Atoua*.

Malheureusement, la France elle-même était neutre.

En lutte avec l'Europe entière, triomphante sur le continent, grâce au génie du plus grand capitaine des temps modernes, elle avait l'infériorité sur les mers. Et elle ignorait qu'un héros obscur, se dévouant à une œuvre inconnue, combattait sans relâche pour elle dans cette cinquième partie du monde que le roi Louis XVI s'était proposé de soustraire à la domination britannique.

Maîtresse de la mer, l'Angleterre veillait.

—Résister, maintenir, attendre!—telle fut la devise de Sans-Peur le Corsaire.

Il résista, il attendit, et non-seulement il se maintint, mais encore il étendit sa protection sur une foule de points nouveaux.

Les Anglais, établis à la Nouvelle-Hollande, le rencontrèrent comme un obstacle invincible à la Nouvelle-Zélande, où Parawâ Touma et son fils Hihi firent des prodiges, aux îles Fidji, dans tous les archipels du nord et de l'est, depuis les Carolines et les Mulgraves jusqu'aux îles Haouaï, d'où disparut enfin le culte du dieu Rono, vulgairement le capitaine Cook.

LÉO l'*Atoua*, toujours équitable et vraiment libérateur, faisait et défaisait les rois des îles de l'Océanie. Il abattait les petits tyrans *taboués* et leur donnait parfois pour successeurs de simples matelots français. Les princes du plus haut rang s'honoraient de servir dans ses équipages.—Et c'est ainsi qu'après Parawâ-Touma, il prit à bord son illustre fils Hihi, Rayon-du-soleil, jeune chef qui devait, longues années plus tard, recevoir les surnoms éclatants de Napoulon et de Ponapati (Napoléon et Bonaparte)[19].

[19] Historique.

Les deux plus grands hommes de la Polynésie, Finau Ier, qui régnait à Tonga, et Taméha-Méha Ier, qui régnait aux îles Haouaï, entrèrent l'un et l'autre dans les vues de Sans-Peur le Corsaire. Et si, par la suite, ils n'y restèrent point également fidèles, ce fut en raison des nouvelles perfidies des missionnaires anglicans, dont le pouvoir devait devenir effroyable.

Dès l'âge de douze ans, Gabriel de Roqueforte partagea la plupart des dangers de son père. Intrépide pilotin, cavalier audacieux, piéton infatigable, il avait au plus haut degré deux des trois grandes qualités préconisées par maître Taillevent, c'est-à-dire *le courage* et *l'idée*.—Mais la troisième, ou selon l'ordre rigoureux la seconde, en d'autres termes *la patience*, était loin d'être son fait, lorsque vers la fin de 1808, les deux bâtiments que ramenait le grand tueur de navires atterrirent sur les côtes du Pérou.

XLI

LE COMMODORE WILSON.

Camuset, maintenant porteur d'une magnifique barbe rousse, recevait la récompense de ses bons et loyaux services, en savourant le titre de *matelot* de maître Taillevent,—titre qu'il partageait, on le sait assez, avec Tom Lebon de Jersey, anglais de nation, français de cœur. Camuset, toutefois, n'avait pas la faiblesse de se plaindre de son partage.

Loyal matelot de son matelot, il aimait sur parole ce Tom Lebon qui, pressé en 1793, avait eu la douleur de ne jamais revoir Jersey ni Port-Bail, et continuait à servir Sa Majesté Britannique en qualité de gabier sur le vaisseau *l'Illustrious,* présentement commandé par le capitaine Wilson, de lamentable mémoire.

Encore un qui devait donner raison aux propos de grognard de maître Taillevent.

—Faire grâce au lieutenant Roboam Owen, bien, très bien!... mais à un Trichenpot ou à un Wilson, autre chose!... On vous écrase sans miséricorde de malheureuses petites bêtes méchantes par nature, par tempérament, mais sans malice, comme supposition, un scorpion, une vipère, une punaise; et on vous laisse vivre un Wilson, un ingrat, une mauvaise bête venimeuse par goût, par volonté, tout exprès!... Moi, je voulais prendre cet oiseau-là en plein bal, l'emporter à bord et l'y pendre au bout de la grande vergue; c'était la justice. Ça aurait sauvé la peau de cet imbécile de colonel Garron y Quizâ, pas mal d'autres peaux meilleures, et les nôtres aussi peut-être bien!—J'ai toujours gardé souvenance de l'histoire du brigand qui faisait pendre son juge, en lui disant pour raison: «C'est, dit-il qu'il dit, parce que tu ne m'as pas fait pendre, toi!» Et voilà justement ce que nous diraient le Trichenpot ou le Wilson, s'ils nous tenaient un de ces quatre matins.—Mais non! mon capitaine se contente de laisser l'autre en prison. Est-ce qu'on reste jamais en prison? On y meurt ou on s'en tire.

Pour sa part, le capitaine Wilson y avait passé deux mortelles années à maudire la France, l'Espagne, le vice-roi du Pérou, Sans-Peur le Corsaire, et, par-dessus le marché, le lieutenant Roboam Owen, qui l'avait indignement oublié, à ce qu'il croyait.

Wilson était encore injuste et ingrat, car son camarade ne l'oublia pas un seul instant.

Retourné en Europe avec un sauf-conduit, à bord du même vaisseau de transport qui déposa en Espagne les prisonniers de guerre délivrés enfin des mines par les ordres d'Isabelle,—Roboam Owen se hâta d'instruire son gouvernement de la situation du capitaine Wilson. Il fit plus encore, il intéressa plusieurs amiraux à la délivrance de cet officier, qui, par suite de ses démarches, fut compris dans un cartel d'échange.

A peine de retour à Londres, Wilson se trouve en faveur. Un pouvoir occulte, qui s'opposa toujours à l'avancement de Roboam Owen, pousse au contraire d'une manière insolite le haineux Wilson, qui était bien et dûment commodore quand il fut appelé au commandement du vaisseau de 74, *l'Illustrious*.

La société biblique et commerciale des missions évangéliques, sur les instances du révérend Pottle Trichenpot, l'un de ses membres les plus intelligents et les plus actifs, avait évidemment fait son affaire de l'avenir du capitaine Wilson.

«Il avait été prisonnier du pirate s'intitulant Sans-Peur le Corsaire.

«Il s'était déclaré son ennemi avec la plus louable ingratitude; il le détestait profondément, et le calomniait de bonne foi.

«Il était opiniâtre, bon marin, et bilieux.

«Deux années de captivité au Pérou devaient le rendre intraitable.»

Tels étaient les titres du commodore à la haute protection de la société biblico-commerciale, qui le fit nommer au commandement des forces navales envoyées dans les mers du Sud, pour protéger les missions anglaises et purger l'Océanie des nombreux aventuriers, forbans ou bandits français qui l'infestaient et l'opprimaient au nom du susdit pirate dit Sans-Peur, odieux papiste qui protégeait des prédicateurs catholiques ne vendant rien et ne visant à usurper aucun pouvoir.

L'Illustrious, de 74, la frégate *la Pearl*, de 40, et plusieurs bâtiments de rang inférieur partirent de Plymouth vers l'époque où la guerre fut déclarée à l'Espagne par l'empereur des Français.

La division fit voile pour Cadix, où un officier, chargé des pleins pouvoirs du roi Ferdinand VII, s'embarqua sur *l'Illustrious*.

A bord du même vaisseau se trouvaient, d'une part, le lieutenant Roboam Owen, attaché, par ordre ministériel, à l'expédition comme possédant des connaissances hydrographiques spéciales,—et, d'autre part, le révérend Pottle Trichenpot, l'un des directeurs des missions anglaises en Océanie.

Pottle, qui avait autrefois ciré les bottes du lieutenant Owen, le lieutenant Owen, dont Pottle avait autrefois ciré les bottes, se rencontrèrent à la même table avec un égal déplaisir.—Ils firent semblant de ne pas se reconnaître.

Pottle voulut tout d'abord se mêler des affaires de service de la division navale. Mais le commodore Wilson, non moins têtu pour ses amis que pour ses ennemis, prit le contre-pied de tous les avis du révérend directeur.—Aussi dispersa-t-il fort imprudemment ses navires.

Et voilà tout justement pourquoi sa petite frégate *la Pearl* portait maintenant les couleurs françaises et le nom sacré de *Lion*, par une conséquence forcée d'un fort beau combat naval.

L'ex-*Pearl*, désormais *le Lion*, était le navire sur lequel Sans-Peur le Corsaire jugea bon de passer en abandonnant sa pauvre *Lionne*, usée de la quille à la pomme comme ne le fut jamais le couteau de Jeannot.—*L'Unicorn* n'était plus depuis trois ou quatre ans.—En revanche, sous l'escorte du *Lion* naviguait un délicieux paquebot, très faible d'échantillon, mais d'une marche supérieure qui lui avait valu le nom d'*Hirondelle*.

———

—Voile! cria l'homme de vigie à bord du *Lion*... Très haut mâtée... ajouta-t-il au bout d'une minute.

Déjà Gabriel était sur les barres de perroquet avec sa longue-vue en bandoulière. Camuset l'y suivit comme de raison.

—Je n'ai jamais vu un aussi gros navire! dit le jeune héritier des Incas.

—Vaisseau de ligne anglais! cria Camuset au même instant.

—Ah! chien de chien! fit Taillevent, j'ai rêvé cette nuit de Pottle Trichenpot et de potence habillée en soldat de marine anglais!...

Sans-Peur prit le commandement de la manœuvre.

Le Lion et *l'Hirondelle* se chargèrent de toile.

L'Illustrious en fit autant.

—Mais c'est *la Pearl*, je reconnais parfaitement *la Pearl*, disait le commodore Wilson. Pourquoi diable prend-elle chasse devant nous?

—Pourquoi? *Goddam!* riposta l'évangélique Pottle Trichenpot, parce que ce démon de Sans-Peur vous l'a prise; c'est assez clair!

—Vous êtes inconvenant, master Trichenpot! et je trouve votre *goddam* très *shoking*, entendez-vous?...

Roboam Owen était triste.

Tom Lebon, qui ne se doutait de rien, ratissait un bout de corde, en chantonnant un air normand qu'il avait appris à Port-Bail de la bonne femme Taillevent, la mère à son vieux matelot.

———

XLII

LES LIONCEAUX DE LA MER

La dynastie Taillevent s'était accrue de quatre mousses, tandis que Liméno grandissait aux côtés de Gabriel-José-Clodion Tupac Amaru, l'idole des indigènes péruviens et des équipages de Sans-Peur le Corsaire.

Issus d'un père normand et d'une mère métisse, à demi-marins, à demi-montagnards, Pierre, Blas, Jacques et Ricardo Taillevent s'honoraient d'être le bataillon sacré de Léonin et de Lionel, les jumeaux blonds que leur mère avait peine à distinguer l'un de l'autre.

Tous ces enfants, qui partagèrent les navigations d'Isabelle et de Liména, reçurent, dès l'âge le plus tendre, le baptême du feu,—à bord, quand Gabriel et Liméno restaient à terre,—à terre, quand Gabriel et Liméno faisaient campagne à bord.

Ils étaient également familiarisés avec la vie aventureuse de l'Océan et l'existence nomade des grands bois, des montagnes ou des pampas.

Doués diversement suivant l'immuable loi de la nature, ils devaient à leur éducation un seul et même amour exalté pour la race des Roqueforte. LEO l'*Atoua*, Sans-Peur le Corsaire, était leur roi; madame, leur reine; Gabriel, leur prince; Lionel et Léonin, leurs jeunes chefs.

Et, vers la fin, ils eurent en outre leur princesse; car la dynastie du Lion de la mer s'augmenta aussi d'une charmante petite fille, contraste vivant de ses frères, non moins brune qu'ils étaient blonds, et d'autant plus chère à la famille qu'elle ressemblait trait pour trait à sa noble mère. D'un commun accord, elle reçut les noms de Clotilde-Raymonde, le premier comme Mérovingienne, le second comme filleule de son oncle don Ramon.

Le faisceau se formait pour l'avenir. Et lorsque parfois, pendant un mouillage au Callao, enfants et parents étaient tous réunis:

—Mes vœux sont exaucés, disait Sans-Peur, notre œuvre ne périra point!

—Allons, grognait Taillevent, branle-bas général à perpétuité!... Ça y est!... Mon capitaine,—c'est coulé,—n'aura jamais goût au petit cabotage. Toujours des tremblements, toujours des chavirements; le vent de *surouât* est du calme plat en comparaison de ses idées. Il vente toujours dans sa tête à faire mettre à la cape l'Europe, le Pérou, l'Océanie et le *grand chasse-foudre*!... De façon, Liména, qu'ayant toujours eu, moi, l'amour de la tranquillité à bord d'un gentil caboteur ou dans ma case à Port-Bail, me voilà forcé de faire tour mort sur ma vieille langue, à l'effet de ne pas décourager nos mousses. Il nous faut donc les éduquer en leur disant: «Aimez le chamberdement et la misère, voilà le plaisir! Poudre fulminante, volcan et raz de marée, voilà votre tempérament!... Vive le petit métier! En avant le rigaudon sur terre, sur mer, et peut-être bien ailleurs!» Je dis ailleurs, Liména, et je m'entends... M. Gabriel est encore assez sage: l'abordage, les brûlots, la cavalerie et l'infanterie lui sont suffisants.—Mais M. Léonin, un gringalet, soit dit sans offense, vous a des inventions à donner la colique à un requin.—Est-ce que ce gamin de deux jours ne vous parle point de bateaux sous-marins, de ballons, de souterrains et d'un tas de machines d'enfer comme de ses amusettes!... Oui, ma femme, quelque jour ils navigueront sous l'eau, dans l'air, dans le ventre de la terre, au fin fond de n'importe quoi! Les anciens, pour lors, ne seront que des conscrits; nos gars, vois-tu, ne riront pas tous les matins...

Liména souriait avec orgueil.

Et Camuset à la barbe rousse, en tiers dans cet entretien, se bornait à dire:

—Sois calme, matelot Taillevent, ça court bien! on s'en charge de tes mousses.

Le contre-maître Camuset, plus souvent appelé Barberousse, inspirait alors aux fils du maître d'équipage un peu de la crainte salutaire que le rude grognard lui inspirait à lui-même au début de ses grandes aventures.

Les bonnes traditions ne se perdaient pas, comme on voit.

Seulement, le temps poursuivant son cours inexorable, transformait les mousses en novices ou même en matelots, et les matelots en contre-maîtres, comme l'atteste le juste avancement de Camuset.

L'amazone Isabelle a un fils aîné de quinze ans révolus et qui semble en avoir dix-sept, soit que son origine maternelle et le climat des tropiques l'aient rendu précoce, soit que la navigation et les exercices du corps aient développé avant l'âge sa nature vigoureuse.

Léonin et Lionel, au contraire, sont frêles, pâles, presque chétifs, quoique bien portants et parfaitement constitués.

—Ne craignez rien, commandant, disait à leur propos le chirurgien-major de l'escadrille corsairienne, je vous réponds d'eux. Vos lionceaux deviendront des lions!

Les lionceaux avaient dix ans passés.

Mêmes voix, mêmes gestes, mêmes regards, même intelligence. Seulement, leur mère trouvait Lionel plus tendre et plus soumis, et leur père finit par reconnaître en Léonin plus d'initiative, plus de force de caractère.

—Il sera temps bientôt que ces enfants voient la France, leur patrie, avait-il dit avant de partir pour sa dernière expédition.

Cette parole, qu'Isabelle ne connut point, fut prononcée en présence de Taillevent, qui se permit de demander:

—Et M. Gabriel?

—Ami, répondit Léon avec tristesse, ai-je coutume de manquer à mes serments et de reprendre ce que j'ai donné?

—Pour lors, murmura le maître, m'est avis que la bonne femme de mère à Taillevent, si Dieu fait qu'elle vive encore, pourra bien embrasser mes quatre petits sauvages,—Pierre et Jacques, ou, comme qui dirait en espagnol, Pedro et Iago, Blas et Ricardo, ou, comme qui dirait en français, Blaise et Richard,— mais qu'elle n'embrassera jamais mon aîné Liméno, péruvien comme son nom et sa chance.—Ah! le pauvre gars, il en avalera des Cordillères, il en courra des bords sur le lac de Plomb et à travers les montagnes du Pérou, sans jamais voir notre cher Port-Bail, sur les côtes de Normandie, en face de Jersey!

—Pourquoi cela, Taillevent? Ton fils, à toi, n'est point de la race des Incas...

—Pardon, excuse! mon capitaine, interrompit vivement le maître, si mon fils, à moi, n'est l'enfant du soleil ni de la lune, il est le mien, nom d'un tonnerre! et ça suffit pour naviguer droit dans le sillage de l'honnêteté.

—Toujours le même, dit Sans-Peur avec une émotion fraternelle.

—Toujours, mon capitaine!...

La campagne entreprise à la suite de cet entretien eut cela de remarquable que LEO l'*Atoua* se préoccupa beaucoup moins de ses îles polynésiennes que de la prise d'un bâtiment taillé pour la marche.

XLIII

L'HIRONDELLE.

D'après les conseils de Pottle Trichenpot, la société biblique et commerciale de Londres préférait désormais pour ses navires la légèreté à la capacité. «Car, en attendant qu'on obtînt de Sa Majesté Britannique le concours d'une puissante division navale, l'essentiel était de pouvoir échapper au détestable pirate Sans-Peur.»

A la baie des îles, où *la Lionne* relâcha, Parawâ-Touma et son fils Hihi saluèrent du haut de leur *pâ* fortifié la frégate de leur illustre *Rangatira-Rahi.*— Baleine-aux-yeux-terribles lui dit tout d'abord que les Néo-Zélandais venaient de chasser du mouillage un bâtiment anglais chargé de missionnaires hérétiques.

—Mais il fallait le prendre! s'écria Sans-Peur.

—Nous l'avons essayé!... Par malheur, il marche comme le vent!

—C'est ce que je cherche!... Où est-il!...

—Il a pris la route de la Nouvelle-Hollande.

—Je pars pour Port-Jackson!...

—Sans moi, ô LEO l'*Atoua*! vous aurez peine à reconnaître cet alcyon de la mer.

—Baleine-aux-yeux-terribles sera toujours reçu comme un grand chef sur les navires de LEO l'*Atoua*.

Le chef néo-zélandais but l'haleine de son fils Hihi, Rayon-du-soleil:

—Tu es aujourd'hui un guerrier fameux sur la terre et sur la mer. Règne sur nos peuples, achève de gagner tes *mokos* et demeure fidèle à LEO l'*Atoua*, ennemi de la tribu de *Touté.*—Moi, j'ai vu en rêve cette nuit les grandes villes d'Europe. Si je meurs au loin, tu découvriras au ciel une étoile de plus, ce sera mon œil gauche, et tu sentiras en toi une force double, ce sera mon âme qui viendra t'habiter.

Hihi serra sur son cœur les genoux, puis la ceinture, puis le corps de son père, dont il but ensuite l'haleine en frottant le nez contre le sien.

Et après avoir fraternisé avec Gabriel, le fils du Lion, Hihi, fils de la Baleine, descendit dans sa pirogue.

La Lionne appareillait pour Port-Jackson.

Déguisée en gros transport anglais, au moyen de masques en toile à voiles, la frégate pénétra hardiment dans la rade ennemie, car Parawâ venait de reconnaître le fameux navire des missionnaires.

Au coucher du soleil, on mouilla bord à bord.

Presque aussitôt, il fut enlevé par surprise.

L'alarme fut jetée pourtant.—Quatre navires de guerre et deux fortins canonnèrent *la Lionne*; mais la fortune, dit-on, favorise les audacieux. La ruse et la force, l'adresse et le courage n'auraient peut-être point suffi pour assurer l'invraisemblable succès de Sans-Peur. Heureusement, une épouvantable tempête, qu'il avait prévue à la vérité, lui permit d'éviter un combat inégal.

Ainsi fut conquise son *Hirondelle*, qu'il destinait à conduire en France Isabelle et ses trois derniers enfants.

Lui-même, alors, il pensait à s'y rendre.

Le *Lion de la mer* voulait se présenter au lion de la terre, l'empereur Napoléon, et obtenir son appui pour résister moins difficilement aux forces anglaises. La capture de *la Pearl* acheva de le décider à prendre ce parti, car il apprit, par les papiers trouvés à bord, que la guerre était déclarée à l'Espagne.

A quoi bon laisser Isabelle et ses jeunes enfants en péril dans les possessions espagnoles du Pérou, lorsque Gabriel était enfin d'âge à répondre aux espérances des indigènes?

Le cas qui se présentait était prévu depuis longtemps:—«Si don Ramon cessait d'être gouverneur de Cuzco, et surtout si la guerre éclatait entre l'Espagne et la France, Isabelle devait immédiatement se réfugier au milieu des Quichuas, entretenir des vigies sur le littoral et se tenir prête à regagner la baie de Quiron.»

Isabelle avait suivi ces instructions à la lettre. Les vigies postées sur les mornes guettaient les mouvements du large. Dès qu'elles signalèrent un vaisseau de ligne anglais chassant deux navires sans pavillon, des exprès en instruisirent Isabelle, qui fit ses préparatifs de départ. Bientôt on lui annonça que les bâtiments poursuivis avaient hissé les couleurs françaises et la bannière du *Lion de la mer*. Accompagnée d'un immense cortége, elle se dirigea sur la baie de Quiron, que les Espagnols avaient laissée inoccupée.

Lorsqu'elle y campa militairement, aucun des trois navires n'était en vue.

Vingt-quatre heures s'écoulèrent dans l'anxiété.

Enfin, un seul bâtiment, *l'Hirondelle*, entra dans la baie; à son grand mât était arboré le pavillon péruvien.

—Mon fils Gabriel est à bord!... mais mon époux, ô mon Dieu! mon noble époux aurait-il succombé?

—Si mon père est mort, nous le vengerons, dit Léonin qui tenait son frère Lionel embrassé.

Lionel et les enfants de Liména répétèrent les paroles du jeune lionceau.

Isabelle pressait contre son cœur sa petite Clotilde.

—O mon Dieu, murmurait-elle, son père ne la reverra-t-il plus?

Liména, soucieuse, aurait voulu conjurer ces paroles de funeste augure.

—Enfants, taisez-vous! s'écria-t-elle; et vous, madame, pourquoi parler ainsi?

Aux acclamations enthousiastes des Quichuas, Gabriel, Camuset et Liméno débarquèrent.

—Espérance!... courage!... criaient-ils.

—Ma mère, dit l'héritier des Incas, soyez sans crainte. Par un stratagème adroit, *le Lion* a évité le combat. *L'Illustrious* fait fausse route. Demain, dans quelques heures, dans un instant peut-être, la frégate viendra nous rejoindre.

Isabelle embrassait son fils avec transports. Liména bénissait comme elle le Ciel qui avait sauvé *le Lion*, et, comme elle, serrait dans ses bras son fils Liméno, vaillant mousse de quatorze ans.

Mais Camuset Barberousse mâchait sa moustache en soupirant, signe infaillible de quelque mission pénible à remplir.

XLIV

STRATAGÈMES DE RETRAITE.

Le commodore Wilson, quand il fut bien convaincu que *la Pearl* était tombée au pouvoir de Sans-Peur, pinça les lèvres, baissa le nez et fut bien obligé de s'avouer que c'était par sa très grande faute:—«Pottle Trichenpot lui avait bien assez conseillé de ne point se séparer de sa frégate.» Mais au bout de cinq minutes, il redressa le nez, et rouvrant la bouche, il dit avec conviction:

—*L'Illustrious* marche beaucoup mieux que *la Pearl*. Nous avons soixante-quatorze canons de gros calibre, et le pirate français n'en a que quarante de moindre portée. Consolons-nous! Il sera coulé ou pris, c'est inévitable, et s'il est pris, mon cher monsieur Trichenpot, il sera pendu sur-le-champ.

—Amen! fit le révérend Pottle.

Roboam Owen, qui ne perdit pas un mot de cet odieux entretien, sentit son cœur se soulever d'indignation. La bassesse de Pottle ne pouvait l'étonner; mais l'ingratitude du commodore Wilson révoltait sa nature loyale. Toutefois il sut demeurer impassible.

—Lieutenant Owen, que pensez-vous? lui demanda brusquement le commodore.

—Je pense que le vent peut changer et que Sans-Peur le Corsaire n'est jamais à court de stratagèmes.

—Oh! oh!... Mais... un moment, s'il vous plaît! Vous dites *corsaire*, lieutenant Owen; c'est *pirate* qu'il faut dire, *pirate*, vous entendez!

L'officier irlandais connaissait l'esprit étroit et faux de son ancien camarade,—il n'essaya point de protester, salua sans affectation et se promit d'employer au besoin quelque terme qui, sans être injurieux pour Sans-Peur, ne risquât point d'être désapprouvé.

—Le vent ne change guère en cette saison dans ces parages, et quant aux ruses de ce forban, je saurai les déjouer!... dit hautement le commodore.

Roboam Owen faisait des vœux ardents pour que la frégate de Sans-Peur parvînt à s'échapper.

L'honnête Tom Lebon continuait à chantonner en faisant une queue de rat sur le bout d'on ne sait quel cordage. Infiniment moins grognard que son matelot Taillevent, il se résignait à son triste sort. Depuis seize ans passés, sa femme et ses enfants vivaient en France, à Port-Bail; depuis seize ans passés, il faisait la guerre aux Français et se battait en conscience, non sans regrets, mais en brave marin qui remplit son devoir. A bord de *l'Illustrious*, personne n'était plus indifférent que lui aux résultats de la chasse.

A bord de la frégate *la Pearl*, ou pour mieux dire *le Lion*, Sans-Peur, son fils Gabriel, Émile Féraux, capitaine de pavillon, maître Taillevent, Parawâ-Touma, et foule d'autres, ne tardèrent point à s'apercevoir que *l'Illustrious* avait l'avantage de la marche. Mais en revanche, *l'Hirondelle* l'emportait, et de beaucoup, sur le vaisseau, puisqu'elle était obligée de carguer sa grand'voile pour naviguer de front avec la frégate.

Les deux conserves ayant une avance considérable, Sans-Peur calcula qu'elles seraient encore à plus d'un mille du vaisseau lorsque viendrait la nuit. Il donna ses ordres au capitaine Féraux et se retira dans sa chambre pour écrire à Isabelle.

On torchait toute la toile possible.

Avec la pompe à incendie, on arrosait les voiles pour en resserrer le tissu et ne rien perdre de la brise ronde, mais très maniable, qui poussait les trois navires.

Les meilleurs timoniers se relevaient à la roue du gouvernail: «Pas de distractions! naviguons droit! Attention à ne pas embarder de l'épaisseur d'un cheveu.»

Les gens de l'équipage reçurent l'ordre de se coucher à plat pont; l'immobilité leur fut recommandée.

La situation était telle, que Taillevent ne grognait pas. Il fumait avec la gravité d'un pacha turc. Camuset et Liméno, étendus à ses pieds, le regardaient sans se permettre de l'interroger.

—Gros vaisseau! dit Baleine-aux-yeux-terribles.

—Il y en a de plus gros! répondit Taillevent.

—Oui, ajouta Camuset, ce 74 a deux batteries couvertes et une barbette; un trois-ponts a une batterie couverte de plus.

—*Pi-hé!* fit admirativement le Néo-Zélandais.

—Ne bougez pas, tas de marsouins! ou gare à moi! cria Taillevent à quelques hommes qui s'avisaient de se lever.

—La tribu de *Touté* a de bien grandes pirogues de guerre! dit Parawâ-Touma, qui ne cessait de regarder *l'Illustrious*.

—La tribu de LEO l'*Atoua* en a d'aussi grandes et de plus grandes que ce vaisseau-là, mon vieux brave!... reprit Taillevent. Mais le *Rangatira-Rahi* des Français, l'empereur Napoléon, en a besoin dans les mers d'Europe, voilà notre guignon pour le quart d'heure.

Parawâ-Touma garda le silence. Grand chef de guerre et bon navigateur, il appréciait parfaitement les difficultés de la situation. Toutefois, il ne désespérait de rien, tant était robuste sa foi en LEO l'*Atoua*, le *Lion de la mer*, qui ne meurt point.

—J'irai dans cette Europe qu'habitent les tribus ennemies de Marion et de Touté... J'y verrai ces villes immenses, cent fois plus grandes que Cuzco et Lima, d'après maître Taillevent.—Je connais le *Lion de la mer*, je veux connaître aussi le *Lion de la terre*, dont tous les peuples du monde répètent le nom terrible.

Ainsi méditait Parawâ-Touma, les yeux fixés sur *l'Illustrious*, qui se rapprochait non sans peines; mais le commodore Wilson, fort bon marin au demeurant, ne négligeait rien, de son côté, pour diminuer la distance.

Maître Taillevent méditait.

—Liméno, dit-il enfin, va doucettement prendre à la fosse aux lions deux dames-jeannes d'huile de baleine.

—Pourquoi faire, maître? demanda Camuset.

—Pour graisser la coque au ras de la flottaison; j'ai entendu dire à ton vieux père que, par petit temps, ça peut faire gagner un demi-nœud.

Deux matelots adroits ne tardèrent pas à frotter d'huile de baleine les parois extérieures de la frégate, dont la vitesse n'augmenta pas d'une manière sensible.

—Eh bien!... les grands moyens, pour lors! fit Taillevent.

—Quoi donc, maître?

—Camuset, tu vas demander de ma part au capitaine la permission de faire tomber les épontilles et de scier quelques barreaux.

—Scier des barreaux! répéta Camuset avec stupeur.

—Va donc, matelot!... ça presse!... le vaisseau nous gagne!... Au jeu que nous jouons, le temps, c'est tout!...

Camuset rapporta au maître l'autorisation d'abattre et de scier tout ce qu'il voudrait, sous l'inspection du capitaine en second, Émile Féraux.

L'œuvre de démolition intérieure commença. En détruisant les liaisons du navire, en sacrifiant sa solidité, on allait lui donner une élasticité qui accroîtrait sa vitesse. Toutes les colonnettes, tous les piliers qui soutenaient les ponts furent déplacés à coups de masse ou de hache, les ponts plièrent comme des tremplins. Taillevent fit scier de distance en distance les barreaux destinés à relier l'effort des baux ou solives transversales. On avait abattu déjà toutes les cloisons inutiles. La frégate frémit et vibra de bout en bout; elle devint plus sonore; elle bondissait plus aisément, craquait un peu moins et gémissait davantage.

Déliée ainsi, elle s'usait de deux ou trois mois en moins d'une heure.

L'*Hirondelle*, qui jusqu'alors brassait de temps en temps ses voiles hautes *en ralingue*, c'est-à-dire de telle sorte qu'elles ne fussent plus gonflées par le vent, cessa d'être obligée d'avoir recours à cet expédient pour ne point la dépasser.

Et la brise ayant un peu molli, les deux conserves tinrent bon sans que l'*Illustrious* gagnât une brasse.

—La nuit, le brouillard, des grains de pluie, une chance, nous voici en passe d'être parés, dit Camuset à Liméno.

———————————————————————

XLV

SÉPARATIONS.

Quand il eut achevé ses correspondances, Sans-Peur enferma dans un coffret d'ébène ce qu'il avait de plus précieux en valeurs et en diamants; il garnit d'or plusieurs ceintures et fit appeler Gabriel.

—Mon fils, lui dit-il, je ne t'ai jamais caché ta destinée. Tu appartiens aux peuples du Pérou, comme moi j'appartiens à ceux de l'Océanie, et avant tout à la France. Tu connais mes plus secrets desseins; tu sais que les idées étroites de José-Gabriel Condor Kanki et d'Andrès de Saïri, ton bisaïeul, ne doivent pas être les tiennes. La race espagnole ne saurait plus être expulsée du Pérou; tu descends toi-même des Espagnols; tu es né pour opérer la fusion entre les descendants des peuples conquis et du peuple dominateur. Il faut que les créoles prennent parti pour l'indépendance, qu'ils arborent à leur tour le pavillon péruvien, et qu'ils regardent les indigènes comme leurs concitoyens, leurs égaux, leurs frères.

—Mon père, j'ai été élevé dans cette pensée, répondit Gabriel. Le sang mélangé qui court dans mes veines en est l'expression. Vos sages desseins sont mes espérances. On me donne le titre de prince; je n'aspire point à la couronne d'Inca, de grand chef ou de roi. Je ne veux que marcher sur vos traces, être libérateur d'abord et ensuite pacificateur, s'il plaît à Dieu.

—C'est bien! dit le corsaire. Et puis, avec un accent paternel:—Jusqu'à ce jour, mon enfant, j'ai pu veiller à ton éducation. Le marquis ton oncle et ta mère m'ont suppléé pendant mes absences, mais l'instant est venu où tu vas être seul,—seul à ton âge!

—A mon âge, mon père, vous combattiez pour l'indépendance du Nord.

—Oui, Gabriel, mais comme simple élève de marine et sous les ordres du vicomte de Roqueforte. Toi, mon fils, tu vas être chef d'une nation à demi-barbare...

—Mon père, je suis attristé de notre séparation. Je m'y attendais, cependant, et j'y étais préparé. Ne craignez rien, je suis votre fils, je serai digne de l'être et ne manquerai, je vous le jure, à aucun de mes grands devoirs. Je n'étais qu'un jeune enfant quand on ceignit mon front de *la borla* péruvienne; les acclamations des peuples du grand lac retentissent pourtant encore dans mon cœur, et souvent, depuis, j'ai visité seul la tombe sacrée du cacique Andrès.

—Tu es bien mon fils, mon digne fils! Dieu soit loué! s'écria Léon de Roqueforte.

Et après un instant de silence solennel:

—Maintenant, reçois mes ordres. Voici un coffret qui contient d'immenses valeurs destinées à ta mère, je t'en charge. Voici de plus des ceintures d'or pour toi, Liméno et maître Camuset, qui sont attachés à ta fortune. Mes instructions, mes mémoires sur toutes les affaires du Pérou, un trésor et un grand approvisionnement d'armes sont enfouis, tu le sais, dans la caverne du Lion.

—Je sais où, mon père.

—A nuit tombante, tu passeras sur *l'Hirondelle* avec tes deux compagnons.— Vous irez dans la baie de Quiron, où ta mère, ses enfants et ceux de Taillevent s'embarqueront pour aller en France; mais toi, mon fils, tu te retireras dans l'intérieur du Pérou.

A nuit tombante, les deux navires français se rapprochèrent l'un de l'autre; une longue amarre fut lancée par les gens de *l'Hirondelle*; Gabriel, Liméno, Camuset s'y accrochèrent, et changèrent de bâtiment sans qu'il eût été nécessaire de mettre en panne.

Après le coucher du soleil, *le Lion* hissa trois fanaux, *l'Hirondelle* n'en hissa qu'un seul. Mais une heure plus tard, le paquebot prit les devants, de telle sorte que les quatre fanaux se confondirent pour les Anglais. Alors *le Lion* amena deux de ses feux, *l'Hirondelle* en hissa deux autres, et les navires prirent deux routes différentes.

L'Illustrious s'attacha, comme l'espérait Sans-Peur, à la poursuite de *l'Hirondelle*, qui se laissa gagner à dessein; mais aussitôt que *le Lion* fut hors de danger, le paquebot reprit son élan.

Au point du jour, le commodore Wilson s'aperçut avec rage que Sans-Peur lui avait échappé.—A midi, *l'Hirondelle* à son tour disparut.

Après un immense circuit, le capitaine Bédarieux, qui se conforma de tous points aux combinaisons de son commandant en chef, atterrit conséquemment dans la baie de Quiron, où Isabelle, de son côté, avait eu le temps d'arriver avec sa jeune famille.

Si Camuset mâchait sa moustache rousse, c'est qu'il savait, le digne contre-maître, qu'une seconde séparation était inévitable.

Les yeux baignés de larmes, Isabelle et Liména laissent chacune à terre leur fils aîné; *l'Hirondelle* met sous voiles; mais enfin, ô bonheur! *le Lion* de Sans-Peur paraît aussi.

Du rivage, une immense acclamation le salue.

Gabriel, Liméno, maître Barberousse et les Quichuas, rassemblés sur les roches qui servaient autrefois de belvédère au vénérable Andrès, battent des mains, agitent des drapeaux et crient avec enthousiasme: «—Gloire au *Lion de la mer*!»

XLVI

A L'ABORDAGE.

Sans-Peur le Corsaire, passant à bord du paquebot, vint y serrer sur son cœur sa femme et ses enfants. Isabelle pleurait encore en répondant de loin aux signaux de Gabriel; tout à coup, elle frémit d'horreur. *L'Illustrious* se dresse à peu de distance.

Masqué jusque-là par une pointe de terre, il s'avance menaçant, sabords ouverts; sa triple batterie est formidable, et pour comble de malheur, l'état de la mer, très houleuse aujourd'hui, doit favoriser sa marche.

Sans-Peur est incapable de fuir, il ne restera point à bord de *l'Hirondelle*; il va se faire écraser; car la victoire est impossible.

Isabelle, éperdue, se jette dans les bras de son époux, dont elle n'essayera pas de combattre la fatale décision. Sans-Peur ne saurait reculer devant son devoir; et en effet, cessant de prodiguer aux siens les consolations et les caresses, il s'est redressé calme, sévère, inflexible:

—Madame! dit-il, à vous ce navire et les richesses dont il est chargé; à vous mes enfants, Léonin et Lionel, mes successeurs, et Clotilde, que le Ciel vous a donnée pour consolation suprême!... A moi le soin de vous protéger!... En France, Isabelle. Faites servir, capitaine Bédarieux, et couvrez le navire de toile!...

—Dieu!... tu veux donc mourir!...

—Je vais me battre en *Lion de la mer*!... Pour l'amour de nos enfants, Isabelle, sois forte!... Adieu!...

Isabelle, défaillante, poussa un cri de désespoir. Léon s'arrachait de ses bras, et sautait dans son canot on répétant:

—De la toile, Bédarieux!... de la toile à tout rompre! votre vitesse vous sauvera!...

L'Illustrious se rapprochait de la frégate *le Lion*, qui attendait en panne le retour de son capitaine.

Alors, sur la pointe de Quiron, se passait une autre scène dramatique.

Gabriel voulait aller combattre à côté de son père; les Quichuas s'y opposaient.

—Hommes du Pérou, ne m'arrachez pas le cœur! disait-il avec une sorte de colère.

—Prince, votre poste est au milieu de nous!... Le combat qui va se livrer est trop inégal!... Votre vie nous est trop chère!

—Ma vie, à qui la dois-je, si ce n'est au héros qui a si longtemps combattu pour vous? Je veux bien être votre chef, mais vous ne m'obligerez pas à inaugurer mon pouvoir par une lâcheté filiale... Tuez-moi donc, ou suivez-moi!

Ces paroles électrisent les Quichuas, ils se précipitent en armes sur leurs balses, qui accostent *le Lion* en même temps que Sans-Peur.

Les voiles se rouvraient.

—Toi, ici! ô mon Dieu! s'écrie le corsaire.

—Mon père, vous ne pouvez l'emporter qu'à l'abordage; je vous amène un renfort de braves combattants.

Déjà le canon grondait.

Isabelle, pâle d'horreur, vit *le Lion* laisser arriver en grand sur *l'Illustrious*. Le combat désespéré allait s'engager ainsi, sans que la frégate eût inutilement essayé de jouter de vitesse.

—Cette fois nous sommes cuits, murmura Taillevent, si bas que nul ne l'entendit, et frappant sur l'épaule de Liméno: —Petit, sais-tu ton devoir?

—Ne pas quitter M. Gabriel, parbleu! c'est connu.

—Bon!... embrasse donc ton vieux père, mon gars, et attrape à se régaler!... Le maître détourna la tête pour essuyer vivement ses yeux, que l'émotion embrumait.—A ton poste, donc, ajouta-t-il d'un ton dur.

Camuset s'approchait à son tour:

—Matelot, m'est avis qu'il faut se dire adieu pour de bon.

—Plus bas!... plus bas!... chut!... J'ai souventes fois de drôles d'idées. C'est tout justement par ici, en 1783,—j'avais ton âge, matelot,—que nous fûmes coulés par le fond avec la frégate du vicomte de Roqueforte. La fameuse roche *del Verdujo*, comme qui dirait du bourreau, est à une petite lieue sous le vent. Eh bien, c'est donc ici que nous avons commencé le petit métier, mon capitaine et moi; c'est ici que nous devons finir!... Du calme, pas un mot, soyons gais!... Pour sauver M. Gabriel, vous êtes deux; et moi, j'étais seul pour aider son père. Vous avez des balses hissées tout alentour de la frégate, nous n'avions qu'un espar ramassé parmi les débris... Tu recommenceras mon histoire, matelot; tu épouseras la pareille à Liména, et ton fils à toi, Camuset, sauvera quelque jour le fils à M. Gabriel, dans cet endroit-ci ou ailleurs!...

—Ah! maître Taillevent, mon matelot, comme tu prêches bien!... mille noms d'un requin en bouille-à-baisse!...

—Oh! oh! oh! disait à son bord le commodore Wilson, M. le pirate français voudrait l'abordage!... pas de ça, non, pas du tout!... A couler bas, canonniers, à couler bas.

La frégate *le Lion* reçut trente-sept boulets dans ses flancs, où une effroyable voie d'eau se déclarait; mais sa mâture n'était pas entamée, et Sans-Peur était maître du vent.

—Très bien! dit-il, l'abordage est sûr, maintenant;—attention, les tirailleurs!... visez bien!...

Dans les hunes, sur le gaillard d'avant, sur la dunette, il avait tout d'abord posté trente-sept groupes de quatre bons tireurs, chargé chacun d'un sabord de *l'Illustrious*. A mesure qu'un canonnier anglais se montrait pour recharger l'une des pièces déchargées, il était tué sur place. On ne parvenait point à recharger un seul canon.

L'artillerie faisait silence.—A bord de *l'Hirondelle*, déjà fort éloignée, nul n'y comprit rien.—*L'Illustrious* et *le Lion* couraient, cependant, sous les huniers, dans la direction du Verdujo.

—Bravo! murmura Sans-Peur.

La meurtrière fusillade mettait au désespoir le commodore Wilson. Il s'aperçut à ses dépens qu'il venait de commettre une faute capitale, en négligeant de démâter la frégate, où déjà on s'apprêtait à lancer les grappins d'abordage. Camuset et Liméno étaient dans la hune de misaine avec Gabriel, chargé de cette importante opération.

Mais le commodore avait la ressource de virer de bord, et de présenter à l'ennemi ses trente-sept autres canons chargés d'avance.—Pare à virer! commande-t-il.

Sans-Peur aurait pu imiter sa manœuvre, et se maintenir ainsi par le travers des batteries déchargées; mais sentant que *le Lion* coulait, il brusqua le dénoûment et lança en grand, contre l'avant de *l'Illustrious* dont la vitesse s'amortissait, sa petite frégate qui craqua et fut à demi défoncée. Mais cinquante grappins à la fois mordirent le gréement ou les pavois du vaisseau.

—A l'abordage! commande Sans-Peur.

Émile Féraux, à la tête de la première division, se précipite sur l'avant de *l'Illustrious*, où une troupe compacte de soldats de marine l'attend baïonnette croisée.

La frégate devant forcément s'accrocher par l'arrière, à la hauteur du grand mât du vaisseau, Sans-Peur ralliait autour de lui la deuxième division.—Le second choc eut lieu.

—A bord! crie le *Lion de la mer*.

Il avait vu jusque-là Taillevent auprès de lui. Tout à coup, le maître disparut en poussant un hurlement de désespoir qui domine le tumulte, et dont aucune vocifération humaine ne saurait donner une idée.

—Où est-il?... que fait-il? demanda Sans-Peur avec émotion.

—Voyez! là!... répond Parawâ en montrant le maître qui, par des bond furieux, venait d'atteindre l'extrémité de la vergue de misaine de *l'Illustrious*.

Ce point aérien était le théâtre d'un combat fratricide.

Tom Lebon et Camuset se trouvaient aux prises.

—Matelots!... mes deux matelots!... mes matelots, ne vous tuez pas! criait maître Taillevent.

Gabriel et Liméno, suspendus aux chaînes d'un grappin d'abordage, menaçaient de leurs pistolets le brave marin de Jersey, Tom Lebon, anglais de nation, français de cœur.

———————————————————

XLVII

FERMEZ LES SABORDS!

—Il faut, avait dit Sans-Peur à son fils Gabriel, que notre frégate qui coule s'attache au vaisseau anglais par cent liens de fer. Ils vont nous fusiller à bout portant, entraînons-les par le fond. Seulement, mon fils, à mon premier signal, jette-toi à la mer, gagne l'une des balses qui seront amenées au moment de l'abordage; pas d'hésitation, pas de retard. Je ne te permets de combattre ici qu'à cette condition.

—Mon père! auriez-vous donc résolu de périr avec tous vos braves?

—Non!... Si je ne tenais à leur laisser une chance de salut, je n'emploierais pas un moyen douteux: je ferais sauter les deux navires. Au lieu de laisser nos poudres se noyer, nous les retirerions de la soute. Mais assez... assez... à ton poste!...

Gabriel, spécialement chargé de l'opération de faire lancer les grappins et d'amarrer *le Lion* à *l'Illustrious*, ne se borna point à s'accrocher comme pour un abordage ordinaire. Secondé par Camuset, Liméno et les meilleurs gabiers, il multipliait les systèmes de mariage. Tous les crocs, toutes les chaînes, tous les gros cordages dont il disposait, mordaient ou étreignaient les mâts, les vergues et les appareaux de l'ennemi.

L'action militaire était chaudement engagée sur l'avant du vaisseau. Dans les mâtures, une lutte étrange continuait avec acharnement. Le commodore ayant donné l'ordre à ses gens de couper tous les liens et de décrocher toutes les pattes de fer, les Français ne pouvaient faire un nœud sans avoir quelque adversaire à combattre. L'escouade aérienne de Gabriel agissait de vive force, une pluie de sang, une grêle de cadavres tombaient sur les combattants du pont.

On vit une grappe humaine se détacher des sommets du bas-mât, et, le poignard dans la gorge, écraser dix hommes des deux partis. Un épouvantable amalgame de corps déchirés, d'armes, de lambeaux de chair, de cordages, de grappins, de poulies et de membres palpitants, s'interposa entre les abordés et les abordeurs.

—En avant!... hardi!... Sans-Peur!... criait Émile Féraux.

Les officiers de *senteries* répondaient en encourageant leurs hommes à tenir bon, baïonnette croisée.

Les Anglais parvinrent à défaire quelques-uns des amarrages.

—Du fer, des chaînes de fer! disait Gabriel, qui bondissait de corde en corde stimulant l'activité de ses gabiers, ou déchargeant ses pistolets, que Liméno rechargeait à l'instant.

Des hunes du *Lion*, quelques groupes de tirailleurs ajustaient exclusivement les gabiers anglais. Des hunes de *l'Illustrious*, un feu nourri était dirigé sur ces tirailleurs. Les espingoles chargées de biscaïens étaient braquées sur la vaillante troupe de Gabriel; et, en outre, des grenades lancées de haut éclataient de toutes parts, si ce n'est pourtant sur l'étroit théâtre de la sanglante mêlée.

Tom Lebon, en sa qualité de gabier de misaine de *l'Illustrious*, s'élança sur la vergue où Camuset venait de se hisser en halant une corde à laquelle pendait une chaîne de fer. Il brandissait une hache; Camuset tira son sabre sans lâcher sa corde.—Maître Taillevent, qui, à l'arrière du *Lion*, s'occupait aussi du fatal mariage des deux navires, poussa un cri si terrible que les deux matelots l'entendirent.

A l'instant même où la hache et le sabre se rencontraient:

—Tu es Tom Lebon!... demanda Camuset avec horreur.

—Taillevent!... mon matelot!... s'écriait Tom Lebon.

—Voici son fils! ajouta Camuset en montrant Liméno.

—Minute! fait Tom Lebon qui raccroche sa hache à sa ceinture.

Camuset, rengaînant son sabre, passe son bout de corde à un camarade.

—La paix entre nous! dit enfin Taillevent lui-même.

Gabriel et Liméno ne déchargèrent point leurs armes, mais sautèrent dans les haubans du vaisseau, où ils furent bientôt aux prises avec d'autres gabiers anglais.

Au bout de la vergue de misaine, au milieu d'un nuage de fumée brûlante, Taillevent embrassait Tom Lebon, dont il mettait la main dans celle de Camuset.

—Le fils à maître Camuset!... dit Tom Lebon, et de plus ton *matelot*; il sera donc le mien?... un équipage d'enfants de Port-Bail!... M. de Roqueforte, mon bienfaiteur à moi aussi, votre capitaine!... Pas plus pirate que *toi z'ou moi*, Taillevent!... Assez causé; je ne me bats plus. On trouvera bien dans la mâture assez d'ouvrage pour attendra la fin de la bagarre. Bonne chance, mes matelots... Malgré ça, il n'y a pas gras pour vous autres.

—Ni pour vous non plus, mon vieux! riposta Taillevent. Veille donc, et si tu nous vois piquer une tête à l'eau, fais-en autant. Mes amis sont les tiens, rallie à moi...

—Compris!... On a l'œil américain, quoique anglais. En tous cas, Tom Lebon n'a qu'un cœur, matelot, tu sais ça?...

—Pas de tendresse!... Je suis à la guerre, moi!... En route, Camuset!

Taillevent et Camuset s'affalèrent impérieusement vers l'arrière de *l'Illustrious*, devenu le champ d'un nouveau combat.

Tom Lebon regagnait mélancoliquement sa hune, d'où il monta sur les barres de petit perroquet. Puis, tout en rajustant quelques cordages coupés, il observa d'un regard inquiet les faits et gestes de son matelot Taillevent.

Anglais de nation, Français de cœur, brave par tempérament, réduit à l'inaction par circonstance,—il passait,—à ce qu'il a dit depuis bien souvent,—le plus fichu quart d'heure de sa vie. Et n'étant pas aussi grognard, à beaucoup près, que l'était son matelot bien-aimé, il n'avait pas la douce compensation de grogner homériquement.—Non! il soupirait, sans même maudire son sort; et il faisait une épissure à la draille du grand foc, coupée par un biscaïen. Un simple nœud aurait suffi, mais une épissure est plus longue à faire. Personne fort heureusement ne s'occupa de lui, qui s'inquiétait en vérité de tout le monde, excepté toutefois du commodore Wilson,—cet Anglais pur sang n'ayant jamais eu le don de plaire à l'estimable Tom Lebon, né natif de Jersey.—Mais s'il n'aimait guère le commodore, il estimait fort le lieutenant Owen et avait, dans l'équipage, une foule de camarades.—D'un autre côté, Taillevent, Camuset, trente marins de Port-Bail et le capitaine Léon de Roqueforte, qu'il vénérait sans l'avoir jamais connu, étaient les principaux ennemis qui envahissaient le bord.

—C'est triste de se dire tant pis de toutes les manières et de faire une épissure en guise de consolation, au lieu de se battre honnêtement d'un bord ou de l'autre!...

Tom Lebon, perché à cent trente ou cent quarante pieds au-dessus du niveau de la mer, embrassait d'un regard douloureux tous les mouvements intérieurs ou extérieurs.

Il fut témoin des derniers efforts de Gabriel et de ses gens, qui complétèrent leurs travaux d'accrochage en coupant les haubans de la frégate au-dessous des hunes et en les laissant tomber avec ses vergues sur la muraille du vaisseau. A ces réseaux de gros cordages, à ces espars énormes pendaient des bombes, des gueuses et des masses de boulets ramés. La chute de tant de corps lourds qui s'enchevêtraient dans le gréement et l'artillerie du pont du vaisseau, produisit un effet terrible.

Non-seulement le fracs fut épouvantable, mais le but du corsaire devint évident; les Anglais s'écrièrent:

—La frégate qui coule bas va nous entraîner au fond!...

—Fermez les sabords! commanda Wilson avec l'accent de l'épouvante, et en haut... en haut tout le monde!

XLVIII

SAUVE QUI PEUT!

Roboam Owen, dont le poste de combat était dans la batterie basse, fit hermétiquement fermer tous les sabords, afin que la mer ne se précipitât point à flots par ces ouvertures quand le poids de la frégate commencerait à se faire sentir.

Puis, accompagné de ses matelots canonniers, il monta sur le pont, le sabre à la main.

A l'avant, après d'héroïques actions, Émile Féraux avait eu le dessous. Ce fut en vain que l'impétuosité des corsaires rompit par trois fois la ligne des baïonnettes. Ils ne purent opérer leur jonction avec les braves commandés par Sans-Peur. Une foule trop compacte leur barra le passage.

Émile Féraux, criblé de blessures, périt vaillamment les armes à la main. La plupart de ses hommes furent tués; quelques-uns glissèrent à la mer ou, se voyant serrés de trop près, s'y élancèrent en désespoir de cause; quelques autres, en général blessés, se rendirent aux Anglais. On les emporta dans la batterie basse où ils furent mis aux fers.

La mêlée se prolongea davantage entre le grand mât et le mât d'artimon.

Après le second choc, Sans-Peur avait conduit à l'abordage sa deuxième division renforcée par les gabiers de Gabriel et tous ceux des Quichuas qui ne montaient point les balses remises à flot.

Toutes les embarcations péruviennes se tenaient, à cette heure, au vent des deux navires et recueillaient les corsaires tombés à la mer.

Le nombre des braves que commandait Sans-Peur diminuait à chaque instant; celui des Anglais augmentait sans cesse.—D'une part, les soldats de marine et les matelots qui avaient vaincu la première division se ruaient contre la deuxième; d'autre part, les deux batteries intérieures, abandonnées par leurs canonniers, vomissaient par tous les panneaux de nouveaux assaillants.

Malgré cela, les Anglais ne parvinrent point à passer sur le corps des corsaires, maîtres du côté de bâbord, et qui les empêchaient de se dégager de l'étreinte de la frégate.

Le commodore Wilson criait:

—En avant, donc!... tuez! tuez!... Et puis, hache en bois!...

Mais Sans-Peur, Taillevent, Parawâ et leurs intrépides compagnons fauchaient les ennemis.

—Tenez bon, mes braves! commandait Gabriel, qui défendait ses grappins avec la même ardeur qu'il avait mise à les accrocher.

La boucherie se prolongeait; *l'Illustrious* et *le Lion*, poussés par une fraîche brise, étaient emportés dans la direction de la fameuse roche *del Verdujo*, dont le capitaine Wilson ne se préoccupait guère, tant il craignait d'être coulé par la maudite frégate.

Un bruit comparable à celui de plusieurs chutes d'eau se fit entendre à travers le formidable tumulte du combat.—C'était la mer qui, des sabords du *Lion*, se précipitait dans sa cale.

Sans-Peur s'écria:

—A la nage, Gabriel!... A la nage, les Quichuas! Encore deux minutes de résistance, mes amis!...

—Adieu, mon père! j'obéis!... dit Gabriel.

Camuset, Liméno et plus de vingt autres le suivirent.

—*Pi-hê*!... *pi-hê*!... hurlait Parawâ, dont la massue accomplissait d'effroyables exploits.

Il était blessé à la joue, aux flancs et à l'épaule; le sang ruisselait sur ses tatouages; il avait l'air du démon des combats. Son formidable casse-tête menaça Roboam Owen. Sans-Peur s'interposa:

—Ne frappe point cet officier! dit-il.

Le sabre du lieutenant anglais vole seul en éclats.

—Pourquoi m'épargner? demande Owen.

Sans-Peur, entouré d'ennemis, ne peut répondre. Taillevent à sa gauche, Parawâ à sa droite, faisaient des moulinets, l'un avec sa hache, l'autre avec son *méré*. Sans-Peur était protégé par ses fanatiques insulaires polynésiens, trop heureux de mourir pour lui en criant:

—Le *Lion de la mer* ne meurt pas!

Chose merveilleuse, quoiqu'il essuyât à chaque instant le feu des Anglais, il n'avait reçu que des blessures sans gravité.

Semblable au dieu de la guerre navale, il donnait ses ordres avec un calme superbe. Laissant au peloton sacré de Taillevent et de Parawâ le soin de défendre sa propre vie, il veillait surtout à ce que les Anglais ne pussent défaire les systèmes d'amarrage. Aussi, plusieurs fois, au lieu de se garantir lui-même, déchargea-t-il ses pistolets sur des gabiers ennemis trop intelligents ou trop alertes.

Roboam Owen s'était retiré sur le bastingage de tribord, et de là dirigeait les mouvements des matelots anglais, qui ne gagnaient plus un pouce de terrain sur la deuxième division des corsaires.—A la vérité, ceux-ci ne combattaient plus à découvert, car ils avaient improvisé une sorte de retranchement à l'aide des espars brisés, des voiles de la frégate tombées avec leurs vergues, des hamacs anglais jetés hors du bastingage de bâbord, et d'un amas d'ustensiles sur lesquels s'entassaient les cadavres.

L'Hirondelle était à perte de vue.

Gabriel, Camuset, Liméno et les Quichuas auxiliaires avaient été recueillis par les balses.

—Tout va bien! dit Sans-Peur, qui haussa les épaules en entendant le commodore Wilson donner l'ordre de démarrer et de diriger sur les abordeurs deux canons chargés à mitraille.

—Trop tard!... monsieur le commodore... trop tard! s'écria Léon.

Tous les Anglais à la fois poussèrent un cri d'horreur;—la frégate enfonçait sans bruit maintenant, sa cale et son entrepont étaient noyés au ras des sabords de la batterie;—le vaisseau *engageait.*

Le vaisseau *engageait,* c'est-à-dire qu'il penchait au point de courir risque de chavirer comme un frêle canot.

—Sauve qui veut!... sauve qui peut!... reste qui voudra!... crie Sans-Peur en se précipitant tête baissée au milieu des ennemis.

Le rempart des corsaires s'écroula; les deux canons démarrés roulèrent sur bâbord; il devint impossible de se tenir sur le pont, où apparut enfin le blême Pottle Trichenpot, jusque-là prudemment caché dans les batteries intérieures.

Taillevent le vit, mais ne put l'ajuster. Il fut renversé comme Parawâ et Sans-Peur lui-même. Abordeurs, abordés, Anglais, corsaires, vivants ou morts, tous tombèrent pêle-mêle avec les amas de débris, d'armes ou d'instruments qui n'étaient pas solidement amarrés.

La confusion de cet instant est inexprimable.

Les hommes accrochés aux pavois ou aux cordages furent les seuls que n'entraîna pas le mouvement d'inclinaison.

Roboam Owen, se tenant au bastingage de tribord, fut de ce petit nombre. Avec son admirable sang-froid, il attendait la catastrophe.

Alors Tom Lebon laissa son épissure interminée.

—Le combat est fini! murmura-t-il, je veux au moins me noyer en embrassant mon matelot.

Il se laissa glisser par un cordage et atteignit l'endroit où il avait vu tomber Taillevent.

Gabriel, qui avait pris le commandement général des balses, frémit, s'agenouilla et pria Dieu pour le salut de son noble père.

Liméno pleurait.

Camuset Barberousse, qui commençait à devenir grognard, jura consécutivement en anglais, en français, en espagnol, en langue quichua et en langue polynésienne. Son cœur battait avec violence. Il voyait la frégate plonger en attirant le vaisseau dont on découvrait le pont sanglant et dans un état de désordre indescriptible.

La bataille entre les hommes était terminée.

La lutte entre les deux navires commençait en quelque sorte,—car ce n'était plus deux navires animés par leurs équipages, mais deux masses inertes et matérielles qui se combattaient maintenant.

XLIX

LA CORDE AU COU.

Le vaisseau plein d'air opposait la résistance de sa vaste capacité. La frégate cramponnée à lui l'attaquait par la pesanteur de son artillerie et de tous les corps lourds arrimés dans sa coque pleine d'eau.

Ces deux forces se firent équilibre durant une minute entière, minute longue comme un siècle, pendant laquelle faillit recommencer le combat.

Les hommes avaient eu le temps de se relever et de se reconnaître.

Sans-Peur donnait ses ordres à voix basse; il rampait, ainsi que Taillevent et Parawâ, vers la roue du gouvernail, dont les corsaires n'avaient jamais pu s'emparer.

Or, l'abordage ayant eu lieu par le côté d'où soufflait le vent, il s'ensuit que la brise très fraîche qui venait de terre gonflait les voiles et contribuait à soutenir le vaisseau. L'inverse se serait produit si l'abordage avait eu lieu du bord opposé, c'est-à-dire, si le vent avait tendu à faire pencher *l'Illustrious* dans le sens où *le Lion* l'attirait.

Le Commodore Wilson avait toujours eu soin de conserver cet avantage;— un coup de barre au gouvernail pouvait le lui faire perdre, surtout si les corsaires, selon les derniers ordres de Sans-Peur, réussissaient à couper certains cordages, techniquement *les écoutes des focs.*

Les écoutes des focs étaient fort loin, les matelots expédiés dans leur direction devaient être massacrés ou faits prisonniers avant de les atteindre. La roue du gouvernail était tout près, mais encore fallait-il s'en saisir.

La pression de la mer sur les sabords de la batterie basse fut si violente, que trois d'entre eux cédèrent. Les flots entrèrent dans le vaisseau.

—Ah! Ah! nous y sommes! cria Sans-Peur.

Plusieurs de ses derniers compagnons n'hésitèrent plus à se jeter à la nage.

Pottle Trichenpot, blotti au pied du mât d'artimon, tremblait de tous les membres. Roboam Owen sourit de pitié.

Le commodore Wilson ne donna aucune marque de faiblesse, mais il était exaspéré;—il en avait bien le droit.

Au moment où, le poignard en main, Sans-Peur allait se jeter sur l'homme de barre et saisir la roue du gouvernail, il se trouva en face de Roboam Owen, qui lui dit:

—A quoi bon?... Assez de sang!... capitaine, et mourons amis si vous le voulez bien.

Tom Lebon ouvrait les bras à Taillevent.

Quant à Parawâ, il venait d'être renversé de nouveau par un soldat de marine qui s'accrochait à ses jambes.

Un nombre infini de petites scènes analogues, terribles, touchantes, grotesques ou exécrables eurent lieu pendant cette minute de *l'engagement* du vaisseau, instant dramatique s'il en fût.

Mais soudain des craquements, comparables au bruit que rendrait une forêt foudroyée, furent suivis d'un second bouleversement général.

Toutes les amarres cassaient.

Le Lion coulait, laissant suspendus au vaisseau des fragments de sa mâture ou de son plat-bord, mais, d'autre part, entraînant dans les profondeurs de la mer d'énormes pièces de charpente arrachées au vaisseau lui-même.

L'abîme se creusa,—les flots soulevés passèrent par-dessus *l'Illustrious* brusquement rejeté sur tribord, où roulèrent tous les hommes et tous les apparaux entassés.—Les deux canons démarrés bondirent d'une telle force, qu'ils brisèrent la muraille et disparurent.

L'action des voiles, combinée avec l'épouvantable oscillation du vaisseau, le pencha sous le vent si fort qu'il faillit *engager* coup sur coup dans le sens opposé. Le moindre poids ajouté à tribord l'eût fait chavirer. Si ses sabords de ce côté n'avaient été fermés aussi bien que ceux de l'autre, il coulait.— Enfin, le gouffre ouvert par la frégate l'attira, il glissa sur la pente du tourbillon et fut si près de sombrer, que Sans-Peur prit la main du lieutenant Owen en répétant:

—Mourons amis!...

Mais *l'Illustrious* ne sombra pas plus qu'il n'avait coulé ou chaviré.

Sans-Peur se vit seul au milieu des Anglais:

—Non, capitaine, nous ne mourrons pas, lui dit Roboam Owen. Soyons donc amis dans la vie comme vous daigniez consentir à ce que nous le fussions dans la mort.

Il était absolument impossible de rallier les corsaires survivants. Dispersés et confondus avec les Anglais, ils furent tous faits prisonniers.

Taillevent se rendit à Tom Lebon, Sans-Peur au lieutenant Owen; Parawâ fut garrotté par les marins et soldats qui l'entouraient; la plupart des matelots corsaires furent pris de même.

Blessés tous tant qu'ils étaient, ils demeuraient au nombre de trente. Les Anglais avaient perdu près de quatre cents hommes.

Depuis longtemps alors, *l'Hirondelle* avait disparu, masquée par les terres.

Isabelle, durant de longues et cruelles années, devait ignorer l'issue du combat, le sort de son époux et celui de son fils Gabriel.

Sans-Peur jeta un regard sur l'horizon, vit les balses en sûreté, calcula que *l'Hirondelle* était hors de péril, et sourit avec orgueil en répliquant à Owen:

—Dans la vie, lieutenant, dans la vie, je le veux bien; mais ce ne sera pas pour longtemps.

—Que voulez-vous dire, capitaine?

Sans-Peur s'abstint de répondre. Il voyait que *l'Illustrious*, entraîné par le courant, allait se perdre corps et biens sur *le Verdujo*.

Pottle Trichenpot, respirant enfin, s'approchait du commodore Wilson:

—Vengeance!... vengeance!... Vous allez, j'espère, faire pendre ces pirates sur-le-champ.

—Voyez ces cordes à bout de vergue!

Cinq minutes après, les trente blessés avaient la corde au cou.

Tom Lebon voulait embrasser Taillevent.

—Chut! pas de bêtises, matelot!... dit le maître. Va dans ton coin!... n'ayons pas tant l'air d'être frères!

Tom Lebon comprit, et se retira en faisant ce dilemme:

—S'ils sont pendus sans miséricorde, ce n'est pas mes embrassades qui changeront rien à la chose; mais si par chance ils restent prisonniers, elles m'empêcheraient de les servir.—Feignons donc une feinte. Cachons-nous pour mieux pleurer!...

—Mille millions de badrouilles de barbarasses du grand caïman d'enfer!... nous y voilà donc!... grommelait Taillevent. Pendus comme des chiens! pendus comme des renégats, par ce Wilson que j'étais tant d'avis de pendre!... Et voir ce Pottle Trichenpot, là, sur la dunette!... Ah! mon capitaine, j'ai souventes fois eu tort en grognant rapport à vous; mais cette fois-ci, sans être ce qui s'appelle un capon, j'ai bien peur d'avoir raison une fois de trop.

Tous les corsaires ne prenaient pas aussi philosophiquement la situation:

—Camarades! leur demande Sans-Peur, tenez-vous beaucoup à être sauvés?... préférez-vous la vie à la perte totale du vaisseau?

—Capitaine, riposte l'un d'eux, m'est avis que nous n'avons pas le choix.

—Vous l'avez, au contraire!... partez!...

—*Pi-hê*!... le *Lion de la mer* ne meurt pas! s'écrie Baleine-aux-yeux-terribles.

Suivant son usage, il comptait sur un miracle.

—Tiens!... murmura Taillevent, est-ce que je vais encore avoir tort, moi?...

—Cela se pourrait, dit Sans-Peur en riant.

Les corsaires en rang, chacun avec un nœud coulant autour du cou, regardaient curieusement leur capitaine.

—A parler franc, dit l'un d'eux, on veut bien se faire écharper sans regret, on aurait coulé tout à l'heure avec plaisir; mais n'avoir plus aucune chance de sauvetage, dame!... c'est dur!

—Bien!... Vous m'êtes chers! vous vous êtes bravement conduits!... Ma vie, à moi-même, peut encore être plus utile que la perte de *l'Illustrious*. Je vous sauverai...

Cependant, les apprêts de la pendaison générale étaient finis. A chaque nœud correspondait une corde sur laquelle les Anglais s'apprêtaient à tirer au commandement de *Hissez*!...

Après quelques observations respectueuses, Roboam Owen protestait hautement.

—Au nom du Ciel! commodore Wilson, ne traitez pas en pirates ces braves prisonniers de guerre!... Ne violez pas le droit des gens!... Oubliez-vous que le noble comte de Roqueforte nous a fait grâce de la vie?

—Hissez, mais hissez donc! disait Pottle Trichenpot.

—Silence, impudent valet! dit le lieutenant Owen.

—Monsieur Owen, rendez-vous aux arrêts! dit sévèrement le commodore.

—Ne vous y rendez pas! interrompit Sans-Peur d'une voix éclatante et en langue anglaise. Avant cinq minutes, *l'Illustrious* touchera sur *el Verdujo*!... Un seul homme peut le sauver... c'est moi!... Je suis maître de vos vies à tous, mille fois plus que vous ne l'êtes de la mienne...

—Hissez!... commanda froidement le commodore.

—Ne hissez pas! hurla Pottle Trichenpot en proie à une terreur nouvelle.

—Ne hissez pas, je vous le conseille!... dit Sans-Peur aux marins anglais.

L'état-major entier priait le Commodore de suspendre l'exécution.

—Tiens bon!... dit-il enfin avec humeur.

Ce commandement, qui est le contre-ordre maritime, fit dire à Taillevent:

—Allons!... ça y est!... j'aurai tort!... C'est clair, j'aurai tort... Jésus Seigneur, grand merci!

L

LE PLUS GRAND DES CRIMES.

Le vaisseau, drossé par le courant, n'obéissait plus à ses voiles. Le danger annoncé par Sans-Peur devenait évident.

—Quatre minutes encore!... J'en consacre une à dicter mes conditions, et trois à vous sauver; mais l'état-major entier va jurer devant Dieu et sur l'honneur que tous mes compagnons et moi serons mis en liberté ensemble sur l'archipel des îles Marquises... J'ai dit!... Ne perdez pas de temps, monsieur Wilson!

Sans-Peur se tourna vers ses compagnons.

—Remerciez-moi, camarades, leur dit-il, car il m'en coûtera beaucoup de sauver un vaisseau anglais.

Prenant d'avance le commandement, Sans-Peur ordonnait aux maîtres et contre-maîtres de faire larguer les perroquets.

—Il faudra charger de toile!... Gagnez du temps, vous autres!... et déblayons le pont!... vivement!...

L'équipage anglais tout entier désirait ardemment que Sans-Peur montât sur la dunette pour diriger la manœuvre.

Déjà les cordes fatales cessaient d'être roidies; on déblayait à la hâte le champ de manœuvre, et chacun des matelots anglais parait ou réparait quelque cordage courant.

—Jurez-vous?... demanda le corsaire.

—Oui, je jure que vos conditions sont acceptées! dit Wilson.

Roboam Owen ajouta:

—Je jure sur le Christ que la vie et la liberté du capitaine Léon de Roqueforte seront respectées à notre bord après le sauvetage du vaisseau.

Les autres officiers anglais levèrent la main.

Déjà les matelots dégarrottaient les prisonniers.

—A l'hôpital mes blessés! leur dit Sans-Peur en se dirigeant vers la dunette.

Taillevent et trois autres corsaires se placèrent par ses ordres à la roue du gouvernail.

—Pilotez! monsieur... dit le commodore armant ses pistolets. Mais malheur à vous si nous touchons!

—Je ne pilote pas!... Je commande!... répondit fièrement Sans-Peur.

Et sans attendre la réplique du Commodore, il fit gouverner droit sur la roche *el Verdujo*, cet écueil tranchant comme la hache du bourreau, sur lequel, au début de sa carrière d'aventures, il avait failli périr avec son fidèle Taillevent.

En même temps, il établit toute la toile possible. Les mâts du vaisseau, ébranlés par les secousses précédentes, gémissaient, ployaient et craquaient sourdement.

On courait avec une effroyable rapidité sur le récif, où la grosse mer brisait furieuse.

Les Anglais s'effrayèrent; des murmures se firent entendre sur l'avant.

Le commodore Wilson pâlissait.

—Que faites-vous donc, monsieur? dit-il d'un ton menaçant.

—Je pilote!... répondit Sans-Peur avec dédain.

Puis d'une voix impérieuse:

—Silence à bord!... silence partout!... Lieutenant Owen, faites observer le silence! maîtres et contre-maîtres, je commande le silence!... «—ATTENTION! PARE A VIRER!...»

Avec un silence qui tenait du prodige, les matelots anglais se préparèrent au virement de bord.

Le lieutenant Owen, après un moment d'hésitation, monta sur la dunette, quoiqu'il eût reçu l'ordre de se rendre aux arrêts.—Il allait demander de rester sur le pont jusqu'à la fin des manœuvres.

—Monsieur le commodore, dit alors Sans-Peur, j'ai retenu d'autorité M. le lieutenant Owen, dont j'ai besoin ici. Mais il serait de bon goût de lever ses arrêts....

—Que me parlez-vous d'arrêts pendant cette manœuvre téméraire? riposta Wilson, dont les pistolets armés étaient toujours dirigés sur Sans-Peur.

—J'utilise les instants. J'ai rangé vos gens à leurs postes, mais nous avons encore plus d'une minute devant nous, monsieur le commodore!...—Restez ici, lieutenant Owen. «—Du vent dans la voile, timoniers, *près et plein*!...»— Vous n'avez pas répondu, monsieur Wilson?

—Les arrêts du lieutenant Owen seront levés si vous sauvez le vaisseau.

Sans-Peur, qui ne commandait et ne parlait qu'en langue anglaise, dit à très haute voix:

—Sachez, monsieur le commodore, que je ne trahis jamais!... J'ai annoncé que je sauverais votre navire, je me suis engagé à le sauver!... Ma parole suffit... «—Fermez tous les sabords!...»

Les mantelets des sabords défoncés furent remplacés aussitôt.

Peu après, *l'Illustrious* entra dans la zone d'écume qui tourbillonnait autour du récif.

—Trahison! nous sommes perdus! hurla Pottle Trichenpot.

—Silence donc, misérable! dit le lieutenant Owen en lui mettant un mouchoir sur la bouche.

Wilson fut tenté de brûler la cervelle à Sans-Peur, qui laissait courir à toute vitesse, quoiqu'on ne fût plus qu'à une longueur de navire de la roche *le Bourreau*.

Le vaisseau plongeait dans les lames, qui le couvrirent. Il penchait sur tribord presque autant qu'au moment où le poids du *Lion* avait failli l'entraîner. Le ressac des flots brisés rejaillissait sur les points les plus hauts de la mâture. Un remous aussi blanc que la neige enveloppait sa vaste coque comme un linceul. La pluie saline qui l'inondait miroitait au soleil; elle avait les brillantes couleurs du prisme. Jamais dangers de mort ne revêtirent plus splendide parure. L'arc-en-ciel parsemait d'or et de rubis le chemin du naufrage.

Attiré par le gouffre, l'Illustrious descendait sur la pente d'une vague colossale.

La colère ou l'effroi furent cause que le commodore fit feu au moment précis où Sans-Peur criait enfin:

—A Dieu vat!...

Tom Lebon fila les écoutes des focs.

Taillevent et ses camarades poussèrent la barre dessous.

Sans-Peur, atteint par deux balles, tombait inanimé entre les bras du lieutenant Roboam Owen.

Le vaisseau anglais, en continuant de virer de bord, entra dans le contre-courant dont Léon avait si bien calculé la puissance. Plus vite qu'une flèche, il fut jeté au large.

Il était sauvé.

La main sur le cœur de la victime, l'officier irlandais s'écria:

—Commodore Wilson, vous venez de commettre le plus grand des crimes!...

ÉPILOGUE

Le paquebot *l'Hirondelle*, grâce à sa marche supérieure, échappa,—mais non sans périls,—à tous les croiseurs ennemis et atterrit au Havre, où l'armateur Plantier devait compte de sommes immenses à la comtesse de Roqueforte.

L'honnête associé de Sans-Peur le Corsaire s'en acquitta scrupuleusement, sans discontinuer de s'occuper des intérêts de sa famille et des grandes opérations de l'Océanie.

La propagation de la foi devait être la préoccupation constante des enfants de Léon de Roqueforte.

Établie à Paris, dans un des plus beaux hôtels du faubourg Saint-Honoré, Isabelle dirigeait l'éducation de Léonin, de Lionel et de Clotilde.—Jamais elle ne perdit l'espoir de revoir son mari, ni son fils Gabriel, qui prit une part superbe, comme l'attestent les annales du Pérou, à la grande insurrection dont l'issue fut l'indépendance des colonies espagnoles.

Digne épouse de Léon de Roqueforte, le *Lion de la mer*, la comtesse élevait ses deux fils jumeaux dans le dessein de les envoyer à la recherche de leur père et de leur frère, de continuer l'œuvre gigantesque de Sans-Peur et de le venger s'il avait péri.

Ce dessein fut accompli, les faits et gestes des jumeaux de la mer montant des navires jumeaux peuvent défrayer une épopée.

L'on doit à Léonin l'invention des engins les plus formidables.

Lionel fut surtout sauveteur.

Digne fille d'Isabelle, Clotilde joua aussi outre-mer un grand rôle, mission pieuse qui a contribué aux progrès du culte catholique.

———————

Chaque soir, en l'hôtel de Roqueforte, maîtres et serviteurs priaient ainsi en commun:

—Seigneur, si Léon et Gabriel sont vivants, protégez-les!... s'ils sont morts, prenez pitié de leurs âmes!...

Et ensuite, avec Liména, on priait de même pour son époux Taillevent et son fils aîné Liméno.

FIN

———————

Milton Keynes UK
Ingram Content Group UK Ltd.
UKHW020238250424
441687UK00004B/254